本项目由深圳市宣传文化事业发展专项基金资助

深圳改革创新丛书（第九辑）

李忠 主编

深圳商事制度改革创新实录

The Record of Shenzhen
Commercial System Reform
and Innovation

中国社会科学出版社

图书在版编目（CIP）数据

深圳商事制度改革创新实录 / 李忠主编 . —北京：中国社会科学出版社，2022.6
（深圳改革创新丛书 . 第九辑）
ISBN 978 – 7 – 5227 – 0259 – 9

Ⅰ.①深… Ⅱ.①李… Ⅲ.①工商行政管理—体制改革—研究—深圳 Ⅳ.①F203.9

中国版本图书馆 CIP 数据核字(2022)第 091537 号

出 版 人	赵剑英
责任编辑	李凯凯
责任校对	胡新芳
责任印制	王 超

出　　版	中国社会科学出版社
社　　址	北京鼓楼西大街甲 158 号
邮　　编	100720
网　　址	http://www.csspw.cn
发 行 部	010 – 84083685
门 市 部	010 – 84029450
经　　销	新华书店及其他书店
印　　刷	北京君升印刷有限公司
装　　订	廊坊市广阳区广增装订厂
版　　次	2022 年 6 月第 1 版
印　　次	2022 年 6 月第 1 次印刷
开　　本	710×1000　1/16
印　　张	22.25
字　　数	331 千字
定　　价	118.00 元

凡购买中国社会科学出版社图书，如有质量问题请与本社营销中心联系调换
电话：010 – 84083683
版权所有　侵权必究

《深圳改革创新丛书》
编委会

顾　　问：王京生　李小甘　王　强

主　　任：张　玲　张　华

执行主任：陈金海　吴定海

主　　编：吴定海

总序　突出改革创新的时代精神

王京生

在人类历史长河中，改革创新是社会发展和历史前进的一种基本方式，是一个国家和民族兴旺发达的决定性因素。古今中外，国运的兴衰、地域的起落，莫不与改革创新息息相关。无论是中国历史上的商鞅变法、王安石变法，还是西方历史上的文艺复兴、宗教改革，这些改革和创新都对当时的政治、经济、社会甚至人类文明产生了深远的影响。但在实际推进中，世界上各个国家和地区的改革创新都不是一帆风顺的，力量的博弈、利益的冲突、思想的碰撞往往伴随着改革创新的始终。就当事者而言，对改革创新的正误判断并不像后人在历史分析中提出的因果关系那样确定无疑。因此，透过复杂的枝蔓，洞察必然的主流，坚定必胜的信念，对一个国家和民族的改革创新来说就显得极其重要和难能可贵。

改革创新，是深圳的城市标识，是深圳的生命动力，是深圳迎接挑战、突破困局、实现飞跃的基本途径。不改革创新就无路可走、就无以召唤。作为中国特色社会主义先行示范区，深圳肩负着为改革开放探索道路的使命。改革开放以来，历届市委、市政府以挺立潮头、敢为人先的勇气，进行了一系列大胆的探索、改革和创新，不仅使深圳占得了发展先机，而且获得了强大的发展后劲，为今后的发展奠定了坚实的基础。深圳的每一步发展都源于改革创新的推动；改革创新不仅创造了深圳经济社会和文化发展的奇迹，而且使深圳成为"全国改革开放的一面旗帜"和引领全国社会主义现代化建设的"排头兵"。

从另一个角度来看，改革创新又是深圳矢志不渝、坚定不移的命运抉择。为什么一个最初基本以加工别人产品为生计的特区，变成了一个以高新技术产业安身立命的先锋城市？为什么一个最初大学稀缺、研究院所数量几乎是零的地方，因自主创新而名扬天下？原因很多，但极为重要的是深圳拥有以移民文化为基础，以制度文化为保障的优良文化生态，拥有崇尚改革创新的城市优良基因。来到这里的很多人，都有对过去的不满和对未来的梦想，他们骨子里流着创新的血液。许多个体汇聚起来，就会形成巨大的创新力量。可以说，深圳是一座以创新为灵魂的城市，正是移民文化造就了这座城市的创新基因。因此，在经济特区发展历史上，创新无所不在，打破陈规司空见惯。例如，特区初建时缺乏建设资金，就通过改革开放引来了大量外资；发展中遇到瓶颈压力，就向改革创新要空间、要资源、要动力。再比如，深圳作为改革开放的探索者、先行者，向前迈出的每一步都面临着处于十字路口的选择，不创新不突破就会迷失方向。从特区酝酿时的"建"与"不建"，到特区快速发展中的姓"社"姓"资"，从特区跨越中的"存"与"废"，到新世纪初的"特"与"不特"，每一次挑战都考验着深圳改革开放的成败进退，每一次挑战都把深圳改革创新的招牌擦得更亮。因此，多元包容的现代移民文化和敢闯敢试的城市创新氛围，成就了深圳改革开放以来最为独特的发展优势。

40多年来，深圳正是凭着坚持改革创新的赤胆忠心，在汹涌澎湃的历史潮头劈波斩浪、勇往向前，经受住了各种风浪的袭扰和摔打，闯过了一个又一个关口，成为锲而不舍的走向社会主义市场经济和中国特色社会主义的"闯将"。从这个意义上说，深圳的价值和生命就是改革创新，改革创新是深圳的根、深圳的魂，铸造了经济特区的品格秉性、价值内涵和运动程式，成为深圳成长和发展的常态。深圳特色的"创新型文化"，让创新成为城市生命力和活力的源泉。

我们党始终坚持深化改革、不断创新，对推动中国特色社会主义事业发展、实现中华民族伟大复兴的中国梦产生了重大而深远的影响。新时代，我国迈入高质量发展阶段，要求我们不断解放思想，坚持改革创新。深圳面临着改革创新的新使命和新征程，市委市政府推出全面深化改革、全面扩大开放综合措施，肩负起创建社会主义现代化强国的城市范例的历史重任。

如果说深圳前40年的创新，主要立足于"破"，可以视为打破旧规矩、挣脱旧藩篱，以破为先、破多于立，"摸着石头过河"，勇于冲破计划经济体制等束缚；那么今后深圳的改革创新，更应当着眼于"立"，"立"字为先、立法立规、守法守规，弘扬法治理念，发挥制度优势，通过立规矩、建制度，不断完善社会主义市场经济制度，推动全面深化改革、全面扩大开放，创造新的竞争优势。在"两个一百年"历史交汇点上，深圳充分发挥粤港澳大湾区、深圳先行示范区"双区"驱动优势和深圳经济特区、深圳先行示范区"双区"叠加效应，明确了"1+10+10"工作部署，瞄准高质量发展高地、法治城市示范、城市文明典范、民生幸福标杆、可持续发展先锋的战略定位持续奋斗，建成现代化国际化创新型城市，基本实现社会主义现代化。

如今，新时代的改革创新既展示了我们的理论自信、制度自信、道路自信，又要求我们承担起巨大的改革勇气、智慧和决心。在新的形势下，深圳如何通过改革创新实现更好更快的发展，继续当好全面深化改革的排头兵，为全国提供更多更有意义的示范和借鉴，为中国特色社会主义事业和实现民族伟大复兴的中国梦做出更大贡献，这是深圳当前和今后一段时期面临的重大理论和现实问题，需要各行业、各领域着眼于深圳改革创新的探索和实践，加大理论研究，强化改革思考，总结实践经验，作出科学回答，以进一步加强创新文化建设，唤起全社会推进改革的勇气、弘扬创新的精神和实现梦想的激情，形成深圳率先改革、主动改革的强大理论共识。比如，近些年深圳各行业、各领域应有什么重要的战略调整？各区、各单位在改革创新上取得什么样的成就？这些成就如何在理论上加以总结？形成怎样的制度成果？如何为未来提供一个更为明晰的思路和路径指引？等等，这些颇具现实意义的问题都需要在实践基础上进一步梳理和概括。

为了总结和推广深圳的重要改革创新探索成果，深圳社科理论界组织出版《深圳改革创新丛书》，通过汇集深圳各领域推动改革创新探索的最新总结成果，希冀助力推动形成深圳全面深化改革、全面扩大开放的新格局。其编撰要求主要包括：

首先，立足于创新实践。丛书的内容主要着眼于新近的改革思维与创新实践，既突出时代色彩，侧重于眼前的实践、当下的总结，同时也兼顾基于实践的推广性以及对未来的展望与构想。那些已经产生重要影响并广为人知的经验，不再作为深入研究的对象。这并不是说那些历史经验不值得再提，而是说那些经验已经沉淀，已经得到文化形态和实践成果的转化。比如说，某些观念已经转化成某种习惯和城市文化常识，成为深圳城市气质的内容，这些内容就可不必重复阐述。因此，这套丛书更注重的是目前行业一线的创新探索，或者过去未被发现、未充分发掘但有价值的创新实践。

其次，专注于前沿探讨。丛书的选题应当来自改革实践最前沿，不是纯粹的学理探讨。作者并不限于从事社科理论研究的专家学者，还包括各行业、各领域的实际工作者。撰文要求以事实为基础，以改革创新成果为主要内容，以平实说理为叙述风格。丛书的视野甚至还包括那些为改革创新做出了重要贡献的一些个人，集中展示和汇集他们对于前沿探索的思想创新和理念创新成果。

第三，着眼于解决问题。这套丛书虽然以实践为基础，但应当注重经验的总结和理论的提炼。入选的书稿要有基本的学术要求和深入的理论思考，而非一般性的工作总结、经验汇编和材料汇集。学术研究需强调问题意识。这套丛书的选择要求针对当前面临的较为急迫的现实问题，着眼于那些来自于经济社会发展第一线的群众关心关注的瓶颈问题的有效解决。

事实上，古今中外有不少来源于实践的著作，为后世提供着持久的思想能量。撰著《旧时代与大革命》的法国思想家托克维尔，正是基于其深入考察美国的民主制度的实践之后，写成名著《论美国的民主》，这可视为从实践到学术的一个范例。托克维尔不是美国民主制度设计的参与者，而是旁观者，但就是这样一位旁观者，为西方政治思想留下了一份经典文献。马克思的《法兰西内战》，也是一部来源于革命实践的作品，它基于巴黎公社革命的经验，既是那个时代的见证，也是马克思主义的重要文献。这些经典著作都是我们总结和提升实践经验的可资参照的榜样。

那些关注实践的大时代的大著作，至少可以给我们这样的启示：哪怕面对的是具体的问题，也不妨拥有大视野，从具体而微的实践探索中展现宏阔远大的社会背景，并形成进一步推进实践发展的真知灼见。《深圳改革创新丛书》虽然主要还是探讨深圳的政治、经济、社会、文化、生态文明建设和党的建设各个方面的实际问题，但其所体现的创新性、先进性与理论性，也能够充分反映深圳的主流价值观和城市文化精神，从而促进形成一种创新的时代气质。

写于 2016 年 3 月
改于 2021 年 12 月

本书编委会名单

主　　编　李　忠
副主编　莫熙玲　李国伟
编　　委　李　忠　莫熙玲　陈建民　洪　隽
　　　　　　李　军　王利峰　李国伟　夏昆山
　　　　　　李　平
编　　辑　林顺辉　周　鹏　饶文山　俞　科
　　　　　　谭　丽　王莺翘　陈　胜　王孝有
　　　　　　李　玮　周　维　林静芳　邹　凡
　　　　　　王　旭　陈静敏

特别鸣谢以下人员大力协助和提供相关资料：

黄生文	单友亮	钟　文	蔡元庆	赖丽英
黄远明	赵　歆	周文丽	岳增鹏	龚小霞
高　薇	周　鑫	欧阳建荣	李绪杰	于　波
杨　蕾	吴　霖	倪　鑫	楚克军	简　超
熊雯静	曹日文	姚应高	卢爱霞	成志强
李　游	吕　宾	尹昕皖	张　磊	王复龙
樊璐璐	尹粒艳	鄢　然		

序　言

　　2021年，是中国共产党成立100周年。在庆祝中国共产党成立100周年大会上，习近平总书记指出："我们实现了从高度集中的计划经济体制到充满活力的社会主义市场经济体制、从封闭半封闭到全方位开放的历史性转变。""改革开放是决定当代中国前途命运的关键一招，中国大踏步赶上了时代！"

　　2021年，是深圳经济特区建立41周年。41年来，改革开放始终是深圳的根和魂，深圳沐浴改革开放的浩荡春风而生，随着改革开放的深入推进而不断向前发展进步。抚今追昔，深圳从昔日的边陲小镇，发展成现代化国际化创新型大都市，在这片2000平方公里的热土上，一代又一代奋斗者敢闯敢试、敢为人先、埋头苦干，创造出一个又一个传奇。深圳率先出台《深圳经济特区商事登记若干规定》，实施商事制度改革，便是众多传奇当中十分耀眼的一个。

　　2021年，是深圳实施商事制度改革8周年。8年前，中国经济发展进入新常态。作为改革开放的前沿阵地，深圳对市场环境的变化感知更为敏锐。2013年3月1日，深圳市市场监管局发出了首张新版营业执照，大大简化了注册程序，降低了新公司开业成本。自此，深圳正式启动商事制度改革，通过放宽市场准入条件，极大释放了市场活力。这项改革对深圳企业突飞猛进的增长起到了重要作用，为完善社会主义市场经济体制先行探路，为党的十八大以来深化经济体制改革贡献了深圳力量。

　　深圳商事制度改革，有效激发了市场主体活力。2013年2月底，深圳商事主体总量仅为99.4万户。实施改革后第10天，深圳商事主体总量突破100万户，2015年8月突破200万户。深圳商事主体总量突破第一个100万户，用了30余年；突破第二个100万户，仅仅用了不到两年半。截至2021年12月，深圳商事主体已经达到380万，其中企业约241万，个体工商户约139万。数字虽然不能说明经济发展的总体实力，却能反映出城市营商环境的吸引力，以及投资者选择深圳创业投资的信心和对深圳未来发展的稳定预期。

深圳商事制度改革，有效推动了产业优化升级。随着改革不断深化，如今的深圳不再是当年那个尘土飞扬的大工地，大批世界知名企业取代了曾经遍地开花的"三来一补"工厂，出口货物从承接外企的加工品变成了自主研发制造的智能手机和无人机等高科技产品。企业数量与质量逐年增长，为深圳经济的腾飞做出了重要贡献。2021年，深圳地区生产总值30664.85亿元，排名全国第三，同比上升6.7%，其中第三产业增加值和同比增速均大于第一产业和第二产业，分别为19299.67亿元，增长7.8%，第一、二、三产业增加值比例为0.1∶37.0∶62.9。

深圳商事制度改革，有效推进了政府治理现代化。深圳实行商事主体资格登记与合法经营资格审批相分离，将"先证后照"改为"先照后证"，明确划分了商事登记机关与行政许可审批部门之间的监管职责，对行政审批制度改革形成倒逼机制，促进政府职能转变。将年检制改为年报制、主动向社会公示商事主体信息、经营范围改为备案事项、通过优化业务流程提高注册便利化等改革举措都充分体现了向服务型政府的转化。通过加强智慧市场监管建设，将监管结果转变成数据信息，与其他政府部门、社会企业实现信息交互，充分发挥市场监管大数据的重要作用，为推进市场监管体系和治理能力的现代化打下良好基础。

深圳商事制度改革，有效优化了营商环境。减少商事登记申请材料，简化审批流程，提高商事登记效率。实施注册资本认缴制、住所登记制度改革、推行"即来即办"等相关措施，降低市场主体准入门槛、减少办事环节、提高办事效率，真正实现了企业开办"便利化"。率先推出全流程网上商事登记，"多证合一、一照一码""开办企业一窗通""深港通、深澳通"跨境商事登记等服务新模式，大大提升了商事登记便利度，企业开办便利度连续多年排名全省第一。2021年3月1日起施行新修订的《深圳经济特区商事登记若干规定》，创设多渠道的企业退出机制，在全国率先实现有限责任公司注销全流程网上办理。

深圳商事制度改革，有效带动了多领域改革创新。在商事主体"多证合一、一照一码"改革过程中，组织机构代码管理部门承担了系统集成、信息交换、数据校核和打证发证等工作，已经与各部门建立了良好的工作运行机制。因此，深圳社会组织"多证合一、一证一码"改革工作能够快速实施，很大程度上得益于前期商事主体实施过程中积累的优势。2016年8月1日，深圳在全国率先推行机关、直管群团和事业单位"多证合一、一证一码"改革，再次跨出简政放权"一大步"。

8年来，深圳商事制度改革取得了许多可喜的成绩，率先出台地方性法规，率先探索注册资本认缴登记，率先实现全流程无纸化网上登记，率先试点企业名称自主申报改革，率先实现企业简易注册登记改革等等，特别是2021年5月国务院办公厅印发通报，对落实有关重大政策措施真抓实干成效明显地方予以督查激励，其中深圳商事制度改革成效显著，落实事中事后监管等相关政策措施社会反映好，获国务院点名表扬。改革永远在路上，改革之路无坦途。我们要持续总结改革经验，解放思想，守正创新，努力形成可复制可推广的改革创新成果，推进改革向纵深发展。这也正是我们出版本书的目的，重温改革的初心和使命，把握改革方向，为进一步深化改革注入新动力。

党的十九届六中全会提出，党的十八大以来，中国特色社会主义进入新时代。党面临的主要任务是，实现第一个百年奋斗目标，开启实现第二个百年奋斗目标新征程，朝着实现中华民族伟大复兴的宏伟目标继续前进。面对新形势、新任务、新挑战，深圳将继续坚持以习近平新时代中国特色社会主义思想为指导，深入学习贯彻习近平总书记出席深圳经济特区建立40周年庆祝大会和视察广东、深圳重要讲话、重要指示精神，倍加珍惜、长期坚持"十个坚持"的历史经验，抢抓"双区"驱动、"双区"叠加、"双改"示范等重大战略机遇，继续发扬商事制度改革之初敢闯敢试、敢为人先、埋头苦干的特区精神，坚定改革的方向和市场化的方向，处理好政府和市场的关系，加快探索研究更多具有创新性、引领性的改革，不断优化营商环境，释放市场主体发展活力，把商事制度改革不断推向深入，助力构建推动经济高质量发展的体制机制，为深圳建设中国特色社会主义先行示范区作出新的更大贡献！

李　忠

2021 年 12 月

目 录

导 论 ·· (1)

第一章　商事制度改革背景 ··· (5)
 第一节　中国商事制度概述 ·· (5)
 第二节　商事制度改革前的回顾 ····································· (14)
 第三节　商事制度的改革环境 ·· (23)

第二章　探索酝酿 博采众长 ·· (27)
 第一节　商事制度改革应对的主要问题 ··························· (27)
 第二节　境外商事制度的启示 ·· (42)

第三章　攻坚克难 破局探路 ·· (76)
 第一节　改革探索 重点突破 ··· (76)
 第二节　乘风破浪 力推改革 ··· (96)

第四章　全面推进 力行先试 ··· (120)
 第一节　登记改革 多点突破 ·· (120)
 第二节　部门联动 合力鼎新 ·· (143)

第五章　砥砺前行 持续深化 ··· (159)
 第一节　立法：坚持法治引领改革 ································ (159)
 第二节　登记：简易是不变的宗旨 ································ (165)
 第三节　审批：简政放权进行到底 ································ (195)

第四节　监管：信用为核放管并举 …………………… (213)
　　第五节　退出：灵活变通立异出新 …………………… (252)

第六章　改革成效　异彩纷呈 …………………………… (264)
　　第一节　持续激发创业创新热情，稳就业稳增长 ……… (264)
　　第二节　加快推动产业优化升级，促进经济发展 ……… (267)
　　第三节　强力推进政府治理现代化，降本提质增效 …… (270)
　　第四节　有效优化营商环境，助力高质量发展 ………… (274)
　　第五节　有力推动法治创新，促进诚信社会建设 ……… (278)
　　第六节　纵横推广应用，带动更多领域改革创新 ……… (280)

第七章　回顾过往　展望未来 …………………………… (283)
　　第一节　改革历程的回顾思考 …………………………… (283)
　　第二节　深化改革的未来展望 …………………………… (294)

附录一　深圳市商事制度改革金色时点 ………………… (304)

附录二　商事制度改革的他山之石 ……………………… (314)

参考文献 …………………………………………………… (324)

后　记 ……………………………………………………… (337)

导　　论

　　商事制度改革，顾名思义，就是对原有商事制度中不合理的地方进行改良革新。商事制度，则是规范"商事主体"的法律规章和政策的总和。[①]

　　商事主体包括三大类：企业、个体工商户和农民专业合作社。在深圳，由于各种各样的历史原因，现存的农民专业合作社的数量极少，目前仅有的一百多家全部位于深汕特别合作区。因此，本书所述的商事主体，仅针对企业和个体工商户这两类。截至2021年12月，深圳商事主体已经达到380万户，其中企业约241万户，个体工商户约139万户。

　　为什么要进行商事制度改革？这与中国长期计划经济体制下，所形成的以营业执照为中心的登记、监管、公示等一整套管理体系是分不开的。[②] 过去，商事主体在设立之前，首先要获得各类前置审批，在一定程度上提高了登记准入门槛。商事主体在完成设立拿到营业执照时，既获得了主体资格，又获得了合法经营资格。而在登记设立后的经营活动中，政府的监管更多偏向于静态管理，主要包括年检制度和吊销营业执照制度。

　　随着中国市场经济的发展，原有商事制度的弊端日益显现。早在1994年国务院批准原国家工商行政管理总局"三定"方案时，就明确要求企业登记制度要从审批设立向依法核准登记转变。[③] 但

　　[①] 张茅：《推进商事制度改革的实践探索与思考》，《中国工商管理研究》2015年第4期。
　　[②] 朱婴馄：《商法学——原理图解实例》，北京大学出版社2007年版，第52页。
　　[③] 杨培根：《论我国企业法人登记制度的完善》，《赤峰学院学报》（自然科学版）2013年第4期。

是，多年来商事制度改革进展较为缓慢。2009年，广东省委、省政府将商事登记制度立法纳入省委、省政府领导班子深入学习实践科学发展观活动落实方案以及珠三角改革发展规划纲要，商事制度改革由此成为广东地区的优先发展目标。①

2010年，在原国家工商行政管理总局和原广东省工商行政管理局的支持下，深圳市委、市政府正式将商事制度改革纳入当年改革计划，并成立了商事登记制度改革领导小组，开始组织"商事登记制度改革"课题调研工作。② 2011年5月，课题调研组与深圳大学一起形成了调研报告，为深圳商事制度改革提供了坚实的理论基础，也标志着深圳商事制度改革正式进入了议事日程。③

2012年10月30日，深圳借助特区立法的优势，在全国率先发布了《深圳经济特区商事登记若干规定》，这是全国第一部新型商事登记法规，为深圳商事制度改革奠定了法律基础。④ 2013年3月1日，酝酿三年有余的深圳商事制度改革正式启动，推出八大创新举措，大大简化了商事主体的准入流程。

此轮改革后，更加便捷高效、规范统一的商事制度极大激发了社会投资创业热情。2013年3月1日至2014年8月31日，深圳新登记商事主体66万户，同比增长85%；累计实有商事主体161万户，同比增长41%。⑤ 商事登记机关勇于对自身进行改革，有效推动了政府职能转变，由此打开了深圳行政审批制度改革的突破口，各相关部门也在各自职能领域内，制订行政审批制度改革方案，并

---

① 广东省工商行政管理局：《广东省商事登记制度改革实践》，中国工商出版社2014年版。
② 《解读〈关于支持广东加快转型升级、建设幸福广东的意见〉新闻发布会》，2012年4月11日，中华人民共和国国务院新闻办公室网站（http://www.scio.gov.cn/xwfbh/gssxwfbh/xwfbh/guangdong/Document/1142515/1142515.htm）。
③ 《〈深圳经济特区商事登记若干规定〉：全国第一部新型商事登记法规》，2019年10月22日，深圳特区报（http://sztqb.sznews.com/PC/content/201910/22/content_753370.html）。
④ 《深圳经济特区商事登记若干规定》，2013年2月25日，深圳市市场监督管理局网站（http://amr.sz.gov.cn/xxgk/zcwj/scjgfg/qydj/qydjgz/content/post_1969690.html）。
⑤ 《深圳市商事主体行政审批事项权责清单及后续监管办法新闻发布会》，2014年9月1日，深圳政府在线（http://www.sz.gov.cn/cn/xxgk/xwfyr/wqhg/20140901/）。

提出了具体的改革目标。

深圳的改革示范效应迅速引起各界关注，也为全国商事制度改革提供了非常宝贵的经验，很多改革措施在全国范围被复制推广。2013年10月25日，国务院审议通过了《注册资本登记制度改革方案》，确立了全国层面商事制度改革的总体设计。① 2014年3月1日，商事制度改革在全国范围启动。在随后几年中，原国家工商行政管理总局先后出台了注册资本改革、企业住所改革、企业名称改革、全程电子化等工商注册便利化、"先照后证"改革、年检改年报、"双告知"制度、信用信息公示、简易注销等政策措施，其中很多措施都能看到深圳先期改革的影子。

制度性变革的影响是深远的，与之适应的社会调整也是激烈的。商事制度改革为市场发育打开无限空间的同时，也给政府监管带来巨大挑战。首当其冲的就是随着改革的深入，商事主体数量飞速增长，监管任务日益繁重，监管难度日益加大。例如，"先照后证"客观上造成无证经营现象增加，很多部门对于如何开展后续监管无所适从；虽然"谁审批、谁监管"的原则明确了许可审批部门和行业监管部门的职责划分，但相关配套法律法规未及时修订，出现了监管依据不足、监管手段缺乏等问题。② 企业住所实行申报制之后，商事登记机关无须收取相关场地证明文件，由于缺乏相应罚则，出现部分申请人使用虚假地址或冒用他人地址注册的现象，对政府监管造成较大压力。

改革不可能一蹴而就，也不可能一劳永逸。面对商事制度改革过程中出现的新问题和市场主体发展过程中产生的新需求，深圳始终坚持深化改革，在提高开办企业便利度、提升商事登记质量、便利市场主体退出，以及优化审批与监管衔接、加强事中事后监管等方面不断探索创新，先后推出了"证照分离""三十证合一""开办企业一窗通"、取消名称预先核准、深化简易注销改革、推广应用统一地址库、广泛实现信息共享和业务协同等多项改革措施，同

---

① 《国务院关于印发注册资本登记制度改革方案的通知》，2014年2月18日，中国政府网（http://www.gov.cn/zwgk/2014-02/18/content_2611545.htm）。

② 张庆祝：《加快深圳政府职能转变的步伐》，《特区实践与理论》2016年第5期。

时强化信用监管、智慧监管、"双随机"监管、联合奖惩等事中事后监管力度，有力提升企业、市民群众对深圳优化营商环境的获得感。"2021年3月，新修订的《深圳经济特区商事登记若干规定》正式实施，有效巩固了既往的商事制度改革成果，并变通了上位法部分规定，为深圳加快打造市场化、法治化、国际化的营商环境提供有力的法治保障。①

随着商事制度改革不断深化，"多证合一、一照一码"登记制度改革全面推行，"双随机、一公开"监管深入实施，企业的制度性交易成本明显降低。但是，我们也应看到，商事制度改革是一个系统工程，总体遵循先易后难、由浅入深的原则，随着改革的不断向前推进，会不断遇到新的问题。用深化改革的方式解决新问题，将是商事制度改革的常态，也是商事制度改革能够持续向前、纵深推进的基本经验。

改革之路无坦途，改革永远在路上。

---

① 《〈深圳经济特区商事登记若干规定〉修订 企业暂停经营可办歇业登记》，2020年11月6日，新浪网（http://shenzhen.sina.com.cn/news/n/2020-11-06/detail-iiznezxs0208450.shtml）。

第一章　商事制度改革背景

第一节　中国商事制度概述

一　商事制度的基本概念

（一）商事

商事，或称为"商"，在《辞海》中解释为：贩卖货物，如经商；亦指从事商业的人，如小商小贩。早在几千年前，中国就有"商"的概念，《汉书·食货志》云："作巧成器曰工，通财鬻货曰商。"《白虎通义》更进一步解释说："商之为言章者，章其远近，度其有亡，通四方之物，故谓之商也。"外文图书中也对"商事"作出过解释，如《韦氏辞典》指出，商事实际上是商品交换行为或买卖行为；又如《布莱克法律辞典》认为，商是货物或者生产品以及任何财物的交换过程。① 综合上述文献的解释，"商事"可以概括为"商品交换活动"。

随着现代经济社会的发展，"商"或"商事"的概念在经济学和社会学上被广泛运用，不断衍生出新的内涵和意义。随着商法的完善，"商事"一词逐渐发展为特定法律术语，"商事活动"从单纯的经济学上的流通领域延伸至生产领域，意指所有为了营利目的的流通和生产活动。有人认为现代意义上的"商事"更多的是指营利性主体所从事的一切营利性营业活动和事业之总称。② 也有人认为"商事"有广义和狭义之分，广义的"商事"指营利性营业活动的一切事项，包括商业组织、商业登记、产业会计、商业管理、商事

---

① 宁佳宁：《深圳市商事登记制度改革问题研究》，硕士学位论文，复旦大学，2014年，第4页。

② 董安生等：《中国商法总论》，吉林人民出版社1994年版，第5—6页。

合同、商事仲裁、商业税收等；狭义的"商事"指商事法上的公司、票据、保险、海商等。① 但是不管如何定义"商事"，都不会否定一个共识，那就是"商事"的基本内涵是营利活动。

（二）商事主体

商事主体，又称为商主体，有广义与狭义之分。广义的商事主体一般是指依照律规定参与商事法律关系，能够以自己的名义从事商行为，享受权利和承担义务的自然人、法人或其他组织，既包括从事商事经营的主体，也包括消费者、生产者等不以营利为目的而参与商事活动的主体；而狭义的商事主体则只包括前者。② 由于广义的商事主体概念已经超过了本书的研究范畴，因此，我们将商事主体概念严格限定在狭义的范围，仅指商事法律行为的主体，即依照法律规定设立的，以营利为目的而参与商事法律关系，享有权利并承担义务的自然人、法人及其他组织，类似国外商法典中所指的"商人"。③

从分类来看，商事主体可分为商个人、商法人、商合伙。其中商法人又称为企业法人，是现代商事活动中最基本的商事主体类型，包括股份有限公司、有限责任公司和其他从事营利性营业的有限责任企业或组织。商个人是指按照法定程序取得法定的商事能力，独立从事营利性商行为，依法承担商事法上的权利和义务的自然个人，主要包括个体工商户、个人独资企业。商合伙在中国主要为合伙企业，分为有限合伙和普通合伙。④

（三）商事登记、法人登记和营业登记

1. 商事登记

（1）商事登记的概念

商事登记是现代商法中的重要概念，大多数国家都有专门的立法来规定商事登记制度。如《日本公司法典》第49条、第579条

---

① 刘显娅：《商法探源——中世纪商法为何首先形成于意大利》，《河北法学》2005年第8期。
② 郑昆白主编：《商法原理与实务》，中国政法大学出版社2014年版。
③ 宁佳宁：《深圳市商事登记制度改革问题研究》，硕士学位论文，复旦大学，2014年，第4页。
④ 赵万一：《商法基本问题研究》，法律出版社2013年版。

规定,股份公司或者持股公司在其总公司所在地进行设立登记后成立。①《瑞士债法典》第 643 条、第 783 条则规定,股份有限公司在商事登记处登记后取得法人资格。② 而对于其他商事主体的登记,多数国家或地区采取任意性原则,登记与否不影响其商事主体资格的获得。

商事登记在中国是国家干预商事活动的方法之一。学术界对商事登记的概念和看法还是比较统一的,一般都认为商事登记是对商事经营中重要事项的记载。如有的学者认为商事登记是指申请人以设立、终止商事资格或变更商事主体登记事项为目的,依照法律法规的规定将应当登记的事项向登记机关申请登记于登记簿,并经登记机关核准登记、公告的法律行为。③ 也有学者认为,商事登记是指商事主体或商事主体的筹办人,为了设立、变更或终止商事主体资格,依照商事登记法规、商事登记法规实施细则以及其他特别法规定的内容和程序,由当事人将登记事项向营业所在地登记机关提出,经登记机关审查核准,将登记事项记载于登记簿的法律行为。④

在中国,商事主体必须经过登记机关核准并取得营业执照后,才标志着正式设立,没有取得营业执照而进行商事活动就是无照经营违法行为。在商事制度改革启动前,中国并没有统一的商事登记法,而是在多个部门法、行政法规或政府规章中规定了商事主体的登记要求,如《行政许可法》《公司法》《企业法人登记管理条例》《公司登记管理条例》等。

(2) 商事登记的目的及意义⑤

商事登记涉及三个方面的主体,即国家、登记主体、交易相对人。商事登记制度设计的最高目标,应该是如何在三者之间实现最佳平衡。对于国家来说,要实现对商事主体及商事行为的法律调

---

① 《日本公司法典》,吴建斌、刘惠明、李涛合译,周剑龙、张凝审校,中国法制出版社 2006 年版。
② 《瑞士债法典》,唐伟玲、于海涌译,赵希璇译校,元照出版公司 2017 年版。
③ 石玉颖:《商事登记制度与实践》,中国工商出版社 2009 年版,第 1 页。
④ 范健、王建文:《商法学》,法律出版社 2007 年版,第 53 页。
⑤ 马楠:《商事登记制度立法目的研究》,硕士学位论文,吉林大学,2006 年,第 8 页。

控，商事登记制度是重要的前提和途径。因为只有通过商事登记，登记主体才可以正式成为商法意义上的商事主体，享有和承担商法上的权利与义务，一旦出现纠纷就可通过诉讼或仲裁等法律程序加以解决，从而实现国家的法律调控。同时，商事登记制度还是国家对商事主体进行行政管理和实现宏观调控等经济职能的必要辅助手段。

对于登记主体来说，商事登记制度是其公示经营身份、确立自身商誉的必要手段之一，也是维护其合法地位、保障正常经营活动的必要形式之一。借助商事登记制度，登记主体将商事活动的内容和事项以法定形式进行注册，使商事活动相关信息得以固化，并向社会公布。由此，交易相对人和社会公众可以获得登记主体的经营信息，了解登记主体的信用状况，作为商事活动的重要决策参考。

对于交易相对人来说，商事登记制度是保护交易第三人合法权益的重要基础和必要制度，也是保护市场交易安全及社会公众利益的制度保障。商事主体可依据商事登记事项对抗第三人，保护自己的合法权益。

2. 法人登记（主体资格的确立）

法人是民法中的概念，是法律拟制的"人"，是具有民事权利能力和民事行为能力，依法独立享有民事权利和承担民事义务的组织。[①] 法人登记是登记机关代表国家对市场主体的法人地位的确认，即行政主管机关通过对法人设立、变更、注销的法律事实进行登记、颁发登记证照（包括营业执照、事业单位法人登记证书、社会团体法人登记证书等）以证明其具有法律拟制人格的行为。

其中，法人设立登记是各类法人和其他组织依法成立，并取得民事主体资格的必要条件；法人变更登记是指法人为保持登记事项与实际情况的一致，将有关变化情况向登记机关申请办理变更手续；法人注销登记是法人依法终止、消灭其民事主体资格的必要流程。

按照法人的不同分类，法人登记可分为企业法人登记、事业单

---

① 《中华人民共和国民法典》，中国人大网（http://www.npc.gov.cn/npc/c30834/202006/75ba6483b8344591abd07917e1d25cc8.shtml）。

位法人登记、机关法人登记、社会团体法人登记等,由不同的政府主管部门负责,其中市场监管部门(原工商部门)仅负责企业法人登记。根据《企业法人登记管理条例》和《民法典》等规定,凡具备法人条件的全民所有制企业、集体所有制企业、联营企业、在中华人民共和国境内设立的中外合资经营企业、中外合作经营企业和外资企业、私营企业以及依法需要办理企业法人登记的其他企业,都应经企业法人登记主管机关审核,准予登记注册的,领取《企业法人营业执照》,才能取得企业法人资格。①

3. 营业登记(经营资格的确立)

在中国,营业登记主要是为不具备法人资格、又需要从事商事活动的商事主体,如个体工商户、私营独资企业、私营合伙企业、合伙型联营企业、分支机构等,颁发营业执照,确认其合法经营权的登记行为,其法律效力仅在于承认该主体是合法的经营主体,但不具有法人资格。如中国《公司法》第一百九十二条规定:"外国公司在中国境内设立分支机构,必须向中国主管机关提出申请,并提交其公司章程、所属国的公司登记证书等有关文件,经批准后,向公司登记机关依法办理登记,领取营业执照。"②这里的分支机构登记就不是法人的设立登记,而是经营资格的确认。

对于具有法人资格的市场主体来说,进行了法人登记,就同时取得了法人资格和合法经营资格;而营业登记则只是取得了合法经营资格,但不具备法人资格。这也是法人登记与营业登记的最大区别。另一个区别是登记的简易程度不同,营业登记审查的主要内容是申请从事生产经营活动的条件,因此在登记申请文件和登记事项方面要比法人登记注册简便,例如不要求具有独立的财产和完善的组织架构等。③

---

① 《中华人民共和国企业法人登记管理条例》,中国政府网(http://www.gov.cn/gongbao/content/2019/content_5468910.htm)。

② 《中华人民共和国公司法》,中国人大网(http://www.npc.gov.cn/wxzl/gongbao/2014-03/21/content_1867695.htm)。

③ 刘百宁:《中小企业如何合法经营》,企业管理出版社2006年版。

(四) 前置审批、市场准入和营业准入

1. 前置审批

《公司法》第十二条规定，公司的经营范围中属于法律、行政法规规定须经批准的项目，应当依法经过批准。这些批准项目的获取就称为前置审批。前置审批目录由国家市场监管总局根据《外商投资法》《外商投资法实施条例》《防范和处置非法集资条例》《国务院关于实施金融控股公司准入管理的决定》等法律法规和有关规定进行编制，目前最新的目录版本为2021年3月20日发布[①]，共包括35项企业登记前置审批事项和29项企业变更登记、注销登记前置审批事项，其中深圳市适用的有11项。

2. 市场准入

市场准入是国家为维护市场经济秩序，依据相关法律法规，对市场主体及交易对象进入某个领域的直接控制或干预。广义的市场准入又称市场准入管制或市场进入管制，是政府对进入市场的市场主体、商品、服务或资本所实行的控制和干预，其实质是政府对经济运行进行宏观调控和微观管制的一种职能和方式；狭义的市场准入则针对市场主体本身，是指国家授权的登记主管机关对进入市场从事商品经营活动或服务活动的市场主体实施登记注册，以确认其合法经营或法人资格、规范其设立与组织、并对其进入市场后的经营行为进行监督与控制的管理制度。[②]

3. 营业准入

营业准入，是指民事主体进入营业领域进行营业性投资或从事营利性活动时，受法律或政策预设条件和程序的限制程度的概称，体现的是民事主体与国家在营业机会分配和营业进入条件设置过程中所形成的权利与权力、利益与责任的分配关系。[③] 营业准入主要体现为国家对于特定行业或领域设置的特殊要求或者壁垒，从而限制市场主体进入该行业或领域的资格，如现行制度下的行业准入。

[①] 《市场监管总局关于调整企业登记前置审批事项目录的通知》，国家市场监督管理总局网站（http://gkml.amr.gov.cn/nsjg/djzcj/202104/t20210415_327855.html）。

[②] 汪尧田、周汉民：《世界贸易组织总论》，上海远东出版社1995年版，第81页。

[③] 董安生等：《中国商法总论》，吉林人民出版社1994年版。

营业准入制度的设立一般需基于公共利益的需要。①

二 新中国商事制度的发展历程

新中国成立后,随着社会主义政治制度的建立,社会制度和经济制度也经历了前所未有的变革,伴随而来的是各项具体制度的建立、改革和完善。尤其是经济制度方面,商业管理体制逐步建立,商事制度也得到了长足发展。具体来说,新中国成立后商事制度的发展可以分为以下三个阶段。

(一) 1949 年至 1978 年:新中国成立至改革开放前的商事制度

新中国成立后,工商业百废待兴。1949 年 9 月 29 日通过的《中国人民政治协商会议共同纲领》(以下简称《共同纲领》)第二十六条规定:"国家应在经营范围、原料供给、销售市场、劳动条件、技术设备、财政政策、金融政策等方面,调剂国营经济、合作社经济、农民和手工业者的个体经济、私人资本主义经济和国家资本主义经济,使各种社会经济成分在国营经济领导之下,分工合作,各得其所,以促进整个社会经济的发展。"第 30 条规定:"凡有利于国计民生的私营经济事业,人民政府应鼓励其经营的积极性,并扶助其发展。"这个《纲领》为日后中国的经济建设确定了方向,政府基本上就是以此《纲领》代替法律,对国家经济进行建设和改革。②

1956 年 5 月,刘少奇主持召开由中央负责人参加的会议,提出中国经济发展要实行既反保守,又反冒进,坚持在综合平衡中稳步前进的方针。③ 中共八大把它确定为今后中国经济建设的指导方针,强调既要反对保守主义,又要反对冒进主义。这一方针的执行虽然经历了曲折反复,但在实践中取得了成果和经验。1961 年 1 月,中共八届九中全会决定对国民经济实行"调整、巩固、充实、提高"

---

① 韦森:《社会秩序的经济分析导论》,上海三联书店 2001 年版。
② 《中国人民政治协商会议共同纲领》,中国政协网(http://www.cppcc.gov.cn/2011/12/16/ARTI1513309181327976.shtml)。
③ 《既反保守又反冒进的经济建设方针》,中共中央党史和文献研究院(http://www.dswxyjy.org.cn/n/2012/1116/c244520 - 19602256.html)。

的方针，同样体现了这样的精神。① 新中国成立以后的过渡时期，工商部门的企业登记局限于私营工商企业。"三大改造"完成以后，由于管理对象的变化，企业登记工作基本停顿。总体来说，计划经济条件下，企业是政府的附庸，企业不进行工商登记，照样可以生产经营，"企业登记"工作可有可无。②

（二）1978年至1992年：改革开放后的商事制度

1978年，中国迎来改革开放的春风，首先进行大刀阔斧改革的就是经济体制。1978年9月25日，国务院印发了《关于成立工商行政管理总局的通知》，至此，中断十多年的企业登记管理工作逐步恢复。1979年6月，原国家工商行政管理总局最先对旅店业、旧货业、印铸刻字业和修理业四个行业的企业进行登记发照工作；同年12月，范围扩大至全部工业企业。1981年6月，开始对全国商业、饮食、服务和交通运输四个行业的企业进行全面登记。③

随着改革开放的推进，国内企业登记管理制度改革也相继启动。1982年8月，国务院颁布了《工商企业登记管理条例》，其中第三条规定工商行政管理部门是企业登记的主管部门；第十条明确规定，未经核准登记的工商企业，一律不准筹建或者开业。④ 1986年4月12日，全国人大通过《民法通则》，其中第三章第二节提出了企业法人的概念，明确了企业法人的法律地位。⑤ 1988年6月3日，国务院令第1号发布了《企业法人登记管理条例》，同年11月3日，原国家工商行政管理总局颁布了《企业法人登记管理条例施行细则》。这些法律法规的颁布施行，标志着中国企业法人登记制度的全面正式确立。

---

① 《中国共产党第八次全国代表大会》，中国法院网（https://www.chinacourt.org/article/detail/2002/09/id/12608.shtml）。

② 刘玉亭：《努力做到"四个统一" 深入推进企业信用分类监管制度改革——在全国工商行政管理系统企业信用分类监管及联网应用培训班上的讲话》，《工商行政管理》2007年第12期。

③ 姚芃：《法治中国30年：站在市场"入口"回望商事登记30年》，《法制日报》2008年7月20日。

④ 《工商企业登记管理条例》，《人民日报》1982年8月18日。

⑤ 《中华人民共和国民法通则》，中国人大网（http://www.npc.gov.cn/zgrdw/npc/lfzt/rlyw/2016-07/01/content_1992730.htm）。

此后，为适应经济发展的形势，中国又先后颁布了《私营企业暂行条例》（1988 年）、《全民所有制工业企业法》（1988 年）、《乡村集体所有制企业条例》（1990 年）、《城镇集体所有制企业条例》（1991 年）等法律法规。在此阶段，中国的商事登记制度加快完善，尤其是外资企业商事登记制度已初步建立起来，逐渐构建了包括企业登记、监督管理、年度检验等内容的由点到面、由内及外的企业登记管理制度。

（三）1992 年至 2012 年：社会主义市场经济下的商事制度

1992 年，改革开放进一步深化，中国提出建立社会主义市场经济，开始进入现代企业制度建设时期。党的十四大明确提出"建立社会主义市场经济体制"，明确了经济体制改革的总体目标。① 1993 年 11 月，党的十四届三中全会提出，中国国有企业改革的方向是建立适应市场经济要求，产权清晰、权责明确、政企分开和管理科学的现代企业制度。② 1994 年以后，中国先后颁布了《公司法》《合伙企业法》《个人独资企业法》等法律，规范市场主体活动的法律制度框架基本确立。自 1994 年 7 月 1 日起，各级原工商行政管理部门开始按照《公司法》和《公司登记管理条例》的规定，对有限责任公司、股份有限公司和国有独资公司进行登记和监督管理。③

2001 年 12 月 11 日，中国正式加入世界贸易组织，标志着中国对外开放进入了一个崭新阶段。2004 年 7 月 1 日，《行政许可法》生效实施，带来了企业登记制度和服务理念方面的重大改变，其中第十二条明确了企业的设立属于依法申请的行政许可行为；第三十四条提出，对提交材料齐全、符合法定形式的申请，实行当场登记。④ 2005 年，中国对《公司法》和《公司登记管理条例》进行了修订，对公司制度作出许多创新。由此，中国企业登记管理法律制

---

① 《确立社会主义市场经济体制的改革目标》，中国政府网（http：//www.gov.cn/xinwen/2019 – 10/25/content_5444716.htm）。

② 《中国共产党十四届三中全会简介》，中国政府网（http：//www.gov.cn/test/2008 – 07/10/content_ 1041091.htm）。

③ 任晓玲：《试论我国中小企业登记制度的完善》，《现代商业》2011 年第 12 期。

④ 《中华人民共和国行政许可法》，中国政府网（http：//www.gov.cn/flfg/2005 – 06/27/content_9899.htm）。

度得到了全面提升和完善，以适应入世承诺、适应《行政许可法》和《公司法》的要求。[①]

2007年7月25日，原国家工商行政管理总局发布实施《关于改进和加强企业登记管理工作的意见》，在国内外引起很大反响。该文件强调了一系列登记原则：凡是法律、行政法规未禁止的行业和经营项目，只要符合科学发展观要求、有利于经济社会发展的，都应予以登记；对法律、行政法规和国务院文件明确的，如破产清算事务所、农村新型金融机构等，都要积极支持；凡是法律、行政法规未禁止个体私营等非公有制经济进入的领域和行业，都要允许进入；凡是允许外资进入的领域和行业，都要允许内资进入。同时，要依法规范市场主体准入工作，严禁以突破法律法规规定的方式搞所谓的"改革创新"，凡是不符合法律法规规定的，要一律停止执行。[②]

自新中国成立以来，中国社会经历了从计划经济到有计划商品经济，再到社会主义市场经济不断变革的历史进程，商事登记制度也在不断地发展与变革。商事登记是市场经济的产物，是随着市场经济发展而逐步开展起来并充分发挥作用的。从"可有可无"到"必不可缺"，中国商事登记制度稳步与社会发展的秩序相接轨。

第二节　商事制度改革前的回顾

一　改革前中国商事制度的特点

在商事制度改革启动之前，中国商事制度呈现出以下特点。

（一）登记种类繁多

正如前文所述，中国商事制度是市场经济的产物，其发展在很大程度上受到经济体制改革的影响。随着改革的不断深入，商事主

[①] 姚芃：《法治中国30年：站在市场"入口"回望商事登记30年》，《法制日报》2008年7月20日。
[②] 《关于改进和加强企业登记管理工作的意见》，中国政府网（http://www.gov.cn/zwgk/2007-08/17/content_719822.htm）。

体呈现出多元化的现象，与之相对应，商事登记立法也存在着"因人（商事主体）而异"的特点。仅以企业为例，在中国存在非公司制企业法人、公司、合伙企业、个人独资企业、外商独资企业、中外合资企业、中外合作经营企业等多种企业形式，不仅种类繁多，而且每种企业形式都有各自的登记规范。改革前，中国不存在一个统一的商事登记制度，与商事登记有关的法律法规至少包括《公司法》《公司登记管理条例》《企业法人登记管理条例》《个人独资企业法》《合伙企业法》《城乡个体工商户管理暂行条例》等，涵盖了不同位阶、不同层级的法律、法规、规章、规范性文件等，在立法体系上呈现出多样性和复杂性。

立法多样性还带来各类商事主体登记程序上的差异化。改革前，不同所有制形式、不同责任形式的商事主体进行登记时，由于所依据的实体法不同，因此所适用的程序也可能存在差异。如公司法人及其分公司根据公司登记程序设立，非公司企业法人及其分支机构根据企业法人登记程序设立，合伙企业及其分支机构根据合伙企业登记程序设立，个人独资企业及其分支机构根据个人独资企业登记程序设立。[①]

不同商事主体的营业执照的类型也千差万别。据统计，改革前，商事主体的营业执照约有17类，包括：内资企业营业执照（2类），细分为内资法人营业执照和内资非法人营业执照；私营企业营业执照（6类），细分为私营法人营业执照、合伙法人营业执照、个人独资企业法人营业执照、私营非法人营业执照、合伙非法人营业执照、个人独资企业非法人营业执照；外资企业营业执照（5类），细分为外资法人营业执照、外资非法人营业执照、常驻代表机构营业执照、外国（地区）企业营业执照、外国（地区）企业分支机构营业执照；集团营业执照（3类），细分为集团企业营业执照、内资集团营业执照、外资集团营业执照；个体工商户营业执照（1类）。

总体而言，改革前的商事制度因登记主体的多样化而呈现出立法体系、登记流程、营业执照等方面多元化的特点，给实际操作带

---

① 宁佳宁：《深圳市商事登记制度改革问题研究》，硕士学位论文，复旦大学，2014年，第19页。

来诸多不便，一定程度上限制了市场主体开展商事活动的效率。

(二) 登记内容广泛

商事登记是对商事主体经营活动中重要事项的记载，但是"重要事项"到底包括哪些，则没有一个权威统一的标准。如果从广义上理解，商事登记涉及商事主体经营活动的全流程，内容非常广泛，从主体上来看，既包括企业登记也包括其他经济组织如个体工商户的登记，甚至包括商事从业人员的职业许可；从授予资格上来看，既包括商事主体资格登记也包括经营资格的登记；从登记内容上来看，既包括名称、住所、注册资本等传统工商登记的事项，也包括税务登记、消防许可登记、卫生许可登记等与经营资格相关的其他事项。

因此，从改革的角度出发，必须对商事登记的内涵做一个准确的界定。中国未设立独立的商事管理部门，传统上一直将商事登记视为工商登记，由工商行政管理部门负责实施。如果按广义理解商事登记的内涵，其范围无限扩大，可能涉及对国家行政机构职能的重新划分，改革成本过大，不符合国家和深圳改革前的实际情况。有鉴于此，本书将商事登记的范围限定为：申请主体基于自由意志而请求商事登记机关对商事主体身份予以确认、变更、注销，或依法定条件、程序注销该主体身份，并借助登记机关提供的信息平台予以公示的一种法律行为，即主要指市场监管部门（原工商部门）的登记。[1]

(三) 商事登记是主体资格和经营资格的双重登记

如本节（一）点所述，中国不同商事主体可能适用不同的登记程序，虽然各类登记程序所对应的法律依据、登记内容、登记证明存在不同程度差别，但其共性特征在于同一登记行为都会产生两个性质相互独立的法律效果，即主体资格和经营资格的双重登记。

以非公司企业法人登记程序为例，根据《企业法人登记管理条例施行细则》第三十七条，登记主管部门核发的《企业法人营业执

---

[1] 赵万一等：《私法视域下商事登记的重新解读》，《河北法学》2009年第6期。

照》是企业取得法人资格和合法经营权的凭证。① 因此，商事主体登记程序实际上产生双重登记效果：一是取得商事主体资格；二是获得合法经营权。登记机关颁发的营业执照既可以作为商事主体资格证明，也可以作为商事主体的经营资格证明。

从法律效力上分析，商事主体的主体资格和经营资格所代表的法律意义是不相同的。主体资格是一种法律上的人格存在，各类商事主体在抽象意义上并无区别，其权利能力和行为能力具有一般性、同质性和平等性。但是，不同商事主体的经营能力则是有差异的。经营资格是国家出于经济调控的目的，对于特定行业的经营自由进行一定程度的干预，例如设置经营条件等，商事主体在设立后还必须通过特定程序才能拥有这些行业的经营资格。商事主体资格与合法经营权之间是相互独立的，并无从属关系。

（四）商事登记的主要功能是营业准入登记

中国商事登记的功能可以概括为：

第一，商事主体获取主体资格，即通过登记可以获得相应的主体资格，以此确立自己的责任形式（例如是法人还是非法人企业），并将其记载于营业执照上；

第二，确立商事主体的权利能力范围，即营业执照上记载的经营范围；

第三，赋予商事主体的经营资格，对于特定行业，要求先取得相应的前置审批程序之后，才能完成商事登记程序，以取得经营资格；

第四，明确商事主体经营场所范围，即通过住所登记限制其从事日常经营活动的空间范围；

第五，公示商事登记信息，保障交易安全。

从以上五种功能来看，前四种功能体现了国家对商事主体市场准入的管制，只有公示才是登记行为本身应具备的功能。在改革前，营业执照同时具有主体资格和经营资格的双重证明，因此经营资格的赋予是商事主体获准登记的条件之一，使得商事登记制度承

---

① 《中华人民共和国企业法人登记管理条例施行细则》，国家市场监督管理总局网站（http://www.samr.gov.cn/fgs/zcfg/201405/t20140504_294810.html）。

担了经营准入的功能,包括登记机关对商事主体经营范围的核定、营业执照对企业合法经营权的证明效力以及大量的登记前置审批程序等。

然而随着市场经济的快速发展,在各国普遍降低经营准入门槛的情况下,通过设置大量前置审批程序来限制营业准入,已经不符合市场经济的发展要求,也与国际惯例相悖;对经营范围进行核定,也在一定程度上限制了商事主体可根据市场变化随时调整业务方向的自由。经营准入本身属于行政监管的范畴,不应纳入商事登记制度的范畴,因此,有必要还原商事登记的本来面目,使其仅作为商事主体设立的一种法定程序或公示手段,以摆脱行政监管的捆绑束缚,降低设立门槛。[①]

(五)营业执照的登记信息容易让人产生不合理的信赖

营业执照是商事主体登记信息的重要展示载体,其展示信息包括名称、住所、法定代表人、注册资本、经营范围等。改革前,商事登记机关对于营业执照的大部分记载事项采用实质审查,因此,对于一般社会公众而言,营业执照记载事项均经过国家公权力机关的审核,其公示事项及证明作用应该具有很强的公信力。

然而在实际运行中,改革前,由于商事登记准入门槛过高、前置审批程序过多,申请人往往需要耗费大量时间和精力才能完成登记注册,不少人转而求助中介甚至采用作假的方式,导致垫资、抽逃注册资本、超范围经营等现象屡见不鲜。因此,在实际中,营业执照上的登记事项不一定与商事主体的实际情况完全吻合。此外,营业执照上标示的经营能力一般只是商事主体设立、变更或年检时的情况,然而市场经营千变万化,商事主体的真实经营状况不一定会及时反映到营业执照的记载事项上。

(六)大量前置审批程序导致登记准入门槛过高,效率低下

前置审批又称前置性行政许可,指申请人在办理当前许可事项时,必须持有的上一环节许可证件。中国商事登记前置审批的雏形是1987年的《城乡个体工商户管理暂行条例》,其中第七条第二款

[①] 宁佳宁:《深圳市商事登记制度改革问题研究》,硕士学位论文,复旦大学,2014年,第21页。

规定："国家规定经营需要具备特定条件或者需经行业主管部门批准的，应当在申请登记时提交有关批准文件。"[①]该条款明确了当个体工商户申请登记时，需要相关的行业主管部门进行前置审批。

前置审批的设定应严格遵循相关法律法规的要求。2003年8月27日颁布的《行政许可法》第十五条第二款规定："地方性法规和省、自治区、直辖市人民政府规章，不得设定应当由国家统一确定的公民、法人或者其他组织的资格、资质的行政许可；不得设定企业或者其他组织的设立登记及其前置性行政许可。"[②] 随着《行政许可法》的出台，大量涉及行政许可的部门规章和省市级政府规章逐步被取消，设定行政许可的任意性大大减少。2005年修订的《公司法》第十二条第二款规定："公司的经营范围属于法律、行政法规规定须经批准的项目，应当依法经过批准。"[③] 这就明确了只有法律、行政法规才能设定前置审批，避免有关部门和地区出于部门及地区利益考虑，乱设置、滥设置前置审批。

改革前，在前置审批程序的实际运行过程中，全国层面一直没有出台一个统一的目录，各部门有时候出于部门利益的考虑，将理应属于事后监管工作的内容也列入前置审批程序，希望通过提高前置审批条件来代替事后监管，抬高了企业设立的门槛，增大了企业设立的成本；同时，纷繁复杂的前置审批对从事行政许可的工作人员也是极大挑战，延长了登记办理时间，降低了工作效率。从党的十八届三中全会、四中全会开始，中国正式推行政府部门权责清单和试行市场准入负面清单制度，才逐步形成全国统一的前置审批目录。

（七）登记与监管捆绑

如本节第（三）点所述，改革前中国商事登记是主体资格和经营资格的双重登记，这两种资格都通过营业执照这种方式来进行标

[①] 《城乡个体工商户管理暂行条例》，《中华人民共和国国务院公告》，1987年8月31日。

[②] 《中华人民共和国行政许可法》，中国政府网（http://www.gov.cn/flfg/2005-06/27/content_9899.htm）。

[③] 《中华人民共和国公司法》，中国政府网（http://www.gov.cn/flfg/2006-10/29/content_85478.htm）。

示,即从法律效力上来讲,商事主体的主体资格和经营资格在事实上是紧密关联的。而对于商事主体的主体资格和经营资格的监管,则往往是由不同部门负责。最为典型的是,当政府监管部门对商事主体的经营资格进行剥夺时,也直接造成了企业主体资格的丧失。因此,整个商事登记程序与政府监管行为是紧密捆绑的,具体体现在以下几个方面。

首先,在商事主体的设立登记阶段,由于商事登记是主体资格和经营资格的双重登记,而政府在此阶段对经营资格的监管主要就是通过设置各类前置审批程序。同时,为实现有效监管,登记机关对于登记材料是进行实质审查。

其次,在商事主体设立登记后的经营活动中,登记机关的监管主要是通过年检制度和吊销营业执照制度。前者是指登记机关每年要对商事主体经营情况进行检查,并在营业执照上加盖年检章;后者是指年检不合格或连续两年不参加年检,或者监管部门在对商事主体的日常监管中发现其他违法行为时,所作出的吊销营业执照的处罚决定。

政府监管的对象应当是企业的经营资格,而不是主体资格,商事主体资格不具有道德上的善恶性或法律上的是非性,不应成为处罚和监管的对象。结合中国商事制度改革前商事登记和市场监管中出现的大量问题,必须从改革的视角厘清商事登记和政府监管之间的关系,改事前把关为事后监管,并明确监管的对象应为商事主体的经营活动。

二 改革前商事制度与市场经济的矛盾

中国商事制度是伴随着经济体制改革而逐步建立和发展起来的。经济体制改革走的是一条循序渐进的路子,在改革的相当长时期内,计划经济体制和市场经济体制两种体制的因素相互交错,这两种因素对中国的商事制度都产生着不可低估的影响。因此,在经济体制改革过程中建立和发展起来的商事制度,不可避免地保留着某些与市场经济体制要求不相适应的内容。完善商事制度就是要按照市场经济体制的要求,不断消除与市场经济发展不相适应的内容,充实或增加符合市场经济发展要求的内容，从而健全商事制度并促进市场经济的发展。①

社会主义市场经济具有四个基本特征：法制性、平等性、竞争性、开放性。从法制性来看，虽然市场经济是自由交易经济，但市场交易有效有序进行的一个基本条件就是法律法规的保障。如果没有法制的保障，产权就是不安全的，市场主体就不可能致力于通过提供产品和服务获取利益，就不可能形成高效有序的市场竞争环境，就难以实现经济健康发展。②改革前，非公司制企业法人、公司、合伙企业、个人独资企业等都有各自的立法，在立法体系上呈现出多样性，未能形成一个统一的商事登记制度。这种分散的、低位阶的登记立法为部门利益、行政垄断和行业保护披上了合法的外衣，成为行政机关相互之间权力博弈的工具。导致市场主体准入条件的不平等和竞争环境的不公平，造成了商事制度与市场经济规律和公平交易原则的直接背离。不同主体适用不同的登记管理规则致使登记管理效率低下。此外，规范性文件之间重叠交叉、法规相互间不衔接不协调，也容易形成立法盲点和漏洞。

从平等性来看，在社会主义市场经济下，各类市场主体都应享有平等的社会地位，拥有共同发展的平等权利，平等遵守市场经济的一般规律。市场机制得以正常运转的前提之一，是市场主体在经济活动中能够平等地进入市场并开展竞争。为此，应清理废除妨碍统一市场和公平竞争的各种规定和做法，激发各类市场主体活力。改革前，商事登记注册资本采用实缴制，商事登记机关需要对企业出资情况进行审查，收取验资证明材料，这对于从事一般性生产经营活动的绝大多数企业来说，既费时又费力，无形中提高了市场准入门槛；住所或经营场所方面，则需要提供房屋产权证复印件（自有房产），租赁协议复印件或出租方的房屋产权证复印件（租赁房屋），房地产管理部门的证明或者竣工验收证明、购房合同及房屋

---

① 柳经纬：《关于完善商事登记制度的两点建议》，载中国法学会商法学研究会、黑龙江大学法学院《中国法学会商法学研究会2004年会论文集》，2004年8月，第454页。

② 陈立峰：《新社会阶层法治意识及其培育——以浙江省的问卷调查为基础》，《中共浙江省委党校学报》2017第1期。

销售许可证复印件（未取得房屋产权证的房屋）等场地证明材料，客观上增加了市场主体的创业投资成本。

从竞争性来看，改革前商事登记的种类繁多，不仅体现在登记主体的形式种类繁多，登记设立流程存在差异，而且营业执照的样式也多样，给申请人带来了不必要的困扰，也为商事登记机关带来了管理和操作上的麻烦。对于不同所有制形式、不同责任形式的商事主体进行过于细致的区分，适用不同的法律和登记程序，不利于各类市场主体之间的公平竞争。

从开放性来看，改革前商事登记的内容众多，仅以营业执照登记事项为例，就包含名称、住所、法定代表人姓名、注册资本、公司类型、经营范围、注册号、成立日期、发证日期、营业期限、核发机关等事项。其中最为典型的是经营范围的登记。对于经营范围是否应当列入登记事项早已遭到理论界和实务界的质疑。其一，登记部门要花费大量的成本来明确商事主体的经营范围究竟是要达到何种目的？制度构建的初衷应当是维护交易安全，同时也为了便于国家对某些行业的宏观调控。但是，1999年最高人民法院的《关于适用〈中华人民共和国合同法〉若干问题的解释（一）》第十条规定，当事人超越经营范围订立合同，人民法院不因此认定合同无效。但违反国家限制经营、特许经营以及法律、行政法规禁止经营规定的除外。[①] 可以看出，经营范围登记已经无法实现对商事主体经营范围的严格管控。在实际中，交易活动如此频繁，登记部门要对所有商事主体的所有交易行为进行经营范围监控和管理，可能性微乎其微。其二，无论《国民经济行业分类》完善到何种程度，相对于经济发展而言也必然具有滞后性，当遇到新兴行业和新型业态，登记部门对经营范围进行审查时面临两难，不予核准则不利于新兴行业和新型业态的发展，予以核准又缺乏现行法律依据，此种情形又增加了办理营业执照的不确定性。由此可见，在登记程序中进行过多行政管控，已经与市场经济的发展不相适应。

---

① 《最高人民法院关于适用〈中华人民共和国合同法〉若干问题的解释（一）》，最高人民法院知识产权法庭网站（http://ipc.court.gov.cn/zh-cn/news/view-388.html）。

第三节 商事制度的改革环境

一 国家顶层的改革共识与支持

商事制度改革之前，原有的商事登记准入门槛较高，企业"注册难"问题日益凸显，严重束缚了市场主体快速发展。改革是大势所趋，这已成为社会各界的基本共识。但怎么改、如何推进却是横亘在眼前的一道难题。

深圳是全国市场经济最发达最活跃的地方，深圳商事制度改革既是市场经济发展的必然要求，也是深圳人改革创新精神的具体体现。早在20世纪90年代，深圳为了解决私营企业发展中的问题，就开始积极谋划推动注册登记制度创新。例如，1993年，深圳出台《深圳市企业登记管理规则》，率先将商事登记"审批注册制"改为"准则登记制"，即除专控、专营商品外，投资人无须先经过政府和有关部门审批，可直接向商事登记机关申请登记。[1] 但是，"准则登记制"还是存在行政审批过多、注册资金和场地条件要求过高等问题，新一轮商事制度改革势在必行。

2009年，针对当时企业"注册难"的问题，时任广东省委书记汪洋同志专门作出批示，为此，原广东省工商行政管理局建议将商事制度改革作为当年广东省委、省政府学习实践科学发展观活动的一项重要调研课题。随后，广东省委、省政府将商事制度改革纳入省委、省政府领导班子深入学习实践科学发展观活动落实方案以及《珠江三角洲地区改革发展规划纲要（2008—2020）》。[2]

2010年，深圳正式将商事制度改革纳入当年改革计划，开启了商事制度改革的新篇章。2011年，由深圳市市场监督管理局会同深圳市人大常委会法制工作委员会、深圳市人民政府法制办公室、原

---

[1] 《深圳市企业登记管理规则》，中国法院网（https://www.chinacourt.org/law/detail/1993/03/id/67540.shtml）。

[2] 《珠江三角洲地区改革发展规划纲要（2008—2020）》，中华人民共和国国务院新闻办公室网站（http://www.scio.gov.cn/ztk/xwfb/52/9/Document/1057059/1057059.htm）。

深圳市科技工贸和信息化委员会等部门组成的商事登记制度改革领导小组，经过一年多的理论研究和多方调研论证，形成了全面的《关于深圳市商事登记制度改革调研报告——对传统营业执照综合管理体制的重大改革创新》，并得到了时任深圳市委常委张思平同志的高度认同。① 由于商事制度改革思路是对商事登记管理的根本性变革，涉及对以往全国性制度设计的重构，因此非常需要国家层面的大力支持。2011年9月，时任深圳市副市长袁宝成同志率时任深圳市市场监督管理局局长徐友军同志、副局长袁作新同志前往原国家工商行政管理总局汇报商事制度改革调研报告。2012年3月初，在全国两会期间，时任广东省委书记汪洋同志率原广东省工商行政管理局相关负责同志到原国家工商行政管理总局拜会，原国家工商行政管理总局表示大力支持广东省探索商事制度改革路径。同年3月10日，原国家工商行政管理总局印发《关于支持广东加快转型升级、建设幸福广东的意见》，明确支持在深圳、珠海横琴新区开展商事制度改革试点。②

为了获得立法支持，2012年9月，时任深圳市人大常委会副主任周光明同志带队就商事制度改革有关立法问题，率队拜访了全国人大常委会法制工作委员会、国务院法制办公室和原国家工商行政管理总局。时任全国人大常委会法制工作委员会副主任李飞同志表示，国家新一轮改革对特区继续发挥引领作用寄予很大希望，深圳商事制度改革大方向是正确的，在做好风险评估的基础上，步子可以迈得大一些。时任国家工商行政管理总局副局长刘玉亭同志指出，深圳的商事制度改革是一件好事，只要改革对深圳经济发展有利，对管理有利，总局将一如既往支持和鼓励深圳商事制度改革和工商管理制度的创新。时任国务院法制办公室工交商事司司长赵晓光及相关同志认为，深圳商事制度改革符合改革的方向，深圳经济

---

① 袁作新：《改革商事登记制度　再现特区经济优势：深圳市开展商事登记制度改革探索》，《中国工商管理研究》2013年第9期。
② 《转发国家工商总局关于支持广东加快转型升级建设幸福广东意见的通知》，广东省人民政府门户网站（https://www.gd.gov.cn/gkmlpt/content/0/140/post_140585.html）。

特区在立法上进行了有益的探索。①

总体来说，国家有关部门对深圳的商事制度改革总体上给予了充分肯定，深圳改革的指导思想和理念符合发展方向，在制度上具有创新性。在国家层面的支持下，深圳商事制度改革驶入了快车道。

二　支撑商事制度改革的政策倾向

2009年1月，国务院公布《珠江三角洲地区改革发展规划纲要（2008—2020年）》，提出要继续发挥珠江三角洲地区特别是经济特区的"试验田"和示范区作用，以行政管理体制改革为突破口，深化经济体制和社会管理体制改革。在"改进政府管理和服务方式"一项中，指出要深化行政审批制度改革，继续清理和调整行政审批项目，进一步减少和规范行政审批；改进企业登记方式，试行告知承诺制。

2012年3月10日，原国家工商行政管理总局印发《关于支持广东加快转型升级、建设幸福广东的意见》，明确支持广东省在深圳经济特区和珠海经济特区横琴新区开展商事制度改革试点，充分体现了解放思想、改革创新的政策倾向。《意见》根据广东省的实际和发展需要，以"宽入严管"为原则，提出了支持广东省发展的32条政策，其中包含了一批首创性政策，这是当时原国家工商行政管理总局支持地方经济发展和改革创新力度最大、涉及面最广的一个文件，为深圳全力推进商事制度改革明确了方向，进一步加快了深圳商事制度改革的进程。《意见》多次提到深圳和深圳商事制度改革。《意见》第二章提出，要支持创新更加有利于市场主体发展的登记管理机制，其中第九条规定，要依托深圳、珠海特区立法优势和政策先行优势，在深圳和珠海横琴新区全面开展商事制度改革试点，在保障各类商事主体登记的地位平等、规则公平、标准统一等方面积极探索、积累经验，努力探索符合国际惯例的企业准入制度。《意见》第五章第二十五条指出，支持创新市场监管法制体系；积极支持深圳、珠海、汕头推动特区立法，开辟市场监管体系建设的"新特区"，构建更加符合广东市场发展实际的市场监管制度体系。

---

① 广东省政府协征编：《敢为人先——改革开放广东一千个率先·政治卷》，人民出版社2015年版。

三 适时应势的机构改革

深圳商事制度改革的顺利推进，在一定程度上还得益于在全国率先启动的大部制改革。2007年，党的十七大报告第一次提出"大部门体制"的概念，明确要"加大机构整合力度，探索实行职能有机统一的大部门体制"。次年，中国共产党第十七届中央委员会第二次全体会议通过了《关于深化行政管理体制改革的意见》。此后，中央出台一系列文件，对大部制改革的原则、重心、目标等进一步明确，指明了中国行政管理体制改革的方向和路径。

深圳积极响应党中央的号召，率先启动机构大部制改革。2009年7月31日，深圳市市场监督管理局成立，统一承担原深圳市工商行政管理局、原深圳市质量技术监督局、原深圳市知识产权局等部门的职责以及原深圳市卫生监督局承担的餐饮环节的食品安全监管职责。深圳市市场监督管理局的设立，有效解决了此前多个部门存在的职能重叠交叉问题，同时发挥资源整合优势，强化了质量监督、知识产权、食品药品安全等领域的统一执法，是对市场监管制度体系创新的一次成功探索。[①]

在深圳实施大部制改革之前，深圳企业的设立由多个部门分工负责，例如营业执照由原深圳市工商行政管理局批准发放，而组织机构代码证则由原深圳市质量技术监督局授予。深圳市市场监督管理局成立后，这两个事项统一由深圳市市场监督管理局负责，为后续缩减政府审批环节、有效推动政府服务的便民化和优质化、整合政府行政资源打下了坚实的基础。例如，深圳能够在全国统一社会信用代码制度实施不到一个月内，就全面推行商事主体"多证合一、一照一码"，很大程度上得益于2009年的大部制改革，原深圳市工商行政管理局和原深圳市质量技术监督局的各项业务经过多年磨合，已实现了业务流程的有效融合和再造，为商事制度改革的顺利推进提供了保障。

[①] 林于靖：《大部制改革后深圳市市场监管部门的问题分析与对策研究》，硕士学位论文，广西民族大学，2017年，第22页。

第二章 探索酝酿 博采众长

第一节 商事制度改革应对的主要问题

商事制度改革前,中国已形成了以营业执照为中心的商事登记制度,该制度实现了从登记到监管和公示紧密关联的管理模式,因此商事制度改革所要应对的问题也必然通过营业执照实施程序(商事登记程序)、登记事项、公示方式、监管模式等诸多方面表现出来。

一 营业执照双重证明体系存在的主要弊端

改革前的商事登记程序实际都产生双重登记效果:一是取得商事主体资格;二是获得合法经营权,也称为经营资格。[①] 这两种登记效果都体现在登记机关颁发的营业执照上,由此营业执照具有双重证明功能:既可以作为商事主体资格证明,也可以作为商事主体的经营资格证明。随着市场经济的发展,这种将营业执照集主体资格和经营资格证明效力于一身的商事登记制度开始不适应中国的实际情况,在实践中产生诸多弊病,具体表现如下。

(一)营业执照双重证明效力与吊销营业执照法律效力存在制度冲突,引发司法和执法工作中的混乱

商事主体被吊销营业执照,意味着商事主体"非正常死亡",那么商事主体不能存续时如何"善后"处理其"身后事"成了难题,如商事主体未了的债权债务如何清理?商事主体有关的诉讼主体是谁?在中国的商事登记制度中,营业执照具有证明商事主体资

[①] 宁佳宁:《深圳市商事登记制度改革问题研究》,硕士学位论文,复旦大学,2014年,第20页。

格和合法经营权双重证明效力,任何否定营业执照效力的结果必然是同时否定商事主体资格和合法经营权双重证明效力。商事主体被吊销营业执照,其法律性质就是对营业执照效力的否定和取消,因此无论从形式逻辑上还是法理逻辑上分析,商事主体都应当同时丧失主体资格和合法经营权。《国家工商行政管理局关于企业登记管理若干问题的执行意见》(工商企字〔1999〕173号)第十条规定:"企业被吊销营业执照的,其法人资格或经营资格终止。"原国家工商行政管理总局在2002年5月8日以工商企字〔2002〕106号《关于企业法人被吊销营业执照后法人资格问题的答复》对此做了重申:"企业法人营业执照是企业法人凭证,申请人经登记主管机关依法核准登记,领取企业法人营业执照,取得法人资格。因此,企业法人营业执照被登记主管机关吊销,企业法人资格随之消亡[1]。"[2]

  法人的主体资格随着营业执照的吊销而终止,这对于企业自身债权债务的清理造成诸多不便,进而影响到债权人的利益。如果这些后果周而复始地循环下去,必将影响市场经济的净化和发展。随着经济生活的不断复杂化,吊销营业执照主体资格被否定的做法诱使部分投资人借机逃避债务、侵害债权人的合法权益。为避免法律制度成为逃避法律责任的尴尬处境,最高人民法院通过"法经〔2000〕23号""法经〔2000〕24号"司法解释,明确"吊销企业法人营业执照属于工商行政管理机关依照国家行政法规对违法的企业法人作出的一种行政处罚。企业法人被吊销营业执照后,应当依法进行清算。清算程序结束并办理工商注销登记后,该企业法人才归于消灭"。2004年出台的《企业登记程序规定》第十八条则规定,企业被依法撤销设立登记或者吊销营业执照的,应当停止经营活动,依法组织清算。自清算结束之日起三十日内,由清算组织依法申请注销登记。其后的诸多法律文件也相继做出类似规定。由此

---

  [1] 居松南:《试析吊销营业执照与公司终止之关系》,《辽宁省社会主义学院学报》2015年第6期。
  [2] 以上答复已于2004年由国家工商行政管理总局在《关于废止有关工商行政管理规章、规范性文件的决定》中废止。

可见，无论是从法院的司法解释还是司法判例，都体现出诸多不统一的思想，尤其是对于主体资格和经营资格的丧失问题，陷入了矛盾和混乱的局面。

商事制度改革前，虽坚持商事主体资格与经营资格合二为一，但并未落到实处。事实上，存在只具有经营资格而不具有主体资格的情况，比如分支机构，《企业法人登记管理条例》第三十四条规定："企业法人设立不能独立承担民事责任的分支机构，由该企业法人申请登记，经登记主管机关核准，领取《营业执照》，在核准登记的经营范围内从事经营活动。"企业法人分支机构依附于企业法人的主体资格而存在，不具有法律上的主体资格，营业执照只是分支机构具备经营资格的证明载体。同时，也存在只有主体资格而没有经营资格的情况。例如，清算期间的企业，其金融许可证被取消，这时金融业务的经营资格丧失，但主体资格依然存在。[①] 由于工商行政管理机关在行政行为中适用商事登记制度的行政规章和国家工商行政管理总局的意见，因此，在行政管理中也陷入了矛盾和混乱的局面。

（二）主体资格与经营资格合二为一，问责产生困难，不利于保护商事主体的合法权益

由于主体资格与经营资格不分，因此，哪些应该属于主体登记，哪些应该属于营业登记，这些问题难以厘清，使得监管部门之间互相推诿。现实中，工商行政管理机关不仅要主管商事主体的登记事务，还要对其经营行为以及行业的发展进行监管，而后者本应由行业职能部门负责。[②] 主体资格与经营资格合二为一，不仅容易导致监管混乱，往往还会在出现问题时对行政机关产生问责的困难。问责产生困难，对于商事主体合法权益的保护就无从谈起。例如，在年检制度中，登记机关对于前置审批项目有义务审查，审批机关进行年检时也对其进行审查，从表面上貌似是"双保险"，然而，很

[①] 闫静：《商事登记法律制度研究》，硕士学位论文，山西大学，2005年，第22页。

[②] 陆晓瑜：《论商事登记中的商主体资格与营业资格》，《湖北警官学院学报》2014年第9期。

多问题正是因为这种法律法规的模棱两可造成的,"双保险"反而导致弊端的产生。这其中或者是因为规定不明确导致职责不明晰,又或者是因为规定不合理导致本不应由某一机关履行的职责也一并由其履行。上述的年检涉及的问题,则是两种原因都有。当前置审批出现问题时,则难以确切地追究某一机关及其相关工作人员的责任。

当前,中国法律对登记机关的职责范围并没有统一的界定,仅在多个登记管理条例中分散记载,这往往妨碍着执法和监管工作的开展。主体资格与经营资格合一,是行政机关权利义务不一致、权力责任不一致的导火线,这既有可能导致登记部门处于极为尴尬的地位,也有可能导致登记部门与各相关审批部门之间相互推诿责任。在这种制度下,如果进行明确的权力划分,甚至会导致执法的困难。主体资格与经营资格的合一,旨在权力行使的交叉,监管相互渗透,在实际中却不能达到应有的效果。即使时而进行的联合执法也并不能从根本上解决问题。

(三) 营业执照双重证明对于企业运营的负面影响

营业执照双重证明对企业运营造成的负面影响,主要体现为以下几点。

1. 投资者成本的人为增加与耗费

前置审批的大量存在,导致投资成本的过度增加。投资者为了获得商事主体资格,首先必须投入大量的人力、财力、物力去满足法律规定的各项条件。如果这时候前置审批未能获得批准,那么将导致主体资格也无法确立。这样一来,设立过程中的投入也意味着付诸东流,这无论是从市场经济要求的资源优化配置的角度,还是从资本有效利用的角度来看,都是不合理的。而这并非仅仅是前置审批的问题,更是涉及整个营业执照双重证明体系的遗患。而在主体资格或者经营资格丧失的情形下,倘若清算与注销登记的顺序倒置,清算势必难以进行,这也不利于商事主体剩余财产的有效再利用,而且影响到其他债权人的利益及其运营效率。这种多米诺骨牌效应导致整个交易市场中的商事主体的运营成本提高。

2. 非货币财产难以得到有效利用

"设立中公司"由于在商事主体资格未获得的情形下,与其进行的法律行为所属性质并不明了，部分行为更是在实际中不具有操作性。以公司设立为例，股东或发起人在设立登记时要以非货币财产作为首次出资实际上并不可能。根据法律规定，公司成立日期以公司营业执照签发日期为准，自营业执照签发日期起公司才取得主体资格和经营资格。而办理非货币财产出资的财产权转移手续需要通过比较复杂的程序，尤其是涉及诸如房产、车辆、土地使用权、商标等往往要履行过户、审批手续，在公司成立之前，权利承接方尚不具备主体资格，过户、审批手续无法进行。[①] 此外，现行制度又明确规定公司成立之前，不得以公司的名义进行相关法律行为，这不仅使得非货币财产出资产生困难，甚至是成立前所签订的合同之效力也有待商榷。这些制度安排对于公司设立效率以及公司运营的实际需要都极为不利。

3. 事后监管不足引起的整体市场环境恶化

制度安排依赖于制度环境，而制度环境又在一定程度上受到制度安排的影响。由于现行营业执照双重证明的登记模式导致对于行政机关问责的困难，以及行政机关事后监督的不足，企业运营效率也必然受到巨大的负面影响。由于制度不仅针对少数企业，还波及所有的商事主体，因此这种负面影响并非只针对单个企业，所有的商事主体都在不同程度上因为制度的不合理遭受损害，也就意味着整体市场环境的恶化。而这种恶化不仅体现在公权力与私权利之间的纵向冲突，还会表露于商事主体之间的矛盾，也就是私权利之间的横向冲突。事后监督的不足，导致商事主体不得不因为保障自身交易安全而花费大量成本，还因此一定程度上造成商事主体间的信任危机，也往往引起商事主体间的交易变得谨慎保守，使市场环境陷入沉闷与封闭，进一步加剧了市场环境的恶化。

二 前置审批制度引起的弊端

商事制度改革前，在营业执照实施程序前包含一种特殊的制度安排——前置审批制度。所谓前置审批制度，是指企业的经营范围

---

① 石玉颖主编：《商事登记制度与实践》，中国工商出版社2009年版，第222页。

涉及特殊行业或必须具备特定条件的，先由政府相关部门审批或者发给许可证，企业凭批准文件或许可证到工商行政管理部门办理设立或变更的登记管理制度。① 从法律功能来讲，前置审批制度包含了两个独立登记行为，一是具有确认设立商事主体的主体资格和合法经营权功能的商事登记行为；二是具有赋予商事主体在特定领域经营的营业准入资格功能的营业准入登记行为，比如经营药品零售的要进入药品零售市场就必须先经药品监督管理部门批准。现行的制度中，营业准入登记的位置从商事登记之后移到登记前方成了所谓的"前置审批"。具体而言，前置审批制度的缺陷可归纳为以下几点内容。

（一）前置审批项目过多，导致交易成本总体攀升

商事制度改革前，前置审批过多过滥，有的审批是必要的，有的审批是没有必要的，有的还源于高度计划经济体制，严重制约着市场机制的形成和运行，不符合市场经济的要求。根据中国法律规定，前置审批针对的是行业准入审批的规定，对于经营条件的审批法律法规未明确规定。由于法律法规没有明确，出于本部门的利益考虑，为了确保不出问题或者是出了问题不用承担责任，登记部门往往把经营条件的审批也作为前置审批处理。基于这种"多重保险"和"方便执法"的思想，造成经营条件的前置审批大量被设置，并以期通过提高前置审批条件来代替事后的监管，使得大量属于事后监管工作的内容，颠倒顺序进入前置审批程序，导致现在商事登记的前置审批事项越来越多，条件越来越高。② 前置审批项目过多，这不仅导致登记申请人在申请登记之前花费更多的成本，同时使得登记机关事前督查工作成倍增加，导致交易成本的总体攀升，这对于市场经济运行模式来说，是极为不协调的现象。尽管初衷是善意的，但是这种做法，往往导致人们从事商事活动的积极性被挫伤，限制了经济自由，同时更加重了行政机关的负担。尽管需

---

① 孔泾源主编：《中国居民收入分配年度报告2004》，经济科学出版社2005年版，第140页。

② 宁佳宁：《深圳市商事登记制度改革问题研究》，硕士学位论文，复旦大学，2014年，第22页。

要前置审批的事项正在逐步减少，但是相对于经济发展的速度而言还是太慢。例如，深圳市在 2004 年颁布《关于发布深圳市行政审批事项清理结果的决定》，经清理，全市 37 个部门共有行政审批事项 701 项，其中作行政许可保留 239 项，取消 265 项，作其他审批保留 197 项。[①] 取消前置审批的事项占据超过三分之一，但是，各部门核心职权下的审批项目变化较小，尤其是对于与商事登记有关的营业准入方面的事项更是基本保留。另外，从深圳注册公司前置审批目录来看，需要获得前置审批的事项涉及各行各业。

（二）前置审批缺乏统一标准，阻碍商事登记工作正常开展

商事制度改革前，就工商登记的前置审批而言，缺乏全国统一的前置审批事项目录，各地方政府根据当地的实际情况设置和调整前置审批事项目录。从事行政许可的工作人员面对纷繁复杂的前置审批，特别是那些不常见或专业术语很强的经营项目，很难做到全面、准确的掌握，因此也会出现办理效率低的情况，引起企业的不满；另外，由于行政自由裁量权的扩大，行政审批服务中滥用自由裁量权的现象仍比较突出，违法审批现象仍有发生。此外，有的前置审批法律规定只是原则性的，执行中无所适从；有的由于政府的职能部门设置调整，使前置审批的部门与法律法规规定的不相吻合；还有的前置审批许可证件的年检时间或有效期与工商部门的年检时间不一致。这些都使前置审批给实际的商事登记工作增加了难度。

（三）商事登记机关和营业准入部门责任不清

从作用上看，商事登记作用是确认商事主体资格，营业准入的作用是确认某一个特殊行业、特许项目的经营权；从内容上看，商事登记要登记的是商事主体登记事项，营业准入登记要登记的是营业事项；从审查方式上看，商事登记以形式审查为常态，以实质审查为例外，营业准入多为实质审查。由上可见，无论从作用、内容还是审查方式来看，商事登记和营业准入都是完全不同的两个概念，拥有完全不同的内涵，本身就不应该混为一谈。由于商事登记机关和营业准入部门责任不清，对审批行为又缺少严格的监督管

---

① 陈晓薇：《我市再砍近四成审批事项》，《深圳商报》2004 年 7 月 15 日。

理，因此只审批不监管或无法监管的现象仍比较常见。随着社会化大生产不断加深，安全事故开始频频发生，营业准入部门往往为了减少事故发生的概率，不断提高营业准入的门槛，将"谁审批谁监管"异化为"少审批少监管"或"不审批不监管"。这就间接导致登记部门肩负起相关营业准入事项的监管，进一步增加了办理营业执照的难度。

三 住所登记承载功能太多

企业的地址包括住所和经营场所两类，其区别如表2-1所示。

表2-1　　　　　　　　住所和经营场所比较表

地址名称	含义	功能	数量
住所	企业的主要办事机构所在地	公示企业法定的送达地和确定企业受司法和行政的管辖问题	只有一个
经营场所	可以与住所相同，指企业实际从事经营活动的机构所在地	检查企业从事的主要活动是否符合所在地建筑物的使用安全要求以及是否存在对公众利益的危险或危害	可以有多个

从企业住所和经营场所的区别来看，住所登记对应的对象和范畴为商事主体，而经营场所监管的对象和范畴为商事主体的经营行为，两个制度规范的对象和范畴各不相同，本不应该出现混淆，然而实践中却恰恰出现了住所和经营场所概念混淆的问题。其主要原因在于商事制度改革前关于住所和经营场所概念并未有明确的法律界定，一种说法认为住所是企业法人主要办事所在地，经营场所是住所以外其他分支机构办事所在地；另一种说法认为住所是办公用的，经营场所是经营用的，前者属于非经营用途。

前置审批制度对经营场所的特殊要求引发住所问题的混乱。其主要原因在于商事制度改革前行政机关的职能划分原则带来的弊端。在实践中，为确保商事主体经营场所的合法性，登记部门要求商事主体提供各种可以证明登记住所合法性的证明材料，甚至在颁发营业执照前有时还要进行实地考察。那么，登记部门为何要花费大量的人力物力去明确经营场所呢？这是因为按照当时的模式，住所的确认与前置审批对于经营场所的确认挂钩，同时各部门之间责权不清，登记部门作为颁发营业执照的最后一道关口，只能慎之又慎，否则，一旦出现问题，登记部门责任重大。如前文所述，商事制度改革前行政许可"谁审批谁监管"的职能划分原则异化为"少审批少监管"或"不审批不监管"原则，许多前置审批部门一味追求"高标准、严要求"的场地条件，希望能通过严苛的条件尽量减少审批数量而实现监管风险的降低和监管责任的减轻。因此，住所登记的功能由送达地公示和管辖权确定作用变为经营活动符合所在地安全要求功能；住所登记的审查条件由形式审查和法定要件审查变为实质审查和任意要件审查。

违法建筑的存在，使住所登记承担了部分违法建筑监管职能。这主要是在违法建筑监督手段中，非法引入了限制商事登记的手段。无论是商事主体概念下的住所，还是营业准入概念下的经营场所，与违法建筑并不存在必然的关联。违章建筑自有一套查处的法规体系。违法建筑并不等同于危险建筑，对于违法建筑政府可依法把违法建筑强制拆除，但禁止违法建筑内的居住和经营行为则没有法律依据。可是，商事制度改革前偏偏将限制商事登记作为监督违法建筑的一项手段，从而造成了大量的无照经营问题。

综上所述，住所登记承载功能太多，出现监管化趋向，这难免加重登记部门的负担，造成办照难的问题。

四　注册资本实缴制不合理

注册资本实缴制度实施以来，逐渐暴露出制度制定的不合理，出现各种形式的虚假出资及抽逃出资现象，而对于商事登记而言，注册资本实缴制度主要有三项制度缺陷。

（一）注册资本实缴制实现风险提前承担不现实

注册资本实缴制中公司资本要求一次性到位，这实际上是要求股东提前履行对公司承担的责任。从理论上来说，注册资本实缴制可以保证公司资本的真实、可靠，保证公司具有足够的信用能力。

假如公司资本不到位，这时如果公司经营不善、资不抵债，需要去追讨股东责任，就存在追讨不了的风险，就保护不了债权人的权益。同时，注册资本实缴制在一定程度上可以防止股东在设立公司中的欺诈与投机行为。然而这些制度性安排的效果却不尽如人意，首先注册资本所反映的仅是一个历史信息，与公司的经营现状没有关联性，难以对债权人形成实际保护作用。其次，法定最低注册资本限制似乎可以起到债权担保作用，但是无法控制公司进行对外的超额投资。因此，由注册资本提前缴付到位去确保实现风险的承担，这是不现实的，也是没有必要的。

（二）实缴资本制很难实现建立的初衷，相反却带来了一些问题

有些投资者自身一时难以筹措到足额的法定资本，不惜弄虚作假，临时东拼西凑地把资金暂时打入登记部门指定的注册资本金专用账户上，一旦登记领取执照就"物归原主"，将资金又返还给所有人。同时，为了不使资金积压闲置，有的投资人不得不抽逃资金，挪作他用。为使财力不足的企业得以设立，一些验资、评估中介机构背离职业道德规范，无视法律，出具虚假验资、评估报告，使企业注册资本的真实性大打折扣。这些情况下，很多公司的注册资本都是虚假的，那么公司以注册资本承担责任也就无从谈起了。由于缺乏公正有序的社会中介服务体系，行政监管部门也难以对企业注册资本实施有效的监控。政府原本以注册资本实缴的方式为企业的责任背书，以为公司注册登记后就有保障了，反而导致了信用泡沫。这些问题的出现，严重弱化了注册资本作为企业信用符号的作用，扭曲了注册资本本身应体现的安全价值，从而容易误导交易相对人，威胁到交易的安全，背离了注册资本实缴资本制建立的初衷。[1]

（三）注册资本实缴制限制了公司的发展，易导致公司设立困难和公司资金积压

注册资本实缴制度对商事主体资金筹集活动的灵活性和机动性都会造成一定程度的削减，尤其是在公司经营的起步阶段，正是需

---

[1] 刘清：《论商事登记中的商主体资格与营业资格》，《工商行政管理》2003年第4期。

要大量资金之时,却因为必须满足首次出资额缘故,账户中必须有一笔资本闲置,这既不利于社会资本的合理配置,又不利于公司自身的财政,公司可能因此背负沉重的财政负担。此外,出资方式的限制使得劳务、信用等出资形式被排斥在外,对于货币出资额不得低于注册资本百分之三十的规定也进一步限制了出资的自由与效率。

五 企业名称核准流程低效

企业名称[1]预先核准制度发源于改革开放初期,是企业名称登记的特殊程序,企业在办理设立登记、领取营业执照之前,先要到登记机关提交企业名称预先核准的申请,再由登记机关对受理的名称进行人工审查、判断,对符合规定的企业名称核发《企业名称预先核准通知书》。[2] 在深圳,企业名称核准一般需7天左右。以预先核准为核心的企业名称登记管理制度,可以避免企业在筹组过程中因名称的不确定性而产生的登记申请文件、材料使用名称杂乱等问题,并减少因此引起的重复劳动、重复报批现象,为企业筹备设立、办理审批等事宜提供了便利和保障,对保护企业名称相关权利、维护市场秩序发挥了积极作用。

商事制度改革前,由于《企业名称登记管理规定》对企业名称登记管理有种种限制性的规定,致使许多实体申办者为了一个名称而颇费周折,影响了企业的及时登记和正常开业。企业名称,是一个企业区别于另一个企业的显著标志,也是其商业信誉的载体,具有一定的财产价值。长期以来,由于中国实行高度集中的计划经济体制,因而对企业名称也是采取计划管理的那一套模式。即行业归口,上下垂直且与行政职级相衔接。如各行业全国性的"总公司",自上而下冠以行政区划名称的"省公司""分公司""支公司"的企业名称,不仅体现了企业名称专用权的行政范围,而且反映着企业的行业或经营特点。[3] 另外,过去认为近似的名称侵犯了别人名

---

[1] 包括企业、企业集团、个体工商户、农民专业合作社名称,下同。
[2] 洪海:《名称远程登记注册中的几个问题》,《工商行政管理》2003年第14期。
[3] 朱旭:《关于企业名称登记管理的思考》,《中国工商管理研究》1993年第2期。

称的权利,导致市场的误导,实际上企业名称审核把这种可能性误导当成一种现实。

但随着中国经济社会快速发展,尤其是近年来全民创业的热情不断增加,之前的企业名称登记管理制度已明显滞后。这种滞后主要体现为在企业登记程序前端设置名称预先核准程序,导致企业登记环节多、耗时长,增加了开办成本[①];同时,在一些经济较为发达地区,随着市场参与者数量持续大幅增加,由登记机关判断企业名称之间是否近似和能否使用,导致企业名称资源日趋紧张,企业"起名难、效率低",难以适应企业数量快速增长的需要,这已经严重干扰了企业的便捷准入,企业已经对此产生不满情绪;相关制度不够完善,比如企业名称争议处理缺乏法律依据,事中事后监管机制不健全。[②]

六 登记公示制度不完善

商事登记制度是一种对商事主体自身信息进行公开的制度,而公示制度对商事登记程序制度功能的实现有着直接影响,是商事登记中一个极为重要的环节,没有公示功能的商事登记不能称为商事登记。然而,中国尚未形成完整的自成体系的公示制度,仅仅是对商事登记公示制定了有关规定。

(一)改革前商事登记公示制度不完善的表现

1. 改革前商事登记公示缺乏系统的制度性安排

商事制度改革前,中国商事登记公示制度仅仅散见于各法律文件中,并未形成系统的制度性安排,包括公示的内容要求、程序要求、不公示的法律责任、公示以后商事主体应尽的合理注意义务、信息真实性的保障、信息公示产生的法律后果等,都没有系统的规范。

---

① 姜雪颖:《司法部详解〈企业名称登记管理规定〉修订思路 尊重企业自主选择名称权利》,《海报新闻》2021年1月21日。

② 《"取名"更自主,市场有活力——司法部、市场监管总局负责人就修订后的〈企业名称登记管理规定〉答记者问》,新华社(https://baijiahao.baidu.com/s?id=1689504443617693856&wfr=spider&for=pc)。

2. 对于哪些登记事项需要公示、由谁来进行公示存在混乱

对于需要公示的登记事项，实际上在前述所提及的有关商事登记的法律文件中都有规定，然而，这些法律文件的规定却没有达成一致，给实务造成极大的不便。由于营业执照承载着多种功能，交易方往往对其笃信不已，那营业执照上究竟要记载哪些内容，也是值得思考的问题。另外，究竟由谁来履行公示义务，现行制度同样存在混乱现象。例如，根据《企业法人登记管理条例》第二十三条的相关规定，应由登记主管机关进行公示，然而，若根据《企业法人登记公告管理办法》第6条的规定，则应当由企业法人或其主管部门进行公示，可见这两个规定存在相互矛盾之处，这样将给各方都带来极大的执行困难与消极影响。[①]

3. 未一一明确各种登记究竟是采取登记生效主义还是登记对抗主义，直接影响到公示的效力

对于商事主体资格的取得则已明确采取登记生效主义，然而，对于商事登记的其他方面，大多数都没有明确规定。但是，不能因为设立登记采取登记生效主义推定其他的登记程序也同样采取此做法。例如，根据《公司法》第三十二条的有关规定，公司应当将股东的姓名或名称向公司登记机关登记；登记事项发生变更的，应当办理变更登记。未经登记或者变更登记的，不得对抗第三人。由此看来，仅就股东登记而言，现行法的态度则是登记对抗主义。因此，登记的效力不明确，则直接导致公示的效力也难以明确。

4. 商事登记事项公示后，未予说明是否产生公信力

商事登记的公信力重在对信赖公示内容的第三人予以保护。因此，立法者有责任明确商事登记是否具有公信力，这既是为了维护市场交易的安全，又是为了保障交易主体的合法权益。但是，商事制度改革前并未对此予以明确。

5. 未明确公示内容与实际登记信息不符时的法律责任

实际上，这与前一点讨论的公信力问题是一脉相承的。法律法规不明确商事登记是否具有公信力，也就等于没有明确究竟由谁来

---

① 蒋冬梅：《论我国商事公示制度之适用效率》，《广东第二师范学院学报》2009年第2期。

承担起公示存在瑕疵时产生的责任。这样的机制下，当第三人因公示瑕疵遭受损失，也难以追究登记机关的责任，这并不利于提高登记机关的工作能力，更是与要求权力、责任、权利、义务明确的市场经济不符，商事主体也最终不能容忍这样的制度安排。

除上述五点外，当前制度仍存在其他诸多缺陷如未予设置商事登记簿，尽管《公司登记管理条例》中有相关规定，但是规定较为粗糙，实践当中缺乏具体的法律依据；又如，登记机关对于需要公示事项发布不及时，并且公示费用高，增加商事主体的成本，等等。

（二）不完善的公示制度对企业运营的深远影响

公示制度是将公权力与私权利连接起来的桥梁，它旨在让利益相关者了解到与其交易或者与自身权益密切关联的商业信息，并且由此引导作出有益的决定，自觉维护自身合法权益。当人们不能很好地维护自身权益时，公权力则再次进行干预，以实现利益平衡。然而，商事制度改革前中国商事登记公示效力的不明确，导致对于对抗效力规定的缺失，既不利于均衡登记申请人与第三人之间的利益保护，也不利于商事登记的社会整体效果。总之，就是导致商事登记制度的总体价值与功能难以实现。

对此，从本质上来说，公示制度的缺失，是对商事主体权利的漠视。商事制度改革前的制度将权利保护置于一种没有明确规则的环境下，主要依靠的途径仅是行政机关的自由裁量权以及司法裁判的惯性。确定商事登记的效力，并不主要基于公权力运行的考虑，而是为了找寻一种更好地对于私权利保护的方略。

倘若制度漠视权利的保护，必然造成商事主体对于法律的不信任、对于公权力的不信任，而更严重的是，往往会弱化人们对于权利的重视，因而个人信用体系无法建立，整个社会都会产生信任危机，长此以往，不仅是商事登记制度被虚化，甚至是整个社会的存在根基都会动摇。自由市场下的企业运营，既然要强调自由，强调效率，就无法与信用体系的建立脱离关系。我们可以认为，公示制度的完善与信用体系的建立密不可分，而信用体系的完善也正是企业运营过程中极为重要的一环。

综上，公示制度是否完善，与企业运营效率密切相关，它直接影响到整个经济社会的信用体系的建构，进一步影响到企业之间的交易数量与交易方式，这些又与企业的存续与发展密切联系。此外，当商事主体在交易当中因为信息获取产生损益，完善的公示制度同样能为其提供一种救济路径。商事登记公示制度的不完善，其负面影响必定因为经济的进一步发展而越来越明显。

七 其他相关制度存在的主要问题

（一）年检制度与验照制度存在的主要问题和弊端分析

年检和验照制度，是指企业和个体工商户依法每年度向商事登记机关报送商事登记有关情况、信息，商事登记机关予以审查、公示的行为。其做法仅仅是对于企业和个体工商户所登记的事项是否发生变化进行核查，而绝非对于商事主体本身的运营情况、财务状况、信用体系等方面进行检验。从法律性质上讲，年检和验照制度属于商事登记制度中的商事申报和监督检查制度，其功能定位是商事登记机关对已登记、已备案事项的监督检查行为。

对于行政许可要件的审查是年检与验照制度最为突出的问题之一。依据《企业年度检验办法》第七条的规定，经营范围中有属于企业登记前置行政许可经营项目的企业，申报年检时需提交加盖企业印章的相关许可证件、批准文件的复印件，企业登记机关要对行政许可证件予以审查。该规定已将这种监管的职责赋予登记部门，并且要求登记部门在年检时予以审查。因此，在实际中前置审批部门往往只负责审批，并不积极参与监管。但是，这实际上是把本应由其他机关监督的内容纳入工商行政管理的范畴，加重了企业年检的负担。然而，前置行政许可经营项目把关难，企业年检人员掌握和执行难度较大；同时，部门之间缺乏有效配合，如果出现重大责任事故，企业登记机关就很可能处于被动位置；再者，一些许可证件用语与企业经营范围用语不一致，容易产生歧义，误导企业和消费者；此外，大多许可审批机关对其核发的许可证件也要年检，这与企业年检存在交叉,也会影响后者的进度。①

另外,现行制度下未参加年检是导致大量企业被吊销的主要原因之一,而这些企业很少通过法定的注销程序退出市场。对于这一类所谓的"僵尸"企业,登记部门既无法律根据恢复它们的经营资格,又无法律根据直接将其注销,这种情况下市场交易的安全性难以得到保障,社会交易的信用度也大幅度下降。

总之,年检和验照之所以越来越困难,甚至演变成走过场,与登记部门职责过重、各部门间权力配置失衡有关。

(二)经营范围列入登记事项存在的主要问题和弊端分析

如本书第一章第二节所述,经营范围是否应当列入登记事项早已遭到理论界和实务界的质疑,一是经营范围登记已经无法实现对商事主体经营范围的严格管控;二是当遇到新兴行业和新型业态,登记部门对经营范围进行审查时面临两难,不予核准则不利于新兴行业和新型业态的发展,予以核准又缺乏现行法律依据,此种两难境地,加大了办理营业执照的难度。

第二节 境外商事制度的启示

一 境外商事制度

(一)德国商事登记制度

现代意义上的商事登记制度发端于德国,1897年颁布的《德国商法典》成为欧洲大陆国家商事登记制度效仿的样板。

现行的《德国商法典》形成了一套完善的传统商业登记制度,其中第一编第二章专章规定了商业登记簿有关内容,同时在有关商人、商号、商事代理及各类商业组织的规定中大量涉及商业登记。②《德国商法典》中规定,经营营业的人即是商人,除非其依种类或规模无须以商人方式进行营业。登记虽是一项义务但不是取得商人资格的前提条件,而且登记程序大大得到简化。现行的《德国商法

---

① 石玉颖主编:《商事登记制度与实践》,中国工商出版社2009年版,第363页。
② 谢非:《德国商业登记法律制度的沿革》,《德国研究》2000年第3期。

典》第二条取消了小商人的概念，小规模经营者通过自愿登记取得商人资格，在取得商人资格后，可以通过申请注销登记而放弃商人资格。

根据《德国商法典》，法院作为商事登记的履行机关，行为人必须以书面形式向法院提交商事登记申请，登记申请受理法院有责任对申请内容予以形式审查，同时法院可以对未按照规定申报登记的申请拒绝登记。如果通过审查后确认商业登记所必需的所有前提条件都已经具备，登记法院则可以将应登记的事项在商事登记簿上予以登记。与此同时，法院必须将登记事项予以公布，以实现公示效力。[1]

在德国，企业登记分为企业主体登记和营业登记，企业主体登记由法院负责，企业营业登记由营业局负责。主体登记的主要依据是《德国商法典》，而营业登记主要依据是德国《公共秩序法》。除法律另有规定外，从事商事活动的各类主体均应进行营业登记，否则即属违法。[2] 营业登记的主要目的在于确认企业经营资格，便于开展监督管理。对于营业登记的审查也是进行形式审查，营业登记资料一般不对社会公开，政府机构和公法机构可以查阅。[3]

就监督模式而言，德国对营业登记的企业实行年度报告制度。年度报告制度规定企业应当在财务年度结束后的12个月内，按照法定要求在联邦公报上公布财务年度报告，并将公布内容连同记录资料提交给原登记的初级法院。[4] 初级法院负责对提交材料是否完整、是否按规定公布以及申请免除公布的信息是否符合法定条件等进行审核。为保证年报制度的实施，规定了较为严格的法律责任。企业延迟或未提交年度报告以及经理人未履行年度资料公开义务的，企

---

[1] 高源：《论营业执照制度的重构》，硕士学位论文，华中师范大学，2014年，第17页。
[2] 焦晓旭：《介休市商事制度改革中的问题及对策研究》，硕士学位论文，太原理工大学，2018年，第4页。
[3] 黄燕萍：《企业登记制度改革研究》，硕士学位论文，上海交通大学，2009年，第26页。
[4] 蔡寒蕾：《企业年度报告公示制度探析》，《华中师范大学研究生学报》2014年第4期。

业经理人将被处以罚款；企业提供虚假年度报告、审计人员隐瞒重要事实或出具虚假报告的，将分别对经理人和审计人员处以3年徒刑或折合罚金的刑事处罚。针对实际执行中未上市的中小企业年度报告提交情况尚不理想的状况，德国联邦政府财政部金融管理局设立专门机构，负责对不提供或涉嫌提供不真实信息的金融企业进行重点审查。① 为落实作为企业监督管理重要内容的从业禁止规定，同时弥补登记机关相对分散、登记信息不易集中的缺欠，德国在波恩设立了全国统一的联邦中央登记簿，用于记载公民和企业的违法记录。这种登记簿具有警示、制约等功能，对企业起到监督管理的作用。② 政府机构和公法机关可按规定权限查阅登记簿，以便在行业准入、企业管理中对违法企业及有关人员进行限制。联邦中央登记簿不对社会公众开放，但公民、企业可以查询自己的记录情况。③

（二）法国商事登记制度

目前，法国最广泛适用的商事登记法律是法国1984年5月30日颁布的行政规章《商事及公司登记簿》。该法令已于2005年被修改，被置于《法国公司法》的第三部分。

在法国，公司和商事登记机关有两个，分别为地方商事登记机关和国家商事登记机关。④ 凡是在商事登记机关注册登记的人均被认为是商人，享有商人享有的权利并承担商人承担的义务。公司只有在完成注册登记之后才能获得法人的资格，因此，商事注册登记是公司获得商法人资格的必要条件。⑤《法国公司法》第六十六条规

---

① 国家工商总局赴德国、英国考察团：《德国、英国企业登记管理制度考察报告》，《工商行政管理》2005年第9期。
② 黄臻：《回归与就位：我国商事登记的制度缺陷与现实进路》，硕士学位论文，中国政法大学，2012年，第35页。
③ 李涛：《我国商事登记审查法律制度探究》，硕士学位论文，兰州商学院，2011年，第19页。
④ 地方商事登记机关，也称公司和商事登记机关，是指由法国国内省和海外省的商事法院书记官所进行的注册登记或者由法国上莱茵河省、下莱茵河省和摩泽尔省具有商事审判职能的普通法院书记官所进行的注册登记。国家商事登记机关，是指法国设立的用来汇集地方商事登记机关登记材料的登记机关。
⑤ 桓明馨：《论商主体资格的取得》，硕士学位论文，黑龙江大学，2010年，第19页。

定，有义务进行注册登记的人，只有在将要予以登记的那些事件和行为在登记机关登记公示之后，才可以在商事经营活动中以这些已经登记的事项对抗第三人或者行政机关。[1]

法国的商事登记采取主体资格和经营资格部分分离主义，即有的商事主体在进行商事登记时既需要取得商人的资格，又需要取得经营资格才可以进行经营活动。在法国任何有经营能力的公民均可成为个人业主，其经营资格在注册时并不审查，只是由相关法律去规范。[2] 个人业主不具有法人资格，以其所有的资产对债务承担无限责任。在法国公司注册实行的是前置审批，分为两种：一种是特殊行业的审批，如酒类、烟草、旅游、药品和金融等20多种；另一种是针对外国人的审批，即一个外国公司在法国设立分公司，需要得到法国政府的批准。简单来说，在法人申请商事登记若存在前置审批的必要，则商事登记的效力只是取得主体资格，若不存在前置审批的程序，则商事登记的效力便是其同时取得商事主体资格与经营资格。

对于经营资格的取得方式，应由自然人进行的申报中，无须取得经营资格，只需进行主体资格登记，只是在进入特许行业时要进行前置审批，而一经审批自然取得经营资格。而无须前置审批并应由法人进行的申报中，公司一经商事登记就同时取得法人主体资格和经营资格。另外，商事登记中，商事法院书记官只是审查申请人提供的申请文件是否齐全、申请和证明材料是否相符等，仅做形式审查而非实质审查。

就监督方面而言，商事法院受托法官在法国公司和商事登记制度中发挥重要的控制作用。[3] 根据《商事及公司登记簿》的规定，当商事法院书记官做出不予以登记的决定时，如商事登记申请人不服此决定，有权向受托法官提出请求，要求受托法官解决有关的争议。此外，企业注册以后，在每个经营年度，都要依法制作会计报

---

[1] 张民安：《法国商事登记制度研究》，《商事法论集》2006 年第 2 期。
[2] 国家工商行政管理总局外事司编：《借鉴：国家工商行政管理总局出国（境）考察培训报告辑录（1991—2002）》，2004 年。
[3] 张民安：《法国商事登记制度研究》，《商事法论集》2006 年第 2 期。

表，分别报送工商会、商事法庭、税务局等机构。这些机构视不同情况，根据各自的职责和权限，采取重点检查、抽查等方式对企业进行监督。①

（三）英国商事登记制度

在英美法系国家，因为法律并没有区分商人和非商人制度，没有区分商法和民法，因此并未建立一般的商事登记制度；对于非公司经营者，英国奉行的是自愿注册的原则。所以本部分主要针对英国公司登记制度做出评述。

英国属于典型的英美法系国家，基于健全的个人信用制度而建立企业登记注册制度。英国公司注册署是英国政府授权并确认的专门从事公司登记注册的唯一权威机构，对于登记注册的法律问题有最终解释权，机构设置相对集中，全国设立两个总部和5个分部，同时依法负责记录和收集公司登记注册信息，以及有偿提供公司登记注册信息；在登记注册方式上，采取由专门代理机构全代理制，同时允许律师、会计师代理登记注册；在登记注册程序上采取核准制，保持法律法规的高透明度；在注册资本上采取申报制，不设注册资本最低起点额，无须验资；在企业名称登记注册时，对于建筑、医药等200种行业名称实行后置审批制。②

从2006年《英国公司法》第九条的规定可以看出，经营范围已经不是一个主要登记事项。公司几乎可以开展任何业务，如果需要提交后置专项审批的，则与公司登记平行进行，而需要前置审批的非常少，主要是银行和保险业；外国人在英国设立公司与本国企业待遇完全相同，并无特殊差别。

为了鼓励投资创业，对于经营资格的取得方式，主要是实行以事后审批为主的公司设立专项行政审批。比如设立医药制品公司，先在公司注册署登记注册，取得公司资格证书后，再到所在地政府

---

① 国家工商行政管理总局外事司编：《国家工商行政管理总局出国（境）考察培训报告辑录（1991—2002）》，2004年。

② 肖建民：《英国公司登记注册制度及其启示》，《中国工商管理研究》2002年第2期。后置审批制是指在注册机关注册登记之后，到相关审批部门申请相关的经营资格，方可营业。

的医药卫生部门、环境保护部门审批，取得法定的专项审批后，才可以开始生产。如果一年之内，没有经过有关行政部门专项批准，公司无法运转，由公司注册署吊销公司资格证书。

就审查形式而言，英国公司登记机关实行注册官制度。公司注册官由贸工部部长任命，是所在公司注册机构的首席执行官。注册官不负责公司登记文件的签署，具体登记事务由公司注册署内设机构的部门负责人承担，部门负责人审查签字后即可登记。公司登记证明文件上加盖登记机构印章。① 英国公司注册署对申请材料是否齐全、手续是否完备进行审查，而对材料的真实性不负审查责任。材料的真实性应由股东、董事、律师、会计师等负责，公司有义务对申请材料的真实性、合法性做出承诺和保证。②

就监督制度而言，英国对所有公司实行年度报告制度。各类公司应当根据成立日期确定自身的财务结算日期，并将其作为向登记机关提交年度报告和年度财务报告的日期，记载于公司登记簿。与德国一样，英国也制定了违反年度报告制度的严格法律责任，包括行政罚款、撤销登记、追究刑事责任、从业禁止等方面。

（四）美国商事登记制度

作为英美法系国家，美国同英国一样，没有形式意义上的商事登记法。在美国，每一个公民或合法居留者都有权设立企业，除了某些特殊行业必须获得营业许可才能营业外，一般行业的公司只需向政府登记、备案，即可开业。③ 美国由于实行联邦制，各州的有关法律不尽相同，建立公司的具体手续尤其是税收标准也有所差异，但一些基本程序是相同或近似的。④

在美国，所有的企业法人均需经过登记才能取得主体资格，登记之日即为主体资格的确定时间。美国实施法人主体资格和经营资

---

① 国家工商总局赴德国、英国考察团：《德国、英国企业登记管理制度考察报告》，《工商行政管理》2005年第9期。

② 宁佳宁：《深圳市商事登记制度改革问题研究》，硕士学位论文，复旦大学，2014年，第12页。

③ 涂永式：《美国市场有序化建设及其启示》，《中南财经大学学报》1996年第6期。

④ 金玉国：《美国企业登记制度及其启示》，《外国经济与管理》1994年第3期。

格合一的企业登记制度，也就是说，申请人一经申请便同时取得主体资格与经营资格。在美国，会严格区分具备法人条件的公司和不具备法人条件的普通企业（类似于中国的普通合伙企业）两者所进行的登记注册。

第一，公司的登记主管机关。从法律上讲，公司是法人，通过登记注册取得法人资格。在美国，公司的登记主管机关是各州的州务卿办事处，营业执照由州务卿签发。公司的变更、终止都要向州务卿办事处申报。

第二，普通企业的登记主管机关。从法律上讲，普通企业不是法人，其投资人、财产所有权人与经营管理者往往三位一体，并对企业的债务承担无限清偿责任（有限合伙人除外）。[1] 因而，不存在法人资格的赋予以及债务和法律责任难以了结的问题。在美国，普通企业只向所在地的税务机关申请营业登记，领取营业登记证，作为其合法开业的证明和上税的依据。[2]

第三，两种特例。一是专家公司。专家公司要求办成公司，享有一些只有公司才享有的税收优惠，但由于不具备法人资格，只需向税务机关申办营业登记。二是合资企业。合资企业的合资人可以选择是组建公司还是合伙。绝大多数选择合伙形式，若选定公司形式，则必须按公司登记的程序和规定，向州务卿办公室申请登记注册。

在美国，公司和企业的登记注册程序非常简化。登记注册机关对公司和企业提交的申请及有关文件、材料，只进行形式审查，只确认所填报的表格、提交的章程等是真实的，而不需要严格地审查其合法性。

就监管方面而言，美国政府主要通过行政立法规范企业行为，利用产业政策引导企业行为，实行严格的人员素质要求制度和对特殊行业的许可制度来调控企业的行为。

---

[1] 韦浩：《我国商事登记立法研究》，硕士学位论文，华东政法学院，2002年，第13页。

[2] 易为：《我国企业登记制度研究》，硕士学位论文，湖南大学，2005年，第27页。

(五) 日本商事登记制度

日本商业登记制度主要继受了德国商法，也借鉴了法国的商业登记制度。

商业登记的效力。依据日本《商法典》第十二条，法律规定应予登记的事项未予登记及公告的，不得对抗善意第三人。当事人因正当事由不知登记情形时亦同。这是商业登记的一般效力，即公示力。第十四条规定，因故意或者过失而登记不实事项者，不得以该事项不实为由对抗善意第三人。另外，通过登记能够明确一定的事实和法律关系。这是商事登记的特殊效力，即公信力。

在日本，与企业设立、登记制度有关的基本大法是《民法》和《商法》。根据《商法》的规定，以营利为目的的企业都要进行商业登记。须办理商业登记的情形共9种：商号的登记；未成年人的登记；监护人的登记；支配人的登记；合伙公司的登记；两合公司的登记；有限公司的登记；股份公司的登记；外国公司的登记。日本的商业登记机关是在法务省内部的民事局下面设立的登记所，其性质为行政机关。公司到登记所申请登记前，一要考虑公司所在地、使用的商号、公司名称、经营的具体目的（即具体展开哪些营业活动），制定出经制定者签章并到公证机关进行公证的公司章程；二要将资金存入银行，由银行出具证明。可见，日本对于商事主体资格登记与营业登记是并行的。

就登记的审查模式而言，依据日本《商业登记法》第三十八条，当事人提交登记申请书后，登记官员应当从速调查有关申请事项，如果发现存在《商业登记法》第二十四条所列举的情形的，应当作出驳回申请的决定，但须附上驳回理由。[①] 对于登记官员的审查权限和范围，主流观点持限于形式审查的立场，法院的判决也是这样。在实务中，登记官员只需审查书面资料，不对书面资料记载事项的真伪进行实地调查，利害关系人可通过诉讼辨明资料的

[①] 朱磊：《商事登记法律制度研究》，硕士学位论文，山东大学，2005年，第13页。

真伪。①

就监管制度而言，日本的商业登记目的是起到公示的作用，因此，日本的登记机关基本上只负责登记工作，对企业的违法行为，则由法院去处理。

（六）中国台湾地区商事登记制度

中国台湾地区实行民商合一的立法体例，在其现有的立法中并没有商人的定义。除"公司法"之外，台湾地区又颁布了"商业登记法"及"商业登记施行细则"，用以调整独资组织与合伙组织的有关登记、主体资格认定事项。② 此外，台湾地区"公司法"第六条、第十七条，以及"公司之登记及认许办法"第三条也规定了在公司的成立、业务范围、申请设立登记之期限等等。在台湾地区的公司经由登记设立之后，可以要求主管机关给予设立登记证明书，便于在经过登记设立之后不发给营利事业登记证③的公司在交易过程当中也能够保障交易效率和保护交易安全。④ 此外，登记证明书必须由申请人付费取得，但是收费较低，这样避免了一些公司在解散或者停止营业之后利用营利事业登记证来进行诈骗。

关于发生对抗第三人公示效力的登记公示内容，在台湾地区的"公司法"第十二条中做了相关规定。虽然法律规定了非经登记不得成立，并且在变更登记当中也规定登记的意义主要是避免公司内部各项变更没有及时履行变更登记的义务而有可能致使第三人权利受损。

在台湾地区，根据"商业登记法"第八条的规定，商业开业前，应依规定应登记事项申请登记，主管机关得随时派员抽查。商业负责人及其从业人员，不得妨碍或拒绝。⑤ 商业不得经营其登记

---

① 余林军：《我国商事设立登记法律效力研究》，硕士学位论文，四川大学，2006年，第31页。

② 刘清波：《商事法》，台湾商务印书馆1995年版，第19页。

③ 在台湾"营利事业登记证"已于2009年4月12日废除。

④ 麻锦亮：《人身损害赔偿新制度新问题研究》，人民法院出版社2006年版，第144页。

⑤ 王新泉：《商业登记法律制度研究》，硕士学位论文，中国社会科学院研究生院，2002年，第33页。

范围以外的业务。但"商业登记法"第四条也有规定,对于摊贩,家庭农、林、渔、牧业者,家庭手工业者,合于主管机关所定之其他小规模营业标准者等小规模商业,得免依法申请登记。① 在台湾地区,商事登记制度采取"统一主义",即取得商事主体资格的同时取得经营资格。此外,根据"商业登记法"第五条的规定,在需要审批的情形下,台湾地区实行前置审批,但涉及前置审批的商事主体其经营资格被取消后,主体资格并不同时消灭。可见,台湾地区采取的是部分分离主义。

就审查形式而言,根据"商业登记法"的相关规定,台湾地区采取的也是形式审查。

(七)中国香港地区商事登记制度

香港特别行政区奉行的是英美法系,其商事登记制度包括公司注册登记和商业登记两种独立的登记。在中国香港设立一家公司,应先拟定公司名称,然后要在香港特区政府下的公司注册处申请办理注册登记,并缴纳费用,最后领取《公司注册证书》。已注册的公司还必须按照《公司条例》有关条文的规定,向公司注册处处长提交其他法定文件登记,例如中国香港主要营业地址、注册办事处地址,董事、秘书、授权代表及股东等资料更改的通知书,以便公众人士查阅。办理主体登记之后还需要办理商业登记,以前是在主体登记之后一个月内申请办理商业登记,目前实行注册证与商业登记一并办理。② 在中国香港,商业登记机关为税务局下设的商业登记署,该登记是为了供公众人士查阅信息及供税务局征税之用。

中国香港地区的商业登记与中国内地和其他国家的商事登记制度均有所不同。在香港地区,公司注册和商业登记受不同的法例规制,由不同的政府部门管理,两者所起的作用也不一样。③ 根据《公司条例》(《香港法例》第三十二章),公司注册处专责为本地

---

① 肖海军:《论商主体的营业能力——以投资主体与营业主体的二重结构为视角》,《法学评论》2011年第5期。

② 宁佳宁:《深圳市商事登记制度改革问题研究》,硕士学位论文,复旦大学,2014年,第13页。

③ 黄臻:《回归与就位:我国商事登记的制度缺陷与现实进路》,硕士学位论文,中国政法大学,2012年,第31页。

有限公司和在中国香港以外成立为法团并于中国香港设立营业地点的非中国香港公司提供注册服务。根据《商业登记条例》(《香港法例》第三百一十章),税务局辖下的商业登记署专责为在中国香港经营业务的独资公司、合伙业务、本地有限公司或非中国香港公司提供商业登记服务。在中国香港注册公司,只要不是需要特别申请牌照和非法的行业,其经营范围以及经营期限就无太多限制。[①] 公司注册处颁发的公司注册证书具有内地的营业执照的性质。商业登记署对于登记的业务名称、业务性质仅进行录入并只进行形式审查。

在香港地区,商业登记以强制登记主义为主,任意登记主义为补充。《商业登记条例》第二条规定了必须办理商业登记的业务,其中包括以图利为目的的生意、商务、工艺、专业、职业或其他活动;为会员提供设施、服务及专用处所,以便进行社交或康乐活动的会社。另外,还包括所有根据《公司条例》在中国香港注册成立的有限公司,或非在中国香港成立但在中国香港设有营业地点的有限公司,以及在中国香港设有代表办事处或联络办事处,或出租其在中国香港的物业的非在中国香港成立的有限公司。而《商业登记条例》第十六条规定了各有关人士从事服务或经营,不必办理商业登记,其中包括:慈善机构,农业、园艺或渔业的经营(此项豁免不适用于根据《公司条例》成立为法人团体或须注册的公司),以及港督会同行政局根据第十四条的规定所制定的规例,予以豁免的其他商业,如根据《小贩条例》需要领取牌照的各种小贩生意(在建筑内营业者除外)。

《商业登记条例》第五条规定了任何在中国香港经营业务的人士,均须在开业后一个月内,为业务申请商业登记,并将有效的商业登记证在营业地点展示。如登记资料有所变更,经营者须在一个月内以书面形式通知税务局,税务局会将商业登记申请书和业务资料变更通知上所载的业务资料,抄录在商业登记内,让公众人士在缴费后查阅,也供税务局征税之用。[②] 其中,税务局只对有关资料进行一般检查,而不会核实。

[①] 同上书,第24页。
[②] 於鼎丞编著:《港澳台税制》,暨南大学出版社2009年版,第68页。

《商业登记条例》第六条规定了申请商业登记证的具体程序：首先申请人填写一份格式申请表格，其次缴纳商业登记费及"破产欠薪保障基金"的征费。商业登记证的目的有两个：一是提供业务资料为政府税收开立档案；二是提供业务资料让公众人士在进行业务交易前进行参考，类似于内地的税务登记证。商业登记证的有效期一般是一年，也有三年。商业登记署会在商业登记证有效期满前一个月发出商业登记缴款通知书，若付款则换发商业登记，若有效期满后一个月尚未缴款，须缴纳罚款。每次中国香港公司年检时，必须换领商业登记证。

　　综上所述，在香港地区除了需要特别申请牌照的行业，对于一般公司的营业能力方面并无其他要求，公司注册处颁发的公司注册证书就是完全的主体资格证，而商业登记证与实际营业能力无关，仅为了税收和方便查阅。

　　就年审制度而言，公司在成立周年日翌日起至一年，每年必须向公司注册处和税务局进行周年申报和商业登记，并缴纳费用。一是公司年审，续期商业登记证。每一年都要更换新的年度商业登记证，并缴费；如果逾期不更换商业登记证，那么将要被判处罚款。二是公司年报，续期注册证书，按注册处要求的相应版本打印一套年报文件由董事签署后，再到公司注册处办理相关手续。如果不取得或逾期提交周年申报表的公司可被检控，一经定罪，可被法院判处罚款。[①]

　　香港地区针对小商贩建立了一套比较成熟的管理模式。香港地区的小商贩分为两种：一是街头贩卖，采用牌照制度；二是在公众街市中租用摊位，多为室内经营，以售卖食品为主。两者均由中国香港食物环境卫生署负责。[②] 小贩牌照的发放有一定限制，如一般不得发给未满18周岁的人士或已经持有有效小贩牌照的人。政府发放的小贩牌照分为两类：固定摊位小贩牌照和流动小贩牌照。为了加强管理，香港地区成立了小贩事务队管理持牌小贩及无牌小贩。

---

　　① 黄臻：《回归与就位：我国商事登记的制度缺陷与现实进路》，硕士学位论文，中国政法大学，2012年，第33—34页。
　　② 任建莎：《街头食品的安全监管模式研究》，硕士学位论文，泰山医学院，2013年，第36页。

二 商事登记制度比较研究

各国和各地区基于不同的法律体系和制度,形成了不同的商事登记模式,主要表现在立法体例、操作程序、机构设置以及法律效力等方面的不同。深圳的商事制度改革,可以充分学习和借鉴境外发达国家和地区在商事登记制度方面的先进做法,总结有益于深圳改革可借鉴的经验和启示,建立符合国际惯例的商事登记制度,再造深圳制度优势,繁荣市场经济,可以为广东省乃至全国商事制度改革探索有益经验。

(一)商事主体资格与经营资格相关制度的比较分析

对比境外各国和地区商事资格登记的立法模式,可以看出西方发达国家的商事法中,没有采用所谓的营业执照制度,而是采用反映商事主体资信情况的商事登记簿和商事账簿制度。[①] 由于西方发达国家记载商事主体的相关信息仅具有公示的作用,因而也不存在主体资格和经营资格的区分问题。纵观主要国家和地区的商事登记制度,主体资格与经营资格相分离的立法例是世界的一种主流趋势,大部分采取了主体资格与经营资格相分离的立法模式。其中,德国采取了完全分离,而英国则从统一主义逐渐发展为分离主义。采取分离主义的商事登记立法模式,可以降低商事主体市场准入门槛,激活市场主体创业活力;而后通过商事经营资格对具体营业活动进行管理,规范市场经营行为,从而保持市场主体交易有序进行。[②]

从商事登记行为的强制性程度来看,商事登记法可分为强制登记和任意登记两种体例。大多数国家和地区都采取了以强制登记为主、任意登记为辅的制度,但对于公司制企业,几乎所有国家均实行强制登记主义。在中国,除国家另有规定外,基本上是采取强制登记主义,也就是说只有依法履行了商事登记才能取得商事主体资格和商事能力,不经登记而从事商行为就要受到处罚。

从商事登记机关的设置来看,大多数国家和地区认为企业登记

[①] 钱伟宇:《商事登记制度改革研究》,硕士学位论文,华南理工大学,2012年,第9页。
[②] 王鹏:《国外商事登记制度改革的基本经验探讨》,《法制与社会》2016年第35期。

涉及市场交易的安全和秩序，属于国家事务范围，因而规定由国家机关负责企业登记业务。商事登记机关的设置一般有三种模式：一是法院作为商事登记主管机关；二是法院和行政机关均为商事登记机关；三是行政机关或专门设立的附属行政机构为商事登记机关。在这些模式中，均充分考虑到了登记机关的统一性和权威性，其中以法院作为登记机关的国家中，由于有"司法最终"原则作为支撑，登记审查的权威是较高的；而在以行政机关作为登记机关的国家，一般都采取中央机关统一主管的模式，同样具有管理上的统一性和效力上的权威性（见表2-2）。①

表2-2　　　　境外主要国家和地区商事登记机关比较

国家和地区	德国	法国	英国	美国	日本	中国台湾	中国香港
商事登记机关	企业主体登记由法院履行；基于公法规定的营业登记由营业局承担	地方商事登记机关和国家商事登记机关	英国公司注册署	州政府的秘书处	在法务省内部的民事局下面设立的登记所	"经济部"；直辖市政府；县（市）政府	公司注册处；商业登记署

从企业登记审查制度来看，登记管理机关对企业登记申请的审查方式主要有三种：实质审查主义、形式审查主义和折中审查主义。西方发达国家由于有完善的经济法律制度、健全的社会诚信体系、强大的信息网络系统为支撑，在企业登记的审查方面，总体上是十分宽松的，以形式审查为主。而商事制度改革前，中国实行的是实质审查主义。

从经营资格登记的制度来看，在德国，企业登记分为企业主体登记和营业登记，企业主体登记由司法机关（法院）负责，企业营业登记由行政机关（营业局）负责。商事主体登记的主要依据是

---

① 叶钦：《论企业登记审查制度》，硕士学位论文，中国政法大学，2009年，第8—9页。

《德国商法典》,登记结果记载于商业登记簿,供社会公众查阅。而营业登记的主要依据是德国《公共秩序法》,登记结果记载于商业登记簿,但营业登记资料一般不对社会公开,政府机构和公法机构可以查阅。在德国,以上两种登记制度自成体系,相互之间没有必然联系。在英国,经营资格的取得方式,主要是实行关于公司设立的专项行政审批,并且主要是事后审批,目的是鼓励投资创业。在中国香港,公司注册处受理有限公司的登记,而后颁发的公司注册证书具有确认有限公司法人地位及信息公示的作用。在香港地区注册公司,并不限制公司的经营范围以及经营期限,只要不是需要申请特别牌照或非法的行业,就没有太多限制(见表2-3)。①

表 2-3　境外主要国家和地区经营资格登记的制度比较

国家和地区	德国	法国	英国	美国	日本	中国台湾	中国香港
是否需要营业范围登记	需要营业范围登记	个人无须营业范围登记;法人需要营业范围登记	无须营业范围登记	无须营业范围登记	需要营业范围登记	需要营业范围登记	无须营业范围登记
前置/后置审批	后置审批	前置审批	兼具前置审批与后置审批	前置审批	前置审批	前置审批	前置审批

取得经营资格标志着商事主体开始具有营业行为能力。具备主体资格是取得经营资格的前提,取得经营资格是具备主体资格的目的所在。经营资格登记体现了国家权力对商事主体经营活动的介入。政府对私法领域的介入是正当和必要的,一方面可以纠正商事主体营利活动因商事行为的私益倾向走向垄断、妨碍竞争和权利滥用而造成经济整体失衡;另一方面可以兼顾交易安全和效率。但并不能因此认为经营资格登记当然就是一种公法行为。作为市场主体准入的决定机关,政府的作用最终是为市场的安全有序运行护航,

---

① 黄臻:《回归与就位:我国商事登记的制度缺陷与现实进路》,硕士学位论文,中国政法大学,2012年,第23—24页。

商人才是市场经济最根本的组成部分,政府监管归根到底是一种服务的性质。在英国,公司以外的商事主体奉行的是自由注册原则;在德国,商事登记也仅作为一种确认而非授权行为;在美国,从事营利性质的商业活动,是每个公民天赋的或法定的权利,是否设立企业、经营何种项目、如何管理,都是企业所有者的权利,政府只是对企业的选择予以认可和规范。

所以,综观世界潮流,承认商事登记行为的私法性质是非常合理的。根据私法自治原则,商事主体在法律规定范围内有权决定自己的行为内容,政府不必进行全面的干预。即使需要通过公示商事主体的营业范围来增进市场交易的透明度,这也仅限于登记公示,而不应无视商事登记法的私法性质,要求一概强制登记经营范围。因此,可以改革中国的商事登记立法采取的统一主义,宜采用法人登记与营业登记相分离的分离主义模式。对国家不加以限制经营的项目,只需领取法人资格证明而无须申请营业许可[①];而对于国家限制经营的项目,在取得主体资格后,登记主体应再向有关机关申请营业许可。

(二) 登记豁免制度的比较分析

商事登记豁免,是指对于小商人免予商事登记的一种制度,许多国家都以法律条文的形式做了相应的规定,这类商人的登记与否并不是法律上的强制义务。境外主要国家和地区登记豁免制度的具体规定和做法见表 2-4。

从登记豁免主体范围来看,在法国,任何公民均可以从事经营活动。当公民以个人名义从事经营活动时,就自然成为市场主体中的个人业主。个人业主不具有法人资格,以其所有资产对债务承担无限责任。个人业主有两种:一种是商人,一种是商人之外的小规模经营者,称之为准商人。一般来说,商人需要办理商业注册,而准商人则不需要。两者的区分原则主要是经营规模的大小,如果经营规模较大,则需要办理商业注册,如果经营规模较小,则不需要。在澳大利亚,商贩免予商事登记,系属于地方事务,由州和地

---

① 关媛媛:《中国商事登记立法研究》,硕士学位论文,西南政法大学,2004年,第32页。

方政府管辖。澳大利亚的商贩主要包括：流动商贩，书报摊，星期六、日市场以及跳蚤市场中的个体摊商等。在新加坡，新加坡小贩的登记主管机关是隶属于环境发展部的小贩局。其中，私人的士司机以及医生、律师、会计师等没有组织形式的专业人士，由其他有关部门发执照，不由小贩局负责。三轮车夫、船夫、修鞋、配钥匙等不发执照，属于营业自由之列。其余沿街叫卖的摊商由小贩局负责管理。① 在韩国，《韩国商法》第9条规定："本法中有关经理、商号、商业账簿及商业登记的规定，不适用于小商人。"而中国香港地区规定获得商事登记豁免的小商贩主要有两种：一是街头贩卖的商贩，二是在公众街市中租用摊位的商贩。在美国，依照其法律观念和法律制度，从事任何营利性商业活动，是每个公民天赋法定的权利，无须政府部门再依企业登记的形式加以确认或限制。在美国，除公司外，实行自愿注册。由此可见，无论是大陆法系国家还是英美法系国家，都对部分商人从事经营活动免予登记。而在中国大陆目前的立法框架下，商人都必须进行登记，并不存在登记豁免的情形。

从登记豁免制度的目的来看，小商品经营者的经营活动一般具有临时性、不固定性、自为性等特点，绝大多数小商品经营者的活动目的仅仅在于养家糊口。在市场经济下，对小商品经营者的关注便是对民生的关注，也是对弱势群体的关注。大多数情况下，小商品经营者的活动是一种生存需要，而商事登记则是一种秩序需要。虽然现代社会是一个目的开放、价值多元的社会，但将生存和秩序放在正义的天平上，无论如何考量，生存都将优先于秩序。

根据表2-4境外登记豁免制度比较情况，可以得出以下几点结论：第一，小商人作为经营主体一般可以免予登记；第二，如果要进行具体的经营，根据需要可以对经营资格进行一定的管理，主要集中在经营地点、时间、业务等方面；第三，一般通过其他具体的管理机关来发放许可证、牌照和进行日常管理，而不是由登记机关管理。②

---

① 国家工商行政管理总局外事司编：《借鉴：国家工商行政管理总局出国（境）考察报告培训辑录（1991—2002）》，2004年，第25页。
② 黄臻：《回归与就位：我国商事登记的制度缺陷与现实进路》，硕士学位论文，中国政法大学，2012年，第27—29页。

表 2 – 4　　　　　　境外主要国家和地区登记豁免制度比较

国家或地区	有无豁免	豁免主体	是否有其他管理机构	经营资格的获得和审批	监管
新加坡	有	摊商	环境发展部的小贩局	部分需要	对小贩主要是政府管理、自我管理和社会监督。小贩局侧重于对食品卫生和环境卫生进行管理。其他行业，如卖服装，虽也发照，但不怎么管。营业必须在摊位以内，不得在摊位以外作业，不允许流动经营。此外，小贩局还制定了《环境公共卫生（食物料理人）条例和（饮食店）条例》，小贩须一一遵守相关规则。如顾客发现小贩有违章行为或发生纠纷，随时可以举报，当局接到举报后，立即派人前去处理
法国	有	规模较小的个人业主（个人业主有两种：一种是商人，一种是商人之外的小规模经营者，称之为准商人。一般来说，商人需要办理商业注册，而准商人则不需要。区分原则是看经营规模大小）	法国没有城管部门，城市管理由警察和宪警负责	专门营业执照	针对无证的非法小商贩，只要商贩在规定的地点摆摊不影响交通，警察最多也只是采取教育的方法，告诫"下不为例"。① 即使对于无照又无身份证的外国偷渡客乱摆摊的，一般情况也只将人带走，但不没收财物

---

① 陈学明：《国外管理小摊贩的做法》，《江淮》2007 年第 6 期。

续表

国家或地区	有无豁免	豁免主体	是否有其他管理机构	经营资格的获得和审批	监管
澳大利亚	有	摊商（主要包括：流动商贩，书报摊，星期六、日市场以及跳蚤市场中的个体摊商）	地方市政厅（局）进行管理	无须营业登记，只进行税务登记	在日常经营活动中，由经营者自主经营，市政厅不主动监管。只有消费者投诉后，市政厅才对商贩进行管理
美国	有	除公司外自愿注册	由税务部门进行征税，由警察维护秩序	需申请获得经营资格	任何人、任何组织、任何行业都可以向政府申请在街头集市经商。申请者不用投资，组织公司仅把摊位费的20%交给政府，政府用于补贴加班维护秩序的警察①
韩国	有	小商人（《韩国商法》第9条规定："本法中有关经理、商号、商业账簿及商业登记的规定，不适用于小商人。"）	各地方政府	经营资格有相应的限制	政府将市区划分为三类：第一类是"绝对禁止区域"，指摆摊造成通行不便，严重影响市容的地区。主要包括主干道、火车站、汽车站、广场等区域。第二类是"相对禁止区域"，指妨碍城市美观等危害程度较小的地区，在这里对摊位的规模、摆摊的时间和经营范围有一定的限制。第三类是"诱导区域"，一般包括和住宅区分离的城市中心外围的空地、车辆通行很少的河溪两侧道路、经过长时间形成的传统市场内的道路

---

① 沈克明：《纽约怎么管理小商贩——人人有权在闹市摆摊挣钱》，《社区》2007年第2期。

续表

国家或地区	有无豁免	豁免主体	是否有其他管理机构	经营资格的获得和审批	监管
中国香港	有	小商贩（一是街头贩卖；二是在公众街市中租用摊位。公众街市售卖的货品以食品为主，多为室内经营）	香港食物环境卫生署负责	需要申领牌照	为了加强管理，香港成立了小贩事务队管理持牌及无牌小贩。其工作主要包括：确保持牌小贩按其牌照所定的条件经营，并且遵守《公众卫生及市政条例》、其附属法例，以及香港特别行政区其他有关法例的规定；管制持牌小贩所引致阻塞和构成滋扰的情况。小贩事务队人员定期巡查持牌固定小贩摊档，并整顿在街头贩卖的流动小贩。小贩事务队人员会在适当情况下，就违规行为采取执法行动

（三）商事登记效力的比较分析

商事登记的效力在法律理论和司法实践中主要涉及两个方面的内容：一是对商事主体的效力；二是对第三人的效力，其中包括未履行商事登记的事项在法律上对第三人的效力及已履行商事登记之事项在法律上对第三人的效力。[1]

真正现代意义上的商事登记是从1861年《普通德意志商法典》开始的。德国的商事登记制度要求商人将自己的重大情况和重大信息通过在商事登记机关注册登记而公开，让社会公众和第三人了解和掌握，为社会公众和第三人提供最低限度的保护。[2] 因此，商事登记制度是商事事务公开的重要手段。境外商事登记的作用及相应

---

[1] 赵旭东主编：《商法学》，高等教育出版社2007年版。
[2] 张民安：《法国商事登记制度研究》，《商事法论集》2006年第2期。

证书的性质及效力比较，详见表 2-5。

表 2-5　　境外主要国家和地区商事登记的作用及相应证书的性质和效力比较

国家或地区	商事登记的目的及作用	相应证书的功能
英国	奉行自愿注册原则，商事登记具有维护交易安全，公示企业信誉等作用，其中公司以登记为其法人资格取得的必要条件	公司注册证书可以作为公司登记证明文件，具有公示的效力
德国	通过登记使企业的权利和义务产生社会公示效力，并具有对抗第三人的效力；通过登记机关披露所有与市场交易安全相关的登记信息，增强企业的透明度，便于公众和交易相对人审慎地进行商业选择，降低交易风险	公司设立证明仅具有公示的效力。另一种登记是基于公法规定的营业登记，而营业登记证明的主要目的在于确认企业经营资格，便于营业局对商事主体的经营范围进行监管
法国	通过商事登记将商事主体的信息公示后，从而有效保证交易的安全与高效。商事注册登记是公司获得商法人资格的必要条件	公司注册证书是公司成立的证明文件，具有公示和对抗的效力
美国	商事登记仅具有公示、备案的作用。每一个美国公民或合法居留者都有权建立企业。除了某些特殊行业必须获得营业许可才能营业外，一般行业的公司只需向政府登记、备案，即可开业	公司成立证书具有公示作用。在没有取得公司成立证书时，公司仍要承担其因设立所产生的债务等
日本	商事登记具有确认和公示的作用	公司注册事项证明书的作用是证明公司成立，并具有公示效力和公信力
中国香港	香港的商事登记制度包括公司注册登记和商业登记两种各自相对独立的登记。公司注册登记具有公示的作用。而商业登记具有公示信息及供税务局征税之用	在香港公司注册处办理主体登记领取《公司注册证书》之后还需要在一个月内申请办理商业登记，其目的是供公众人士查阅信息及供税务局征税之用

续表

国家或地区	商事登记的目的及作用	相应证书的功能
中国台湾	商事登记具有公示的效力，主要发生对抗第三人的公示效力	公司登记证明文件：登记机关核准公司登记之核准函、或公司登记表、或公司基本资料等；商业登记证明文件：登记机关核准商业登记之核准函、或商业登记抄本、或商业登记基本数据等。其具有公示及对抗的效力

关于商事登记制度的立法目的，具体有如下观点[①]。

第一，认为商事登记是判别商人与非商人的正确唯一的标准。凡登记于商事登记簿的才是商人，否则为非商人，这是瑞士商事登记制度的观念。这种立法理念确立了商事登记制度具有判断相关经济主体是否具备商法上商人之资格的功能，即只有进行合法登记才能取得商法上商人之资格，才能受到商法的相应保护，同时受到商法的规制。

第二，认为商事登记用以担保商号的永久存续，这是德国商事登记制度的观念。商号，作为商事主体在经营活动中所使用的独特称号，是商事主体产品（服务）的表征，是商事主体信誉的标志，对于商事主体本身及社会公众利益均具有重要意义。这种商法理念赋予商事登记制度保护商号的任务。

第三，认为商事登记用以集合或公告关于商业及与第三者有关系的事实及报告，这是法国商事登记制度的观念。这种立法理念更多关注市场中的交易安全及社会公众利益，将商事登记制度作为商事主体商业信誉的载体及交易第三人与相关社会公众获取必要商业信息的重要途径。

概括来说，商事登记的目的在于使应进行登记的事项登记于主管机关，将其营业状态及相关商业事实予以公告与公示。一方面，

---

① 马楠：《商事登记制度立法目的研究》，硕士学位论文，吉林大学，2006年，第3页。

便于政府实施保护与监督，维护公众利益；另一方面，使公众知悉商业营业的内容，确保交易安全。同时已登记的商业也得以依据登记事项对抗他人，利于交易人主张权利，使自己的权益获得法律保障，实现以商事登记确保商业社会之安全。[①] 而从各国及地区因商事登记而取得相关文件的功能来看，大多数仅具公示作用，在少数国家中同时具有对抗之效力。

（四）年审、监管制度的比较分析

现代市场经济发展必须依靠政府与市场的合力，其中政府的监管是市场有效运作的基本保障。商事登记机关监管的主要内容是商事主体的登记行为及其登记事项和信息的维护。由于登记机关对企业的审查主要是通过年审制度来实现的，而年审是公示制度的辅助措施，审查的主要内容是年报中公示的资料和财务信息是否真实、充分等，并非对企业的日常经营行为进行具体的监管。具体经营行为的监管由各专门的审批或监管机关负责，并且其性质多为行政审批。境外主要国家和地区年审制度的规定见表2－6。

就监管理念而言，以美国为例，政府只是通过自己掌握的政策和信息去为企业或个人服务，而无权干涉企业的生产经营活动。在鼓励开办企业和扶持、服务于企业的同时，政府注重对市场主体的管理，以及对企业经营行为的监督制约，以维护公共利益和社会秩序。这种监督大致包括行政监督、法律监督和社会监督三个层面。行政监督侧重于有限公司和特种行业；法律监督和社会监督则涵盖各类企业的经营行为，企业在经营活动中发生违法行为，其他企业和任何公众均可起诉，由法院依法审理。

如前文所述，日本的商业登记目的是起到公示的作用，因此日本的登记机关基本上只负责登记工作，没有管理的任务，对企业的违法行为，则由法院去处理。

---

① 林嘉主编：《商法总论教学参考书》，中国人民大学出版社2002年版，第165页。

表2-6 境外主要国家和地区年审制度比较

国家或地区	登记机关	监管职能	监管方式	年审机构	年审的方式	性质	不年审的后果（处罚）	年审的作用
英国	英国公司注册署	有	年审（年审时同为滚动制）	公司登记处	《英国2006年公司法》第441条规定，公司董事必须向登记官提交账目和报告。因公司性质的不同而导致公司实行年度报告、义务不同。英国对所有公司实行年度报告制度。各类公司应当根据成立日期确定自身的财务结算日期，并将其作为向登记机关提交财务报告和年度财务报告的日期（简称为"报告日期"），记载于公司登记簿。公司年度报告是关于公司一年中登记事项及经营情况的概括性说明。除年度报告外，英国每年还应当自报告日期起10个月和7个月内，在一个会计年度分别向公司注册署提交两次公司年度财务报告。英国公司可以休眠（歇业）任意长的时间，即使休眠中的公司，公司董事也必须履行一定的行政责任比如年审，以保住公司的法人资格，只是程序上比正常营业的公司年审简单一些。而休眠中的公司一旦营业活动，即使只有一次，也必须按照正常营业的公司进行正常年审。正常营业中的公司必须提交完整的账簿	强制性	主要包括：行政罚款；撤销登记；追究刑事责任；从业禁止	确认及更新公司注册数据，签发年检证书及保证公司的合法性

续表

国家或地区	登记机关	监管职能	监管方式	年审机构	年审的方式	性质	不年审的后果（处罚）	年审的作用
美国	州政府的秘书处	有	年审	州务卿办事处	成立后的公司必须每年提交一份年度报告及缴纳一定数额的牌照费用，一般秘书处会通知有限责任公司年检的时间。《美国模范商业公司法》第16.22条规定了给州务卿的年度报告作为信息公示的备案①	强制性	若提交的年度报告不符合相关规定，则州务卿应即时以书面方式通知提供报告的本州或非本州公司，并返回报告以便改正	确认及更新公司注册数据，签发年检证书及保证公司的合法性
德国	商事登记由法院履行	有	年审	原登记的法院	对营业登记的企业实行年度报告制度。企业应当在财务年度结束后的12个月内，按照法定要求在联邦公报上公布财务年度报告，并将公布内容连同记录资料提交给原登记的初级法院。为严格执行法定年报制度的实施，初级法院负责对提交材料是否完整、是否按规定公布、是否申请免除公布的信息是否符合法定条件等进行审核	强制性	企业延误或未提交年度报告以及经理人未履行年度资料公开义务的，企业经理人将被处以罚款，审计人员提供虚假年度报告，出具虚假报告的，将分别处以3年徒刑。针对实际执行中未上市的中小企业年度报告提交情况尚不理想的状况，德国联邦政府财政部金融管理局设立专门机构负责对不提供或涉嫌提供不真实信息的金融企业进行重点审查	对企业有警示、制约等功能，对监管起到确认作用并更新公司注册数据

① 虞政平编译：《美国公司法规精选》，商务印书馆2004年版，第146页。

续表

国家或地区	登记机关	监管职能	监管方式	年审机构	年审的方式	性质	不年审的后果（处罚）	年审的作用
中国台湾	"经济部"；直辖市政府；县（市）政府	有	年审	主管机关	公司每届营业年度终了，应将营业报告书、资产负债表、财产目录、损益表及盈余分配表或亏损拨补表，提请股东同意或股东会承认。资本额达一定数额以上之公司，其资产负债表及损益表，除政府核定之公营事业外，并应先经会计师签证。前项书表，主管机关得随时命令查核；其查核办法，由主管机关定之。第一项查核，主管机关得随时派员查核	强制性	公司负责人违反相关规定时，各处一千元以上五千元以下罚款；对于表册为虚伪记载者，依刑法或特别法有关规定处罚	确认及更新公司注册数据，便于公众查询，保证公司的合法性
中国香港	公司注册处；商业登记署	有	年审	公司注册处和商业登记署	公司在港成立周年日翌日起至一年，每年必须向公司注册处和税务局进行周年申报和商业登记费用，随政府的调整费用而浮动。具体的要求有二：一是公司年审，续期注册证书，按注册处要求的相应版本打印一套年报文件由董事签署，再到公司注册处办理手续即可	强制性	如果逾期不更换商业登记证，将要被罚处罚款。未有或逾期提交周年申报表的公司可被检控，一经定罪，可被法院判处罚款	确认及更新公司注册数据，续期商业登记证和公司注册证书

奉行大陆法系的德国，对营业登记的企业实行年度报告制度。通过规定较为严格的法律责任，保证年报制度的实施。初级法院负责对提交材料是否完整、是否按规定公布，以及申请免除公布的信息是否符合法定条件等进行审核。① 此外，德国在波恩设立了全国统一的联邦中央登记簿，用于记载公民和企业的违法记录，这弥补了登记机关相对分散、登记信息不易集中的缺欠。这种登记簿具有警示、制约等功能，对企业起到监督管理的作用。政府机构和公法机关可按规定权限查阅登记簿，落实在行业准入、企业管理中对违法企业及有关人员进行限制的规定。联邦中央登记簿不对社会公众开放，但公民、企业可以查询自己的记录情况。②

（五）公司退出机制的比较分析

境外国家和地区企业退出机制（注销及其相关内容）的规定详见表2－7。

1. 公司解散、注销和悬疑债权的处理

公司退出市场的原因主要是因为解散，而解散的事由主要有三种：一是公司任意解散，比如公司章程规定的营业期限届满或者公司章程规定的其他解散事由出现时，股东会或者股东大会决议解散以及因公司合并或者分立需要解散的；二是强制解散包括依行政命令解散（比如在英国，若公司不正常年审，有被行政解散的风险）和法院判决解散（比如在德国，税务机关一旦发现空壳公司，可以申请注册法院解散公司。如果股份有限公司的章程中含有法定的重大缺陷，而在法院规定的期限里，公司未对此进行修正，注册法院也可以解散公司）；三是破产解散（通常由破产法专门规定）。③ 解散最终都将导致公司法人资格的注销，但各国和地区在企业注销后的规定稍有不同。

---

① 张艳：《市场监管法视角下的公司登记法律问题研究》，硕士学位论文，黑龙江大学，2010年，第36页。

② 李涛：《我国商事登记审查法律制度探究》，硕士学位论文，兰州商学院，2011年，第19页。

③ 黄臻：《回归与就位：我国商事登记的制度缺陷与现实进路》，硕士学位论文，中国政法大学，2012年，第35页。

第二章 探索酝酿 博采众长 69

表2-7 境外主要国家和地区公司注销制度比较

国家或地区	自愿注销情形	强制注销情形	注销公示	对自愿注销的反对及反对的提出人	注销的后果	注销登记的恢复
美国（示范公司法为例）	如果公司尚未发行股份或公司未开始营业，则公司的多数发起人或董事会可以向州务卿提出注销申请。如公司已经发行股份或营业，则需要章程或股东大会的多数或董事会决议要求更大的赞成比例	州务卿可以行政解散一个公司的情形有：(1) 拖延支付特许权税，罚期60日以上的；(2) 超期60日未提交年审报告的；(3) 超过60日未在该州办理注册的，包括没有委托注册代理人；(4) 变更注册内容、注册代理退休或结束使用注册地址，超过60日未通知州务卿的；(5) 章程规定的存续期间届满。法院可以判决命令解散的情形见14.30条之规定	公司自愿解散的要通知所有已知的利益相关人，并在全国发行的报纸上至少刊登一次解散公告	公司在提出注销的自愿解散申请之后的120天内，可以撤销解散申请。申请人一般同解散申请人，除非公司董事会议授权解散公司以自行撤销	公司在解散之后仍存续一段时间，以便人们可就解散之前的权利主张起诉公司。当然各种诉讼时效，根据特拉华州的规定，公司解散之后有一定的诉讼时效。为了诉讼和清算届满或者解散之日起，以法人身份存续3年，或者衡平法院裁量的更长时间	被强制解散之后两年可以向州务卿申请恢复注册

续表

国家或地区	自愿注销情形	强制注销情形	注销公示	对自愿注销的反对及反对的提出人	注销的后果	注销登记的恢复
英国	公司可以自愿申请解散，在清算手续办理注销的情形：不得申请注销的情形包括最近三个月内有营业行为；已经进入破产程序包括被提起破产申请或启动任何正式的债务和解、重整程序等，为保护债权人利益。公司在自愿注销之前要通知所有已知债权人；而且申请之后7日内还要再次通知债权人以及关闭账户和转让公司的股东、董事、职工退休基金机构等	注册机关依职权注销，当发生依职权注销的情形时，不得申请自愿注销	注册机构在自己的官方公报上公告公司的注销申请	任何利益相关者都可提出书面的反对并提交相关证据（不符合注销的条件）。反对理由有：不符合注销的条件，有更名或继续营业等情形；公司董事没有通知相关的人员，有虚假陈述的情形等。如情况属实，可对相关人员处以5000 英镑以下的罚款，对公司并可处最长剥夺担任董事资格15年的处罚	被强制注销的后果，自注销之日起，公司的财产变成无主财产，归皇室所有。而如果是进人破产程序的，破产管理人也有义务审查公司的未任责任。公司能否涉及有个人责任、赔偿和丧失在别的公司担任高管的资格	注销之后同为公司消亡。注销之后可以申请恢复，一旦恢复视为从未被注销，并可在恢复之后的三个月内向法院申请裁定或令状，将公司和与公司有关的其他财产恢复到注销之前的状态。依有关权恢复和注销的机构分为法院裁定恢复和行政恢复，两种恢复都需律师开出的无主财产（代表同意公司恢复注册，以表明皇室放弃权利的人、以提出恢复申请的人，可分为：一种是申请人为董事、股东）；（申请人为董事、股东）；一种是非自愿申请恢复，主要是未完成破产清算事宜，由职工退休基金机构或清算人或职工恢复申请注销并解散）

续表

国家或地区	自愿注销情形	强制注销情形	注销公示	对自愿注销的反对及反对的提出人	注销的后果	注销登记的恢复
德国	公司可以经股东大会决议自愿申请解散（多人股东至少四分之三多数决定），在清算之后办理注销手续	司法解散或进行政破产而注销。包括因启动破产程序而进行的清算，或由于资不抵债而拒绝破产而开始的清算。此外税务机关一旦发现空壳公司（毫无资产的公司），可以申请注册法院解散公司。如果公司股份有限公司的章程中含有法定的重大缺陷，而在法院规定的期限里，公司未对此进行修正，注册法院也可以解散公司	《德国商法典》第10条规定，对于商业登记簿中的登记合注销登记，法院应以《联邦司法部公报》以及至少一种其他通常是当地的报纸公告予以公告		按照德国的司法实践，在有限公司破产或资不抵债而事实上已经破产时，如果债权人证明投资者有业务执行人长期抽地、全面地控制或者影响着公司，即公司之独立人格没有得到维护，而目初步证明这种控制关系有影响导致了公司的破产，那么法院就会判定业务承担者的对公司的损失直接行的损害赔偿责任。而目采取举证责任倒置：公司事实上已经破产而又无法执行破产原因是否由业务执行人所造成的情况下，推定他未尽到了法定的谨慎义务，除非执行董事能够证明，他尽到了一个通常的业务执行人应尽的义务，即所谓的免责证明	注销即公司消亡，不可以恢复

续表

国家或地区	自愿注销情形	强制注销情形	注销公示	对自愿注销的反对及反对的提出人	注销的后果	注销登记的恢复
日本	股份公司和持份公司的自愿解散事由：章程规定的届满；章程规定的解散事由的发生；股东大会的决议；合并	除破产程序开始的决定之外，得依《公司法》第824条第1款或第833条第一、二款规定的法院命令解散。休眠的股份公司没有遵照法定期限申报的，视为已解散			以清算结束为公司消亡时间，清算结束之时即公司无资产之时。公司注销登记不是公司终止的要件；只要清算没有结束，即便登记注销，公司仍继续存在	清算结束前，可依股东大会的决议，继续解散的公司。在自愿解散的事由下，在清算结束前，依全部或部分股东的同意可继续持份公司。异议股东可以退伙
中国台湾	公司具备解散情形时，公司向主管机关申请注销。另经营有显著困难或重大损害时，法院得据股东（在股份有限公司继续六个月以上持有已发行股份总数百分之十以上之股东提出）之申请，于征询主管机关意见，并通知公司提出答辩后，裁定解散	公司有下列情事之一者，主管机关得依职权或利害关系人之申请，命令解散：一、公司设立登记后六个月尚未开始营业者。但已办妥延展登记者，不在此限。二、开始营业后自行停止营业六个月以上者。但已办妥停业登记者，不在此限	主管机关在做出注销决定前应三十日公示异议期	针对股东、利害关系人申请的注销和主管职权做出的注销决定公司或其负责人可提出反对或答辩	清算、清偿债务后按股权比例分配剩余的资产	不详

续表

国家或地区	自愿注销情形	强制注销情形	注销公示	对自愿注销的反对及反对的提出人	注销的后果	注销登记的恢复
中国香港	公司或其任何董事或成员可向公司注册处处长申请撤销公司注册,条件:提出申请的公司的所有成员均同意撤销注册;该公司从未开始运作,或在紧接该申请之前3个月以上,该公司没有为营运的目的而运作或经营业务;该公司没有未清偿的债务及未清偿税务;注册局长不反对注销的书面通知;该公司不是任何法律程序的一方;该公司的资产不包含位于香港的不动产	分为注册处处长依职权注销和原讼法院依处长申请剔除公司注册名称	注销申请会在宪报公布两次。在首份宪报公告刊登后,会有3个月提出反对的期限。处长如在该段期间内未有收到反对,便会刊登第二份宪报公告,届时该公司即告解散。处长在作出注销决定做出前也有三个月的公告期	利益相关人可在公告期内提出反对。利益相关者,无限制	公司一旦解散,其名下所有财产包括银行户口结余将作为无主财物而归政府所有	分为:处长依申请恢复自愿撤销的公司;处长依职权将注册因错误而撤销的公司恢复注册;及申请人借原讼法庭命令而恢复注册。注销公司一旦恢复则视为一直存在,犹如未曾解散一样

一是以注销登记为公司消亡时间，德国、意大利、瑞士和中国是这类代表。以注销为公司消亡时间实际是以注销登记为公司消亡的必备要件。注销登记为法人终止的时间。

二是以清算结束为公司消亡时间，日本、法国是这类代表。清算结束时间，是指清算人于清偿债务后，分派剩余财产完毕的时间，即公司无资产的时间。[①] 因此，只要清算没有结束，即便登记注销，公司仍继续存在。

三是以公司注销登记一定期间后为消亡时间，英国和美国是这类代表。英美法系的公司解散与大陆法系的公司终止是同一个概念。[②] 如在英国，公司于解散时终止，但必须了结公司所有事务。法院有权在公司解散后3年内随时宣布解散无效，恢复公司的法人地位。总的来说，英美对于解散的处理方式可以形成一个完整的归责体系，但程序上比较烦琐。注销登记只是公司解散的一个环节，公司注销之后在具体的事务方面仍然作为法人继续存在一段时间。

2. 注销、法人资格恢复与个人责任的归责

在中国，由于对非正常退出的企业缺乏有效的惩罚和归责机制，导致不少企业不经过解散和清算，而是通过不年审的方式迫使工商部门吊销其营业执照，从而实现"被注销"，将依法退出市场应履行的相关手续和责任完全抛给社会。但在国外，将退出程序与破产程序相连接，有效解决个人归责体问题。比如在英国，如果公司因超期不年审而被注销，那么公司账面上的所有财产都将被收归皇室所有，并由专门的律师负责清理和接收，如果账面财产和实际财产不能对应，那相当于公司董事、股东侵吞皇室的私有财产，是很严重的犯罪。而即使公司被注销，一旦有债务人提出反对并提交恢复申请，公司将得到恢复，从而进入破产程序。

3. 小结

从国外的立法经验来看，值得我们学习和借鉴的地方有以下几点：一是特别注重程序与程序之间的衔接，如通过"解散—清算—

[①] 丁煜元：《论跨境破产企业诉讼主体资格》，《经济期刊》2016年第7期。

[②] 叶紫丁：《公司终止债权人保护制度研究》，硕士学位论文，哈尔滨工程大学，2008年，第49页。

注销—反对瑕疵注销申请—公司登记的恢复—破产"之间的环环相扣，体现了归责体系的严密。二是强调公司退出市场时的责任及相关人员的个人责任。法人资格存在与法人资格灭失都各有归责的方式，并不因为企业实际退出市场，就不严格履行法定义务。三是可以将一些专业事项交由专门的机构处理。比如美国的公司注册代理人制度，以及英美国家普遍的解散公司的受托人或财产管理人以及破产程序中的破产管理人制度等。[①]

[①] 黄臻：《回归与就位：我国商事登记的制度缺陷与现实进路》，硕士学位论文，中国政法大学，2012年，第36—37页。

第三章　攻坚克难　破局探路

第一节　改革探索　重点突破

一　明确目标思路

（一）商事制度改革的目标

传统的商事登记制度存在着较为突出的问题，如重准入轻监管、重管制轻服务、重权力轻责任、许可事项多、审批周期长、企业注册难、行政职责不清、监管越位错位、社会自律机制欠缺等。[①] 随着深圳经济社会的不断发展，传统的商事登记制度已经成为影响深圳继续快速发展的桎梏。要促进经济发展、释放市场活力、实现社会公平，就需要对既存的问题进行改革。深圳，作为中国改革开放的试验田和现代化建设的窗口，基于迫切的改革需求，在近年来以其敏锐的触觉不断探索着商事制度改革。2010 年，在广东省委、省政府的大力支持下，深圳市委、市政府决定将商事制度改革列入改革计划，正式启动研究商事制度改革。[②] 根据《中共深圳市委 深圳市人民政府关于印发〈深圳市 2010 年改革计划〉的通知》（深发〔2010〕3 号，以下简称"《改革计划》"），探索建立符合国际惯例的商事登记制度，改革现有证照合一的商事登记制度，建立商事主体资格和经营资格相互分离、各自独立的证明体系，放松市场管

[①] 孟凡君：《解决企业创立困境　商事制度激发市场活力》，《中国工业报》2015 年 6 月 15 日。

[②] 广东省政协征编：《敢为人先——改革开放广东一千个率先·政治卷》，人民出版社 2015 年版。

制，优化营商环境。①

深圳商事制度改革的总体目标，就是按照发展市场经济的需要，从百姓经商兴业第一道门改起，以改革商事登记为切入点，通过商事登记机关的自我革命、主动放权，带动相关部门审批制度的改革，减少行政审批，转变政府职能，实现登记机关与其他许可审批机关责、权、利的协调统一和行政效能的全面提升，降低市场主体准入门槛，还权于商事主体，还权于市场，激发市场经济的内在活力，为公平竞争搭好舞台②，为经济发展提供有力支撑，为"大众创业、万众创新"提供制度平台。商事制度改革的目标具体包括以下五点。

1. 推进商事主体登记的便利化

传统的商事登记制度中营业执照双重证明功能、前置审批制度、注册资本制度、住所登记制度以及年检制度等，引发商事主体资格的取得门槛高、效率低，商业资本运营和场地资源利用效率低下等弊端。③ 推进商事制度改革，正是为了革除这些弊端，降低商事主体资格取得门槛，提高商事主体登记便利程度和效率，推动商事主体登记向着更为规范化、简易化和标准化的目标前进。

2. 实现主体资格与许可经营资格相分离

传统的商事登记制度以营业执照为中心，商事主体的主体资格与经营资格以营业执照为纽带相互捆绑。商事主体要取得营业执照才能够具有主体资格和经营资格，但要取得营业执照，又必须同时具备取得主体资格和经营资格的所有条件。④ 营业执照成为准入完成的最终标识，也就是种类繁多的前置性审批项目完成后，最后才能取得营业执照，就使得营业执照审批成为是否能进入市场运营的决定性环节。所以，推行商事制度改革要改变以"营业执照"为中

---

① 《中共深圳市委 深圳市人民政府关于印发〈深圳市 2010 年改革计划〉的通知》，深圳政府在线（http://www.sz.gov.cn/zfgb/2010/gb691/content/post_5018786.html）。

② 张勇：《权力和责任同步下放 调控和监管同步强化》，《中国机构改革与管理》2015 年第 7 期。

③ 钱伟宇：《商事登记制度改革研究》，硕士学位论文，华南理工大学，2012 年，第 31 页。

④ 同上书，第 14 页。

心的商事登记制度,建立商事主体资格与许可经营资格相分离的登记管理制度,即经营资格许可和商事主体登记相互独立地进行,这样经营资格许可不再作为商事主体登记的前置条件,使得主体资格和一般的经营资格的取得变得相对简单。

3. 发挥市场在资源配置中的决定性作用

商事制度改革就是要改革传统的企业准入门槛高、程序烦琐、效率不高、行政性干预过多的商事登记体制,大力降低准入门槛、简化准入程序,还权于申请人,切实减轻商事主体负担,降低社会成本,构建符合现代市场经济发展客观规律的新商事登记体制,进一步优化市场营商环境,充分发挥市场在资源配置中的基础性、决定性作用,真正实现社会资源的优化配置,促进深圳社会经济的不断繁荣发展。[①]

4. 促进政府职能的转变,创建服务型政府

商事制度改革也是为了促进政府职能逐步转变,创建服务型政府,促进市场经济发展。政府进一步简政放权,自我革命,以商事主体和市场为导向,凡是商事登记机关及许可审批部门不该管、管不了、管不好的事都放权给商事主体和市场,变万能政府、无限责任为有限政府、有限责任[②];转变政府职能,突出政府部门在公共服务中的作用,努力提高服务水平,创建行为规范、运转协调、公正透明、廉洁高效的服务型政府。政府、企业各司其职,各尽其责,实现社会经济的有效协调运转。

5. 提升政府治理能力现代化水平

为了实现城市治理体系和治理能力现代化,积极推进市场化、法治化、国际化改革,必须以商事制度改革为突破口,着力理顺政府、市场、社会三者的关系,探索建立与商事制度改革相配套的政府治理新机制,逐步构建起协同善治的新型市场监管体系。改革应当坚持社会共治的理念,创新监管理念,宽进严管,放得开,也能管得住,从政府大包大揽转变为社会共治,从重事前审批转变为重

[①] 吴勇加:《不该管管不了管不好的都要放权》,《深圳特区报》2012年3月22日。

[②] 同上。

事中事后监管,从依靠执法监管转变到信用监管和执法监管并重,以信息化技术为支撑,以法治建设为保障,建立与商事制度改革相配套的政府治理新机制,提升政府现代化治理能力。①

(二) 商事制度改革的思路

按照《改革计划》的要求,深圳商事制度改革的对象为营业执照制度,包含实施程序和证明体系两方面。其中,商事登记制度围绕营业执照制度为核心来展开,但是改变营业执照的实施程序和证明体系不足以改变整个营业执照制度,还有可能与原体系不兼容而出现"排异"反应。因此不仅要对营业执照的实施程序和证明体系进行改革,还应对营业执照载明事项(登记事项)、营业执照监管制度等相关制度进行改革。商事制度改革的进程并非一蹴而就,深圳的商事制度改革采取"政策先行,试点铺垫"的方式,先易后难,循序渐进。针对商事登记工作,部分行业和领域率先开展试点,在梳理的过程中减少前置行政审批事项,同时制定配套改革相关规定,为商事制度改革提供技术保障。对于时机成熟的改革先行推出,如先照后证改革、注册资本改革等;对于改革的难点,比如自然人豁免登记、除名制度等改革,待时机成熟再稳步推进。要成功进行改革,就必须树立正确的改革思路,具体的改革思路如下:

1. 对商事主体注册登记体制机制进行改革

深圳的商事制度改革紧紧围绕使市场在资源配置中起决定性作用,来深化经济体制改革,通过加快实施创新驱动发展战略,使市场在资源配置中起决定性作用和更好发挥政府作用,破除一切制约创新的思想障碍和制度藩篱,营造"大众创业、万众创新"的政策环境和制度环境。因此对商事主体注册登记体制机制改革主要是从以下几个方面进行。

(1) 对商事登记的法律功能重新进行定位

改革传统商事登记确认主体资格和营业准入的法律功能的制度设置,将商事登记的法律功能定位为确认商事主体资格和公示效力。改证照捆绑为证照分离,实行先照后证,"谁审批、谁监管"

---

① 熊艳:《广东省商事制度改革后续监管问题研究》,硕士学位论文,南昌大学,2016年,第26页。

权责统一的商事登记管理制度。① 改革后，按照"谁审批、谁监管"和行业监管相结合的原则，明确了政府各部门的职责，改变了以审批代监管的思维方式，进而带动了相关部门探索审批和监管相统一的工作模式。

（2）尊重市场经济"以市场作为资源配置的基础性方式和主要手段"的发展规律

改革传统商事登记制度直接干预市场经济的方式，放宽住所和注册资本限制，以市场作为场地资源和资本资源的主要配置方式。改革后只需申请人自行申报场地信息，无须提交场地证明材料，申请人对住所或经营场所的合法性、真实性负责。② 有限责任公司实行注册资本认缴制，股东对内承担违约责任，对外承担诚信责任。通过民事调解和社会诚信体制建设解决责任承担问题。注册资本认缴制度减轻企业注册压力的同时更有利于构建真实可靠的社会交易安全和诚信体系，更好地实现债权人利益保护。③

（3）提倡社会和企业自我管理，还权于企业和公民

改革传统商事登记制度对一般经营项目的营业准入限制，允许企业和公民自由从事一般经营项目。④ 改革后经营范围不再作为登记事项记载于营业执照上，赋予商事主体充分的经营自主权。

（4）做好构建信用社会的基础性工作

改革传统商事登记制度的登记监管模式，取消因未年检而吊销营业执照制度，为逐步建立信用社会做好基础性工作。改革后实行商事主体年报备案制度，由商事主体按时申报信息，行政机关依法公示，供社会公众查询。⑤ 行政机关由监督检查的职能改变为行政服务职能，满足经济发展的需求；并且改变传统的监督检查、行政

---

① 赵洪甲、朱丽霞：《商事制度改革七大亮点》，《柴达木日报》2016 年 10 月 14 日。

② 张世铭：《新常态下政府对市场主体实施"宽进严管"的路径研究——以呼和浩特为例》，硕士学位论文，内蒙古大学，2015 年，第 18 页。

③ 同上。

④ 方芳、傅江平：《政府审批简化了 商户办证简单了》，《中国质量报》2012 年 5 月 12 日。

⑤ 深圳市编办：《深圳市商事登记制度改革实现六大突破》，《中国机构改革与管理》2013 年第 11 期。

处罚的监管方式为信用监管模式,实行经营异常名录制度,引导商事主体重视自身信用。①

(5) 理顺营业准入部门与商事登记机关的职能,做到权责分明,提高政府整体效能

改革前置性行政许可与商事登记间的前置审批关系,营业准入登记与商事登记不再"挂钩";扭转"重登记轻服务""重审批轻监管""少审批少监管"等工作倾向,形成"放宽登记条件、加强日常监管服务、重视市场退出"的工作格局。改革前,深圳市通过前置审批项目梳理,前置审批项目已由 149 项减少为 69 项,改革后仅保留了 12 项前置审批。前置审批的大幅后移,使得商事主体可以迅速开展一般性经营项目。②

2. 对商事主体登记申请模式进行改革

(1) 推行全流程网上商事登记,颁发电子营业执照

从原来的收取纸质材料、窗口办理的登记模式,改为推行全流程网上商事登记的模式,建立电子营业执照制度。商事登记注册全过程的电子化、无纸化是未来登记注册工作的发展方向。商事制度改革从网上申报、网上审批、网上发照、电子档案等几个方面进行技术上的再造,借助组织和个人数字证书,申请人可足不出户,通过互联网远程办理商事登记申请、进行电子签名。③ 登记机关在网上审批、发放电子营业执照、保管电子档案等等,实现全程电子化、无纸化办公,是将互联网与政府服务相结合改进工作的成功范例,通过特区立法明确规定电子营业执照与纸质营业执照具有同等法律效力。

(2) 简化营业执照种类和版式

改革还对种类繁多的营业执照进行了简化,由原来的 15 种简化为改革后的 4 种,即:企业法人营业执照、非法人企业营业执照、

---

① IUD 中国政务舆情监测中心:《行政审批制度改革,与时间"赛跑"》,《领导决策信息》2013 年第 26 期。

② 刘法营、苏烽:《海西:何以托起"柴达木巨轮"》,《柴达木日报》2017 年 6 月 20 日。

③ 刘洪清:《从"物理反应"到"化学聚变"》,《中国社会保障》2016 年第 8 期。

分支机构营业执照和个体工商户营业执照。① 新版营业执照版式更加简洁，记载项目减少，执照上不再记载注册资本和经营范围，执照上设置"重要提示"栏，提示社会公众登录相关的信用信息平台查询商事主体经营范围、出资情况、营业期限和许可审批项目等信息。

（3）实施名称自主申报自动核准

实施企业名称自主申报自动核准制度，即企业自主在网上申报名称，登记系统自动生成名称。企业名称自主申报改革是对传统企业名称登记模式的一次颠覆。改革前，《公司法》等相关法律法规规定企业名称的核准和发放均由商事登记机关实施，必须经过名称预先核准环节。改革后，名称登记变为企业的自助服务项目，由企业自主在网上申报，系统自动生成，真正实现"我的名称我做主"，还权于市场，还权于企业。②

（4）推行"多证合一、一照一码"

率先开展"多证合一、一照一码"改革，从商事主体的营业执照、组织机构代码证、税务登记证、刻章许可证四证合一，四证同发，到多个政府部门"一表申请、一门受理、一次审核、信息互认、多证合一、一照一码、档案共享"。深圳在推行"一照一码"过程中，率先以统一社会信用代码来取代原来的多种证照编号，大大有助于提升社会运行效率和构筑社会信用体系。

3. 建设统一的登记许可和信用信息平台

改革原有的商事登记公示制度，构建统一的商事主体登记许可及许可审批信用信息公示平台。依托原有的深圳市政务信息资源共享电子监察系统，建立了统一的商事主体登记许可及许可审批信用信息公示平台，扩大商事主体信息公示范围。③ 将原来各行政部门零散、各自公示的信息，整合到统一的商事主体登记许可及许可审

---

① 刘翛然：《我国商事登记制度的反思与完善》，《法制博览》2015年第1期。

② 《商事制度改革之一：改革登记审批制度　简化登记程序》，2017年2月24日，深圳市市场监督管理局网站（http://amr.sz.gov.cn/xxgk/qt/ztlm/sszdgg/ss_wdjc/content/post_1959210.html）。

③ 宁佳宁：《深圳市商事登记制度改革问题研究》，硕士学位论文，复旦大学，2014年，第28页。

批信用信息公示平台上。通过这一平台，与商事主体经营相关的信息可查询、可确认、可使用、可链接、可扩充。平台建设和应用的公信力，为促进社会诚信体系建设发挥了重要作用。登记许可及信用信息公示范围包括商事主体基本登记信息、商事主体备案信息、商事主体年报信息、许可审批和监管信息。改革前，社会公众及市场交易各方无法全面了解商事主体的登记和信用信息。对于经营范围涉及后置审批的申请人，商事登记机关通过信用信息平台、手机短信和书面三种方式主动告知申请人，要求申请人书面承诺在取得审批前不擅自从事相关经营活动。同时通过信用信息平台，将涉及行政许可审批项目的商事主体登记注册信息及时告知相关审批部门。[①] 改革后，信息平台的法律作用主要体现在三个方面，即公示、查询、监管互动。

4. 督促各部门出台权责清单和行业监管办法

商事制度的配套改革需要各部门建立商事主体行政审批事项权责清单（以下简称《权责清单》）。深圳市通过梳理《权责清单》，明确了商事主体审批和监管各部门的职权和责任，实现了审批与监管相统一。通过公布《权责清单》，明确了所有履行商事登记行政职能的25个政府部门的前置后置审批事项，并要求各政府部门对权责清单所列的审批事项，逐项制定出相应的后续监管办法，向社会公布，通过这些后续监管办法，进一步明确各部门审批及监管的权力和责任，将其纳入制度管理。

5. 推进各部门事中事后监管机制建设

商事制度改革是为了明确商事主体登记部门与许可审批部门的监管职责，改变以许可审批替代监管的惯性思维，实现许可审批和监管工作的协调统一，有效促进登记监管方式改革。许可审批与监督管理相统一，实行"谁审批、谁监管，谁主管、谁监管"原则的审批监管制度，既有利于行业主管部门和许可审批主管部门发挥行业管理和许可审批管理优势，通过日常监管及时了解和掌握所管行业商事主体经营状况，发现问题，统筹研究，积极推动许可审批和

[①] 林蓬妹：《基于群众满意度视角下YJ县商事登记制度改革问题与对策研究》，硕士学位论文，四川师范大学，2018年，第15页。

监管政策的改革，提升许可审批及监管效能，确保职能到位；同时也有利于部门间权责明确，协调互动，提高部门与部门之间的管理效能，最终实现商事登记监管总体效能的全面提升。[①] 通过加快推进信息公示平台建设，完善商事主体登记、许可审批及监管信息共享及互动系统功能，进一步强化事中、事后和信用监管。

二　完善法律制度

在很多时候，改革意味着与现有法律法规之间的冲突。在以往改革实践中，如果法律滞后则导致后续问题层出不穷，因此深圳商事制度改革按照立法先行、于法有据的原则进行，一方面通过修改法规，支持改革，一方面协调法规，促进改革，一方面针对改革出现的新情况、新问题，通过新立法固化改革、发展改革。

（一）中国商事登记制度立法的缺陷与不足

长期以来，中国商事登记立法存在着立法分散，法出多门，位阶偏低，缺乏统一立法的理念和规划的问题。有关商事登记的规定散见于各商事主体法当中，这些法律法规主要包括《公司法》《公司登记管理条例》《合伙企业法》《个人独资企业法》《企业法人登记管理条例》《企业经营范围登记管理规定》《企业名称登记管理规定》《企业登记程序规定》《公司注册资本登记管理规定》《城乡个体户管理暂行条例》《私营企业暂行条例》《中外合资经营企业法实施细则》等。仅从名称便可知道，其中既有法律、行政法规，又有部门规章；既存在诸如《公司登记管理条例》等专门的登记立法，又有像《合伙企业法》那样实体法中掺杂商事登记规定的情形；既有对于一大类主体的一般性文件，又有仅针对特定主体的具体规定；既有针对整个商事登记的法律文件，又有仅涉及特定事项的规定。这样一来，由于行政机关执行依据的繁杂，容易产生登记紊乱。

这种分散的、低位阶的登记立法产生了种种显而易见的弊端：一是为部门利益、行政垄断和行业保护披上了合法的外衣，成为行

[①] 淮安市市场准入与监管制度改革领导小组办公室：《关注百姓身边的改革》，《淮安日报》2013年9月17日。

政机关相互之间权力博弈的工具；二是市场主体准入条件的不平等和竞争环境的不公平，造成了主体制度与市场经济规律和公平交易原则的直接背离；三是不同主体适用不同的登记管理规则致使登记管理效率低下；四是法律法规之间的重叠交叉、相互间不衔接、不协调，难免挂一漏万，形成立法盲点和漏洞。

（二）与当时法律、法规之间的冲突和衔接问题

过去，中国商事登记制度均采用了商事主体资格与经营资格相统一的立法模式，如果深圳市现在采用主体资格与经营资格相分离的立法模式，就必然与上位法之间产生冲突。此外，如果将注册资本实缴制改为认缴制，也和现行法存在冲突。一是，原有法律和行政法规明确规定有限公司的注册资本应当实缴，同时对虚假出资和抽逃注册资本都有明确规定；改革后，企业可以选择实缴也可以选择不实缴，企业股东承担有限责任的形式及虚假出资和抽逃注册资本的认定问题有可能产生变化。二是，实行注册资本认缴制后，营业执照不再记载实收资本信息，但企业在经营中或取得审批许可时可能需要实收资本信息，例如，企业进行招投标，审批部门的审批需要等。三是，在注册资本认缴的登记制度下，由于企业无须实有相应注册资本即可办理营业执照，有可能产生企业为了将自己的企业打造成为大型企业，而随意申报巨额认缴注册资本的问题。[①]

（三）以特区立法权，解决与上位法的冲突问题

深圳商事制度改革面临着改革内容与当时的法律法规冲突较多的问题。如果仅凭政策指引盲目改革，可能会带来登记效力、监管责任及商事主体合法性等一系列问题。为此，深圳充分利用特区立法权解决与上位法的冲突问题，为注册登记、市场监管和商事主体的合法性提供有力保障。

利用特区立法权有以下两种方式。

一是可以修改原《深圳经济特区商事条例》。1999年，深圳经济特区制定了新中国第一部商事条例，虽属于地方性立法，但也是一个重大突破。《深圳经济特区商事条例》是一部关于商事登记已

---

① 袁作新：《改革商事登记制度 再现特区经济优势——深圳市开展商事登记制度改革探索》，《中国工商管理研究》2013年第1期。

经存在的特区法规，在此基础上修订比起重新制定一部新的法规要相对简单。在《深圳经济特区商事条例》中，第三章（第八条至第二十五条）是关于商事登记的规定。但迄今为止，这部法规在深圳经济特区实践中几乎未被利用。如果在《深圳经济特区商事条例》中修改，一旦修改后的条例仍然不能被广泛利用，则商事制度改革的意义也就无法体现。此外，修改《深圳经济特区商事条例》必然涉及该条例当中其他部分，增加修订内容使得商事登记制度实施可能被推迟。

二是可以重新起草商事登记的特区法规，提请市人大出台《深圳经济特区商事登记若干规定》。既能够确保改革进度，又能够在实践中评估各项改革措施的成效，为将来制定特区商事登记管理条例做更充分的准备。

经过评估，最终深圳采用第二种方式，制定《深圳经济特区商事登记若干规定》（以下简称《若干规定》），再依据《若干规定》来进行改革。

（四）研究制定配套制度，推动改革有序开展

为确保新制定的《若干规定》顺利实施，推动深圳商事登记改革得以有序开展，深圳市市场监管局结合《若干规定》，根据改革实际情况，针对改革出现的新情况、新问题，先后制定和完善改革配套制度，主要包括如下内容。

1. 《深圳经济特区商事主体年度报告实施办法》

深圳商事制度改革取消了以往的企业年检制度和个体户验照制度，实行统一的商事主体年度报告制度。为了加强商事主体的信用监管，规范商事主体的年报行为，通过制定《深圳经济特区商事主体年度报告实施办法》，规定了商事主体年度报告实施范围，提交年度报告的时间和要求，年度报告信息的内容和对外公示信息的内容，商事主体对年度报告的责任以及市场监管部门的职责，商事主体不按时提交年度报告应承担的责任及救济途径等内容。

2. 《深圳经济特区商事主体经营异常名录管理办法》

实行经营异常名录制度，是商事制度改革的重要内容之一。现行企业、个体工商户监管偏重于以行政处罚等行政手段规范市场主

体经营行为，信用监管环节较为薄弱，存在着行政成本高、监管效率低、难以监管到位等问题。根据《若干规定》中第三十一条至第三十五条中对经营异常名录制度相关内容的规定，结合深圳市的实际情况，借鉴中国香港公司除名制度有关做法，制定经营异常名录管理办法，通过规定了载入经营异常名录的情形，做出载入经营异常名录决定的程序及救济方式等内容，加强商事主体信用监管，完善信用监管体系，降低商事交易成本，促进经济繁荣。

3. 《深圳市市场监督管理局商事主体登记监管暂行办法》

按照商事制度改革所体现的原则和思路，制定出台与《若干规定》相配套的商事主体登记监管工作制度，是推进和保障商事制度改革顺利实施的重要措施。针对《若干规定》正式实施后商事主体登记事项监督管理工作中遇到的一些具体问题，深圳市市场监督管理局于2013年5月专题向市人大常委会做了请示，市人大常委会办公厅于2013年8月20日印发了《关于商事主体登记监管有关问题的工作答复》（深常办发〔2013〕50号，以下简称《工作答复》）。深圳市市场监督管理局经过充分研究和反复论证，结合《工作答复》有关内容，组织起草了商事主体登记监管暂行办法，通过确立现代化监管理念、法律保护原则，规定信用监管原则和监管信息公开原则、法律适用问题以及载入经营异常名录的信用约束问题，更好地适应《若干规定》实施后的商事主体登记监管的实际需要，有效规范商事主体日常登记监管工作，指导基层工作开展。

4. 《深圳市商事主体信用信息公示办法》

对商事主体信息公示是商事登记本来的目的之一，加强信用信息公示能从信用方面对加强商事主体监管的社会共治和增强其自律能力发挥巨大的作用。根据《广东省企业信用信息公开条例》《深圳经济特区商事登记若干规定》《深圳市企业信用征信和评估管理办法》，结合深圳市实际，制定商事主体信用信息公示办法，通过规定商事主体信用信息公示的原则、方式、内容以及管理制度等，更好地规范深圳市商事主体信用信息公示工作，加强社会监督，促进商事主体诚信自律。

三 探索改革创新

深圳商事制度改革力图从当前政府治理中存在的问题入手，尤其是针对企业在进入市场开展经营活动时面临的主要矛盾和难点痛点，采取一系列与以往的政府治理理念截然不同的创新做法，在准入准营、便捷高效、信用监管、社会共治等方面建立一整套审批和监管相适应的新型商事制度体系。

（一）改革现行以"营业执照"为中心的商事登记制度，实现先照后证

深圳商事制度改革的出发点是从登记体制入手，改革现行以"营业执照"为中心的商事登记制度，实现商事主体资格登记和经营资格登记相分离，理顺商事主体登记与经营资格许可的相互关系，建立审批与监管高度统一的新型商事主体登记审批监管制度。[1]

改革从多个方面实现商事主体资格与经营资格的分离，包括经营范围不再作为登记事项，赋予了企业充分的经营自主权；允许"一址多照、一照多址"，释放更多的场地资源，实行场所自行申报，不再要求提交场地证明材料；商事主体登记前置审批事项由原69项削减为12项（主要为金融、外资企业等商事主体资格的审批），其余的取消或改为后置审批，改"先证后照"为"先照后证"；确立"谁审批、谁监管，谁主管、谁监管"以及行业监管相结合的原则，实现审批与监管的权责统一，倒逼办理营业执照之后涉及后置许可的各政府职能部门进行行政审批制度改革和后续监管制度建设。

第一，在法律效力上，改革后的营业执照仅是商事主体的主体资格凭证，具有证明主体资格的存在和公示商事主体登记信息以对抗第三人的效力，不再具备经营资格的证明功能。[2]

在登记程序上，改革后的商事主体设立、变更、注销登记，均

---

[1] 袁作新：《改革商事登记制度 再现特区经济优势——深圳市开展商事登记制度改革探索》，《中国工商管理研究》2013年第1期。

[2] 钱伟宇：《商事登记制度改革研究》，硕士学位论文，华南理工大学，2012年，第18页。

采取准则主义，且商事主体设立、变更、注销登记的要件均与经营资格脱钩。法律规定的要件作为商事主体设立、变更、注销登记的准则，只要材料齐全、符合法定形式，商事主体即可办理设立、变更、注销登记。商事主体登记只进行形式要件审查，申请材料的真实性由商事主体负责。

改革后的营业执照原则上只记载与商事主体资格相关的必要法律事项，不再记载商事主体的经营范围。① 商事主体在章程中记载经营范围，并由商事登记机关公示其章程，但经营范围不再作为商事主体登记监管的事项。② 商事登记机关可采集章程中记载的经营范围信息并予以公示。

第二，建立各自独立的商事主体资格证明体系和经营资格证明体系。

改革营业执照制度，使营业执照成为单纯的商事主体资格凭证，不再具备经营资格的证明功能。申请人根据商事登记相关法律法规，履行商事登记申请程序而取得商事主体资格。商事登记机关针对不同形式的商事主体，分别颁发标注不同企业类型的营业执照。

建立独立于营业执照的经营资格证明体系。许可审批文件就是商事主体的经营资格证明。一般经营项目，无须许可审批，商事主体在办理营业执照取得商事主体资格后，即可自主经营无须审批的一般经营项目③；商事主体的经营项目或经营场所依法涉及相关部门许可审批的，须向相关部门申请，取得许可审批文件后凭许可审批文件经营。商事主体资格登记与经营资格许可是两类无顺序关系的独立程序，可各自独立进行，经营资格许可不再作为商事登记的前置条件。

改革商事主体经营信息公示渠道。改革后的营业执照作为主体资格证明，不记载商事主体的经营范围。商事主体在章程中载明设

---

① 王德河：《从"审批许可"到"核准登记"——详解深圳、珠海商事登记制度改革》，《光彩》2013年第4期。

② 钱伟宇：《商事登记制度改革研究》，硕士学位论文，华南理工大学，2012年，第18页。

③ 深圳市编办：《深圳市商事登记制度改革实现六大突破》，《中国机构改革与管理》2013年第11期。

立的目的，登记机关公示商事主体的章程，以方便社会公众通过查询企业章程的方式了解其经营范围。对于特许经营项目，社会公众可通过统一的商事主体登记许可及信用信息平台进行查询；同时改进商事主体行业统计方式，提高行业统计数据的准确性和参考价值。

第三，建立行政审批和监督管理高度统一的登记管理制度。

按照"谁审批、谁监管，谁主管、谁监管"的原则，实现审批与监管相统一、政府监管与行业自律相结合。商事主体营业执照登记事项的监管职责，由商事登记机关履行；经营项目或经营场所涉及许可审批的，由许可审批部门履行监管职责；经营项目、经营场所涉及多个许可审批部门的，各许可审批部门依据法律法规的规定，履行各自职责范围内的监管职责。经营项目、经营场所不涉及许可审批但有行业主管部门的，由行业主管部门履行监管职责，同时不需要设置许可的行业也依靠行业自律来达到市场自治效果。

（二）探索将住所登记与经营场所相分离，回归住所本质功能

改革前商事登记制度或要求登记住所，或要求登记经营场所，均包含了对申请登记企业具体生产、经营或者服务场所的确定性要求，并须在申请登记时提交相应的产权或者租赁证明。[①] 然而，企业的经营场所是一个企业自主权的问题，与商事主体资格的取得与变动没有必然联系。

第一，确定商事主体的住所，就是商事主体的通信地址。商事主体申报办事机构所在地的地址作为注册住所，住所的功能是公示商事主体的法律文件送达地和确定其司法和行政管辖地。商事主体登记时，其住所由申请人自行准确填报而无须提交相关证明，商事主体所申报住所的地址表述必须规范、准确，有明确的门牌号码。商事登记机关不再审查住所的权属及功能文件，但应确保登记部门和其他政府部门、交易对象、社会公众能够通过该住所与之联系。[②]

第二，商事主体住所同时也是经营场所的，如不涉及许可审批

[①] 施天涛：《构建我国商事登记制度的基本思路》，《中国工商管理研究》2013年第8期。

[②] 钱伟宇：《商事登记制度改革研究》，硕士学位论文，华南理工大学，2012年，第19页。

的，则其是否符合建筑物权属、消防安全等法律法规的规定，由业主和经营者依法承担各自的责任。如涉及许可审批的，则纳入许可证明体系。

第三，允许同一地址登记多家商事主体。对不涉及经营项目许可的经营场所许可审批的，允许同一地址登记为多家商事主体的住所。同时建立商务秘书公司制度，允许缺乏独立办公条件和设施的商事主体入驻秘书公司，以商务秘书公司的住所为商事主体的住所。

第四，实行住所与经营场所各自独立的登记管理方式。经营场所可以和住所地址一致，经营场所和住所地址不一致的，以登记行政管辖为标准，跨登记行政管辖区域的，商事主体应当将经营场所按分支机构有关规定申请登记；登记行政管辖区域内的，商事主体可以选择向商事登记机关申报备案经营场所或将经营场所按分支机构有关规定申请登记。商事主体应申报相关具体经营场所信息并对其经营场所的真实性及合法性负责，商事登记机关不再审查具体经营场所的权属及功能文件。商事主体的经营场所依法涉及相关部门许可审批的，须向相关部门申请，取得许可审批文件后凭许可审批文件经营，但不影响商事主体资格的登记。

（三）改革实缴资本制，实行认缴登记制度

注册资本仅仅是公司股东根据公司章程的规定所认缴或者认购的公司股本，该种资本经登记而成为注册资本。传统商事登记制度要求投资者在申请企业设立登记时须实际缴纳其所认缴或者认购的资本并办理产权过户手续和提交验资证明。[①] 然而，这种要求却并不符合商事登记的宗旨和精神。因此，改革有限责任公司和股份有限公司注册资本实缴登记制度，实行注册资本认缴登记制度，完善公司内部治理结构。政府不再承担对企业出资情况的审查责任。股东的出资方式、出资额、出资时间等内容，均由股东自行约定并记载于公司章程中。每一位股东以其出资额为限承担相应的责任，其他股东、公司利益相关人可对企业出资情况进行监督。政府通过抽

---

① 施天涛：《构建我国商事登记制度的基本思路》，《中国工商管理研究》2013年第08期。

查的方式,将不履行出资承诺的企业进行信用公示。

第一,公司的注册资本为全体股东认缴的注册资本总额,股东以其认缴的注册资本为限承担有限责任,公司以其全部资产承担法律责任。[1] 股东的出资方式、出资额、出资时间、非货币出资的缴付比例等均由股东自行约定,并记载于公司章程。公司章程可规定非货币出资的计价方式。作为股东出资的非货币财产,全体股东一致同意协商作价的,应当提交全体股东签署的资产协商作价及承担连带责任的确认书;不同意协商作价的,应当由具有评估资格的资产评估机构评估作价。

第二,商事登记机关只登记公司认缴的注册资本额,不再登记实收资本,也不再收取验资证明文件。实收资本到位情况不作为商事主体监管事项。交易相对人或社会公众可通过统一的商事主体登记及许可审批信用信息公示平台对股东出资情况进行查询。

第三,股东按公司章程规定实际缴付注册资本的,由公司对股东缴付的注册资本进行验资,验资属实的,公司向股东出具《出资证明书》。[2] 公司对申报信息的真实性负责并承担民事法律责任。

第四,股东未依公司章程规定实际缴付注册资本的,应依法律和章程规定承担民事法律责任。公司发生债务纠纷或依法解散清算时,如资不抵债,未缴足注册资本的股东应先缴足注册资本,并以其认缴的出资额为限承担民事法律责任。[3]

(四)探索改革企业名称登记管理制度

企业名称作为确认企业的身份要素需要进行登记。但传统的企业名称登记制度采取的是核准制,企业名称须由申请人遵循法定程序,向登记机关申报,经登记机关核准登记注册后方可使用。[4] 核准制企业名称登记规则不明晰、要求烦琐、审查严格,审批时限过

---

[1] 钱伟宇:《商事登记制度改革研究》,硕士学位论文,华南理工大学,2012年,第19页。

[2] 同上书,第20页。

[3] 何泳、王莺翘:《办营业执照后不能当"撒手掌柜"》,《深圳特区报》2013年3月26日。

[4] 周文丽、彭丛林:《深圳名称自主申报登记制度改革情况》,《中国工商报》2015年11月3日。

长，投资者起名的个性化需求与登记机关核名的规范化要求存在矛盾，投资者希望改革名称预先核准登记制度的呼声日高。为满足市场经济发展需要，原深圳市市场和质量监督管理委员会主动顺应商事主体的期盼，积极拓展改革空间，大胆探索改革企业名称登记管理方式。根本上讲，企业法人作为法律拟制的人，具有完全民事行为能力，天生就拥有自主取名的权利，只要不违反国家的法律法规规定，不侵犯他人的合法权益，用什么名称应是企业的自由，并由企业自行承担相应的民事法律责任。

基于这种思想，将企业名称改为自主申报登记制度，采取备案制，除法律、法规、规章及规范性文件禁止、限制使用的名称以外，申请人可以自主选择企业名称。商事主体名称由申请人向商事登记机关自主申报后即可使用。在名称自主申报的制度设计下，原则上企业名称无须经过登记机关核准，从实质上改变了名称登记作为行政许可的法律属性。但为了区别于其他商事主体，企业应当向商事登记机关备案企业名称并予以公示，对抗第三人。

（五）创设经营异常名录制度

过去，商事主体的市场退出机制，主要由正常退出的注销制度和非正常退出的吊销制度组成。吊销是一种行政处罚，是行政机关做出的强制性处罚。在实践中，以企业为例，因未按照规定接受年度检验而被吊销营业执照的企业占被吊销营业执照的公司总量的99%以上。这些企业违法违规行为的社会危害很小，却被吊销营业执照，无法恢复正常登记状态，只能进入清算注销程序；其企业法定代表人，还要被列入"黑名单"，三年内不得担任法定代表人。吊销制度对轻微违规企业处罚过重，显然严重违背了"罪"与"罚"相适应的法律基本原则。因此，针对此类轻微违法行为，商事登记机关有必要重新建立一种灵活方便的制度，填补对正常经营商事主体与非正常退出商事主体之间的监管真空。①

在改革中，深圳借鉴了中国香港公司登记管理中的除名制度，在吊销制度之外，创设了经营异常名录制度。经营异常名录制度是

---

① 易东、何泳、于波、王莺翘：《轻微违规处罚 变得灵活方便》，《深圳特区报》2012年11月22日。

指商事登记机关将违反商事登记有关规定的商事主体从商事登记簿中移出，载入经营异常名录，并纳入信用监管体系的一项信用监管制度。载入经营异常名录的对象，是不按时提交年度报告的商事主体和通过登记的住所或者经营场所无法联系的商事主体。同时还规定，商事主体载入经营异常名录未满5年，且载入异常名录事由消失的，商事主体可以申请恢复记载于商事登记簿。商事登记机关应对其申请进行审查，核实后将其从经营异常名录中移出，恢复记载于商事登记簿。商事主体载入经营异常名录满5年的，以及商事主体违反企业名称登记管理规定，经商事登记机关责令改正逾期不改的，将永久载入经营异常名录，不得恢复记载于商事登记簿，并以注册号代替其商事主体名称。商事主体载入经营异常名录的信息，商事登记机关将通过统一的商事主体登记许可及许可审批信用信息公示平台予以公示，社会公众及许可审批部门可以通过这个平台进行查询。

载入经营异常名录后并不免除商事主体的法律责任，如有纠纷和债务，仍可依法予以追诉。商事主体载入经营异常名录后，不免除商事主体及其投资人、高管人员等的法律责任。对商事主体载入经营异常名录负有个人责任的投资人、负责人、董事、监事、高级管理人员的信息将纳入信用监管体系。商事主体被永久载入经营异常名录，不得恢复记载于商事登记簿，商事主体还应当依法办理注销登记。实行经营异常名录制度后，将继续保留吊销制度。经营异常名录制度，在法律效力上并未改变商事主体的法律责任和法律关系，其实质是转变监管思路，用影响商事主体信用的方式对其进行监管。与传统监管方式相比，成本更低，灵活度更高，对商事主体的行政干预更小。①

（六）创新登记方式，推行全流程网上商事登记

2012年10月，深圳市出台了《若干规定》，其中第二十四条明确规定："商事登记推行网上申报、受理、审查、发照和存档。电子档案、电子营业执照与纸质形式具有同等法律效力。"

---

① 易东、何泳、于波、王莺翘：《轻微违规处罚　变得灵活方便》，《深圳特区报》2012年11月22日。

在传统的商事登记模式下,企业设立申请最长需要20天才能领到执照。为进一步提升商事登记效率,减少虚假注册行为,减轻伴随登记量剧增的轮候时间长、窗口压力大等给群众和政府带来的负担,原深圳市市场和质量监督管理委员会于2013年4月研究并确定了全程电子化的顶层设计和实现路径,并于2013年8月正式推出全流程网上商事登记,通过技术和管理模式的创新,进一步拓宽企业的办事渠道,节省企业办事成本,提高政府工作效率,提升政府登记服务水平。

考虑到中国《电子签名法》规定由第三方认证机构确认电子签名的有效性,同时考虑到银行的网银数字证书具有同样功能、大众普及度高且可免费办理,原深圳市市场和质量监督管理委员会决定采用证书授权机构的数字证书和创新引入银行的个人网银数字证书作为全流程电子签名的介质,制定出了全流程网上商事登记系统的设计原型,并正式投入开发工作。

全流程网上商事登记是指申请人通过互联网提交电子申请材料,商事登记机关实行网上受理、审查,颁发电子营业执照或电子通知书,保存电子档案的全流程电子化登记模式。采用了全程无纸化、电子化的设计,申请人无须到达现场提交纸质材料,股东可远程电子签名,登记机关网上审批、发放电子营业执照、保管电子档案等等,改变了过去提交纸质件窗口申报,提交住所使用证明的登记审核方式,实现申请人足不出户即可办理营业执照,推动商事主体登记注册从传统窗口走向虚拟窗口,从线下走到线上,从面对面走到键对键。

(七)实行企业信用信息公示,构建事中事后监管的新体系

1. 建立统一的商事主体信息公示体系

由于现有的商事主体信息是各部门各自为政,市民查阅不方便,因此整合现有的政府商事主体信息公示平台和渠道,建立统一的商事主体登记及许可审批信用信息公示平台,推动服务型政府行政一体化,就显得十分迫切和必要。① 政府可通过对现有的较为完备的

---

① 张虹:《深化数据应用 助力改革发展》,《中国工商报》2014年3月15日。

相关信息平台进行整合，建立统一的商事主体登记及许可审批信用信息公示平台，用于发布商事登记、许可审批事项及其监管信息。政府相关部门当按照需求导向、供方响应、协商确认、统一标准、保障安全、无偿共享原则实现信息互通、共享。深圳市依托现有的深圳市政务信息资源共享电子监察系统，建立了统一的商事主体登记及许可审批信用信息公示平台，汇总商事主体各方面信息，全方位系统公示商事主体信息，包括商事主体登记、许可审批、监督管理、信用记录、违法违规记录等信息。同时依托该平台，在税务、银行、保险、进出口、出入境等各方面加强对违法经营者、中介机构、投资人、商事主体高级管理人员等的信用约束。

2. 构建事中事后监管的新体系

按照"谁审批、谁监管，谁主管、谁监管"的原则，推动政府管理模式由重审批、轻监管和以批代管向强化事中事后监管转变。深圳市委、深圳市政府研究制订并发布《关于制定实施商事登记制度改革后续监管办法的工作方案》，并同时公布了《深圳市商事主体行政审批事项权责清单》。深圳市政府各相关部门根据方案及清单所列商事主体行政审批事项，逐项制定了监管办法，以"谁审批、谁监管，谁主管、谁监管"为原则构建了事中事后监管体系，加快实现各部门监管事项清单化和监管行为的标准化、规范化，维护市场秩序，促进市场公平竞争。

第二节　乘风破浪　力推改革

2009年，广东省委、省政府深入开展学习实践科学发展观活动，时任原广东省工商行政管理局副局长彭海斌同志，多年来一直在思考和研究商事制度改革问题，面对企业"注册难"的情况，建议原广东省工商行政管理局把商事制度改革作为一项重要的践行科学发展观的调研课题报送给省委，并提出可以在深圳先行先试，时任原广东省工商行政管理局局长卢炳辉同志采纳了这一建议。随后广东省委、省政府将商事制度立法纳入省委、省政府领导班子深入学习实践科学发展观活动落实方案以及《珠江三角洲地区改革发展规划纲要（2008—2020年）》，商事登记制度改革由此成为广东地区优先发展目标之一。① 2010年，《中共深圳市委 深圳市人民政府关于印发〈深圳市2010年改革计划〉的通知》（深发〔2010〕3号）正式将商事制度改革纳入当年改革计划，正式开启了商事制度改革的新篇章。为实现深圳商事制度改革的总体目标，自2010年改革计划下发后，深圳市委、市政府正式启动研究商事制度改革系列工作。

一 深入调研编撰报告

2010年上半年，原深圳市市场和质量监督管理委员会会同市人大法制委、市法制办、市科工贸信委等部门组成商事登记制度改革领导小组，开始组织"商事登记制度改革"课题调研工作。

（一）加强理论研究

为了使深圳商事制度改革立法既符合市情、国情，又能切实解决当前的问题，并与国际主流商事登记方向一致；既能稳步推进，又具有前瞻性，课题调研组查阅了大量资料对商事登记改革立法进行理论研究。同时，为了借助学术理论界的科研力量，课题调研组与深圳大学法学院院长黄亚英教授的团队进行合作，成立了"商事登记制度改革"课题联合调研组，深入研究比较各国的商事登记制度及商事登记改革立法，寻找适合我市经济发展的商事登记模式。课题调研组还围绕商事制度改革专题，多次组织业内专家、企业家召开学术或实务研讨会集思广益，曾邀请包括中国公司法领域的权威专家王保树在内的众多专家学者进行论证分析，开拓改革思路与理论视野。

（二）多方调研

2010年8月，为了解深圳商事登记制度存在的问题是否在全国范围具有一定的共性，课题调研组先后赴武汉、上海、北京等城市工商登记部门进行调研考察，一方面充分调研商事登记制度存在的

---

① 袁作新：《改革商事登记制度 再现特区经济优势——深圳市开展商事登记制度改革探索》，《中国工商管理研究》2013年第1期。

共性问题；另一方面借鉴一线城市在商事登记制度方面的新做法和新动向。2010年9月底，课题调研组赴香港地区拜会公司注册处、食品环境署、屋宇署、中国委托公证人协会等部门，并且远赴英国和德国，考察了国外和中国香港地区的商事登记制度体系建设和法律框架。2010年12月，原深圳市市场和质量监督管理委员会通过多种方式问计于民、问计于企业、问计于各职能部门。利用网络问卷调查等多种方式，全面征集社会各界对商事制度改革的意见和建议。

（三）认真编撰提交调研报告

经过一年多的理论研究和多方调研论证，课题调研组于2011年5月形成了《关于深圳市商事登记制度改革调研报告——对传统营业执照综合管理体制的重大改革创新》，该报告共8.8万余字，从商事登记有关法律术语、我国商事登记制度的历史沿革、我国当前商事登记制度概述、我国当前商事登记的制度缺陷、我国商事登记制度运行中的弊端、其他国家或地区的商事登记制度的比较分析、商事制度改革的改革思路和主要内容、对深圳市商事制度改革的总体评估等八个部分，对深圳商事制度的理论和实践、商事登记改革的总体规划和前瞻进行了详细论述，是深圳商事制度改革的总纲领与商事登记立法的重要支撑，也标志着深圳商事制度改革正式进入了议事日程。

二 迎难而上协调矛盾

商事制度改革内容与现行的法律法规有较多冲突，如改"先证后照"为"先照后证"，改注册资本实缴制为认缴制等，涉及社会公众、政府部门和企业三方的利益，改革过程难免会出现一些新问题和新矛盾。为此，原深圳市市场和质量监督管理委员会在市委、市政府和市人大等相关部门的大力支持下，积极沟通、协调、处理，力争解决各种问题和矛盾。

（一）面对商事制度改革，社会公众准备好了吗

推进注册资本由实缴制改为认缴制，放宽了注册资本登记条件，取消了最低注册资本限制，注册资本不再是创业者的门槛。一般来

说，注册资本的大小决定了公司的资金实力以及可以对外承担民事责任的能力。长期以来，公司高额注册资金都被普通公众认为是具有实力的表现，于是改注册资本实缴制为认缴制后，社会上将出现大量注册资本巨大、实缴能力不足的公司，成为一些不法分子骗人的"幌子"。将注册资本实缴登记制改为认缴登记制，并不是带来骗子的根源，而是其中存在认缴金额等信息不对称问题。为解决这个问题，一方面相关部门推动了企业信用体系的初步建立，加快消除信息不对称，在所有涉及注册资本的地方都公示真实信息，以免误导消费者或投资者；另一方面加强宣传教育力度，让公众清楚注册资金只是公司实力、诚实守信的一小部分内容，即便在商事制度改革之前，也存在虚假注资、抽逃注册资本等现象，而实施认缴制则有效避免了消耗司法资源、降低市场经济主体的制度性交易成本，公众切莫盲目迷信所谓亿元注册资本。①

（二）面对商事制度改革，政府部门准备好了吗

深圳商事制度改革的其中一项内容是变"先证后照"为"先照后证"，商事主体拿到营业执照后，再去办理审批文件；办理证照顺序改变后，监管方式也随之发生改变，由原来的重审批轻监管变为"谁审批、谁监管"。各政府部门能适应"谁审批、谁监管"和行业监管相结合这一原则吗？由于有些行政审批部门管理不到位，有的没有配有相关执法人员，对于"谁审批、谁监管"这一改革，政府相关部门也发出了质疑的声音，能否做好执法监管成了他们担心的问题。②为此，深圳市委、市政府对这一情况进行深入调研，研究通过机构改革、人员调整、工作方式方法改变来适应改革需要；另外，深圳市梳理出商事主体行政审批事项的权责清单，明确各部门对商事主体审批和监管的职权和责任，实现审批与监管相统一；同时，市市场监管局建议由市政府牵头，建立全市统一的商事主体登记及许可审批信用信息公示平台，共享商事主体登记、许可

---

① 盘和林：《以信息公开堵上注册资本认缴制漏洞》，《证券时报》2017年8月3日。

② 广东省政协征编：《敢为人先——改革开放广东一千个率先·政治卷》，人民出版社2015年版。

审批及监管信息,实现跨部门联动监管,打消政府部门的顾虑和担忧。

(三)面对商事制度改革,企业准备好了吗

注册资本由实缴制改认缴制、企业年检改为年报公示制度后,工商部门不再收取验资报告和审计报告了,企业也不用每年年检往工商部门跑了,这对企业来说既减轻了负担又节省了时间。但对于这些改革,大部分企业都能很好地适应,一部分企业却不能很好地适应。其中,注册资本由实缴制变为认缴制、企业年检改为年报,工商部门不再收取验资报告,对注册会计师有着重要影响。对企业而言,就省了验资和审计这部分成本,对会计师事务所而言,将大量减少会计师事务所相应的收入。"你们的一张纸就可以让注册会计师行业的上万人失业。"这是一位在深圳执业超过十年的注册会计师在网上的留言。当时最先提出异议的就是深圳注册会计师协会。针对此情况,原市场监管局袁作新副局长带队会同法制办与注册会计师协会进行了专门的对话和沟通,得到了协会的理解。[①] 改革,总是要触动部分既得利益,总会遭遇阻力,但为了更多企业的利益,有时候只能牺牲少部分企业的利益。

三 上级支持下发文件

深圳是全国改革开放的试验田,负有改革试验田的原生使命,可以充分利用经济特区立法权,在深化改革上具有不可比拟的优势。然而,商事制度改革是对商事登记管理的根本性变革,涉及全国层面的制度设计,因此迫切需要国家层面的大力支持。

2012年3月初,在全国两会期间,时任广东省委书记汪洋同志带领原广东省工商行政管理局相关人员到原国家工商行政管理总局拜会,原国家工商行政管理总局周伯华局长、刘玉亭副局长均对广东省的商事制度改革给予了大力支持;2012年3月10日,原国家工商行政管理总局印发《关于支持广东加快转型升级、建设幸福广东的意见》(以下简称《意见》),明确支持在深圳、珠海横琴新区

---

① 广东省政协征编:《敢为人先——改革开放广东一千个率先·政治卷》,人民出版社2015年版。

开展商事登记制度改革试点。《意见》突出科学发展主题和转变发展方式主线,以"宽入严管"为原则,对市场主体服务放得最宽、权力下放得最彻底、从重审批转向重监管措施最具体,包含了一批首创性政策,充分体现了解放思想、改革创新的要求,完全符合广东的实际和发展需要。①《意见》是对广东省加快转型升级、建设幸福广东的助推加力,有助于完善广东省市场监管和服务体系,放开搞活企业,增强企业活力;有助于广东省加快转变政府职能,推进行政审批制度改革。②上级支持、领导重视是推动商事制度改革的"加速器",自《意见》的印发,深圳商事制度改革驶入了快车道。

《意见》提出了五个大的方面,32条具体措施,其中19条涉及企业注册登记,有12条属于首创性政策突破。意见针对性强,改革创新力度大,是当时原国家工商行政管理总局支持地方经济发展改革创新力度最大、涉及面最广的一份文件。主要有以下几个方面。

(一)推进工商登记管理体制机制改革创新,支持广东在特定区域开展商事登记制度改革试点和注册资本登记改革探索

借鉴国外和香港地区的经验,实行商事登记制度是破除企业登记与前置审批相互渗透,解决部门间职责不清、监管错位缺位等问题的有效途径。《意见》第(九)条充分考虑到广东深圳、珠海横琴新区的特区立法优势、政策先行优势等,提出支持这两个地区在商事登记制度改革方面开展试点,既坚持了改革创新,又积极稳妥,注重实效,具有重大的制度创新示范效应。③

改革注册资本登记制度是提高行政效率,减少"两虚一逃"(虚报注册资本、虚假出资和抽逃出资)违法行为的关键环节。《意见》第(十)条"支持广东省选择条件成熟的一个地市,按照公司注册资本的功能和法律原则,开展注册资本登记改革探索",推动破除注册资本的"玻璃门",为企业发展、社会信用建设提供了新

---

① 李和英、李深、何志明:《工商总局32条政策支持广东转型升级》,《中国商报》2012年4月17日。
② 张冰梓:《构建与港澳相融相通营商环境》,《珠海特区报》2012年3月22日。
③ 钱伟宇:《商事登记制度改革研究》,硕士学位论文,华南理工大学,2012年,第26页。

的动力。①

（二）赋予各项宽松登记管理政策，最大限度地方便企业，促进各类市场主体加快发展，大力提升行政效能

《意见》第（一）条授予原广东省工商行政管理局不含行政区划外商投资企业名称登记受理权，第（二）条放宽了企业登记场所条件，第（三）条放宽了企业名称登记条件，第（四）条放宽企业集团登记条件。这是对市场主体准入的一次大松绑，支持登记体现经营者行业或者经营特点的个性化企业名称，放宽企业名称行业限制用语，进一步支持广东企业做大做强。

（三）从登记体制机制、登记方式方法、特定主体登记条件等方面支持广东进行改革

《意见》第（八）、（十一）、（十二）、（十四）、（十五）、（十七）条，分别支持广东探索建立适应区域经济发展需求、登记权限相对集中的登记管理新体制；支持开展电子化网上登记、年检改革，实现全流程网上操作；支持文化单位转企改制沿用原名称，依法登记经有关部门确认的非货币财产出资等。②

允许个体工商户转为企业可以继续使用原名称、字号，能够妥善解决长期以来个体工商户转企登记"名称"如何有效延续的难题，为广东省个体工商户及小微企业发展上规模、上水平提供有力政策支持。

支持农民以土地承包经营权、林地承包经营权和林木所有权出资设立农民专业合作社，对于广东省农业产业化经营，促进农业和农村经济的全面发展具有重要的现实意义。③

简化港澳台投资者身份证明手续，免予提交公证、认证文件，是原国家工商行政管理总局充分考虑广东毗邻港澳，深化粤港澳台合作的又一重要举措。

---

① 谢思佳：《将在粤设全国首个商标局派出机构》，《南方日报》2012年3月12日。
② 钱伟宇：《商事登记制度改革研究》，硕士学位论文，华南理工大学，2012年，第26页。
③ 谢思佳：《将在粤设全国首个商标局派出机构》，《南方日报》2012年3月12日。

对属广东省委、省政府文件明确的新兴行业，都可支持办理登记，按国民经济行业大类、中类、小类登记皆可，是原国家工商行政管理总局首次对某一省在新兴行业登记方面给予明确的政策指引，充分考虑到广东活跃规范的市场环境，新兴产业不断涌现的实际，将加快广东企业自主创新、产业转型升级的步伐。

鼓励农民开展"农家乐"等旅游服务，鼓励农民开展家庭旅馆经营，在国家层面填补了此前存在的一定政策空白，有利于广东农村旅游产业发展，符合广东农村发展实际。

提出支持优势企业资产重组多项支持性、便利性措施，如"一次性申请多项变更登记"等，能有效降低企业兼并重组成本，最大限度方便企业，也是原国家工商行政管理总局首次明确提出。[①]

（四）坚持"宽入严管"统筹并重，加快完善市场监管体系，全面提高市场监管效能

《意见》第（二十五）条，积极支持深圳、珠海、汕头推动特区立法，开辟市场监管体系建设的"新特区"。支持广东省结合产业政策，突出发展重点，扶持优势企业，完善监管，构建更加符合广东市场发展实际的市场监管制度体系。第（二十六）条对原广东省工商行政管理局开放共享原国家工商行政管理总局数据中心相关数据，支持全国各地工商行政管理部门向广东公开涉粤企业监管执法信息，支持广东省对全国"黑牌"企业数据库中涉粤企业信息的修复工作。第（二十九）条支持广东省研究探索流通领域商品质量监管制度改革，支持广东省建立食品安全电子追溯体系，实施食品黑名单制度，第（三十一）条加大对广东省网络市场综合监管平台业务指导、技术支持和资金支持。

四 特区先行研究立法

党和政府历来都非常重视法治建设，党的十五大正式把"依法治国"确定为党领导人民治理国家的基本方略，积极推进社会主义法治建设。随着现行法律体系下的商事登记制度不再适合深圳日新

---

① 谢思佳：《将在粤设全国首个商标局派出机构》，《南方日报》2012年3月12日。

月异、高速发展的经济社会需要，深圳市委、市政府将商事制度改革作为一项重大改革进行推进，以加快政府职能转变、创新政府监管方式、建立公平开放透明的市场规则、保障创业创新。依法治国、依法改革是政府推进的依法行政、依法治理工作的基本原则和依据，更是商事制度改革的基本遵循。采取立法先行，制定《若干规定》，再根据《若干规定》进行改革，是商事制度改革的法治化建设的钥匙。《若干规定》的起草和配套法规及规范化体系的建设过程，就是商事制度改革的法治化的过程，包含了对原法律体系的否定和新的法律体系的重构，涉及商事制度改革的方方面面。

（一）《若干规定》的立法过程

深圳商事制度改革面临着改革内容与当时的法律法规相冲突等问题，根据《立法法》第九十条第二款的规定，"经济特区法规根据授权对法律、行政法规、地方性法规作变通规定的，在本经济特区适用经济特区法规的规定"。深圳作为经济特区，可以先行先试，利用特区立法权对现有法律法规（包括《公司法》《公司登记管理条例》）的规定进行了大幅度的颠覆或重建。为了取得立法支持，2012年9月，原市人大周光明副主任带领市人大、市法制办、市市场监管局，就《深圳经济特区商事登记若干规定》有关立法问题，分别向全国人大常委会法工委、国务院法制办和原国家工商行政管理总局进行了汇报，得到了各级领导的大力支持和充分肯定。在得到全国人大常委的支持后，正式启动《若干规定》的立法工作，《若干规定》借鉴了香港地区关于商事主体登记及监管的先进规定，凝聚了商事登记机关长期的政策储备、理论研究、调研报告的撰写、立法突出矛盾的解决等多个方面的工作成果。2012年10月30日，深圳市五届人大常委会第十八次会议表决通过了《深圳经济特区商事登记若干规定》，并于2013年3月1日正式实施，为深圳市商事制度改革奠定了法律基础。《若干规定》是深圳商事制度改革最根本的法治建设，也是深圳商事制度改革的其他相关法律法规的效力之源。

1. 多措施夯实商事制度改革立法的基础

在商事制度改革前，深圳市市场监管部门积极调动各方面有利因素，针对商事制度改革的部分重点难点进行了先期的准备和沟通工作，为商事登记立法与商事制度改革政策的最终实施夯实了基础。

（1）推进前置行政审批事项的法定化，为商事制度改革立法创造先决条件

为进一步加强服务型政府和法治政府建设，不断深化行政审批制度改革，推进深圳市企业登记前置行政审批事项的法定化，深圳市商事登记机关进行了不懈努力。

近年来，全国的各类火灾事故频发，给人民群众生命财产造成重大损失，广东地方市委、市政府高度重视，省、市工商部门也将消防工作列为市场监督的重点工作，各级登记窗口在办理设立登记、变更登记和年度检查时，经常会遇到是否将"消防审批"定为前置条件的问题。"消防审批"是否为商事登记的前置审批，一直都是企业登记机关与消防部门双方存在分歧的一个重要问题。2009年，深圳市商事登记机关主动与市公安局、消防局进行沟通，与市公安局、消防局共同印发《关于明确工商登记注册涉及消防审批若干问题的意见》（深工商联字〔2009〕2号）明确了商事登记的审核事项，大大方便了非涉及消防公共安全的企业的登记。2010年，为进一步推动全市各前置审批事项的清理，深圳市成立了联合清理企业登记前置行政审批事项协调工作小组，并于2011年7月26日以深圳市政府的名义印发了《关于印发深圳市企业登记前置行政审批事项目录的通知》。经过此次清理，共有80项审批不再作为深圳市企业登记的前置行政审批事项，保留69项企业登记前置行政审批事项，其中深圳市、区两级实施的33项，国务院各部委和广东省级部门实施的36项，此次清理事项减幅达54%。通过确认审批事项、审批机关、审批证件等，进一步明确了深圳市企业登记的前置行政审批事项范围，为商事制度改革时实施主体资格与许可经营资格的分离、将大量前置审批转为后置审批、由"先证后照"转为"先照后证"创造了有利的先决条件，也为商事制度改革立法提供了重要的支持。

（2）政策先行、试点铺垫，为商事登记立法积累经验

商事制度改革的进程并非一蹴而就。按照"政策先行，试点铺

垫"的思路，针对商事登记局部工作、部分行业和领域开展试点，为商事登记立法积累经验。实施"零首付"政策。2009年，深圳出台了试行注册资本"零首付"政策，延长出资期限，为注册资本改革提供了有益尝试。另外，在部分行业和领域进行商事制度改革的试点。2010年12月23日，深圳市政府发布了《转发深圳市市场监管局关于鼓励社会投资促进经济发展方式转变的若干实施意见的通知》（深府办〔2010〕111号），该文件规定在电子商务、互联网类以及前海深港现代服务业合作区的有限责任公司试行注册资本认缴制[①]；在电子商务、基金管理、股权投资及孵化器等行业和前海深港现代服务业合作区试行一个地址登记为多家公司住所。此政策进一步放宽了企业登记的门槛，并对企业登记监管相关的28项措施进行了先行先试，对商事制度改革的方向和内容进行实践和探索，及时发现问题和总结改革的经验，有力促进了后续的商事制度改革和相关立法工作。

2. 商事登记立法模式的选择

对于商事登记立法，从全球的立法模式和商事登记是否独立于具体的法典来看，可以分为商事登记不独立立法的"统一主义"和商事登记单独立法的"分离主义"，但从整体来说，商事登记一般是由体系完整的商事登记立法来规范。

（1）采取商事登记不独立立法的"统一主义"主要有两种模式。第一种是公司法模式。采用这种模式的代表有中国香港，2014年3月3日，中国香港施行新的《公司条例》，该条例旨在改革香港地区的公司法及使之现代化、将涉及公司的部分成文法重新立法，其中包含公司登记的相关内容，成为香港地区商事登记的根本性的法律（值得区分的是，香港地区还有《商业登记条例》，其是对应纳税商业的登记，不是我们所指的商事登记）。第二种是商法典模式。采用这种模式的代表国家有德国，《德国商法典》第一编第二章专章规定了商业登记簿，对登记的管理、登记申请、分营业所登记、登记的公告等进行规范。同时，德国在有关商人、商号、

[①] 肖健、张毓辉：《个人独资企业可冠名"深圳"》，《深圳商报》2011年1月5日。

商事代理及各类商事组织的规定中也涉及商事登记。这种模式的好处在于，有关商事主体所有内容都规定在一部法律之中，法律层级较高，即使有部分辅助性的法规，也不会影响商事登记法律的效力。同时，对各种商事主体登记标准、登记程序比较统一，能兼顾商事主体登记的公平性。其缺点在于商事登记与主体立法合一组成法律体系过于庞杂，登记程序、登记标准等易受到行政环境及新技术影响的往往要经常变动，从而导致法律的修订，而对这种大部头法律的修订往往是一个旷日持久的工程，从而影响商事登记的效率。

（2）采取商事登记独立立法的主要有两种模式。第一种是公司法加单行商事登记立法模式。采用这种模式的代表有中国台湾地区。中国台湾地区的公司法和商事登记法规分别就不同的商事主体登记进行了规定。台湾地区的有限公司、无限公司、股份有限公司的登记由"公司法规"第八章"公司之登记及认许"规定，"独资、合伙方式经营的事业"由"商业登记法规"规定。第二种是商法典或民法典加商事登记单行立法式。采用这种模式的代表国家有日本，《日本商法典》第三章专章规定了"商业登记"，包括管辖登记所、分部所在地登记、登记事项公告、登记及其公告的效力、分公司登记的效力、虚假登记、变更与消灭登记等。[1] 同时，日本还有专门的《商事登记法》这一单行法，就登记所、登记官、登记簿、登记手续、登记变更及登记撤销、电子信息处理等内容进行规定。[2] 这种模式既具有"统一主义"的法律层级较高、登记标准比较统一，能兼顾商事主体登记的公平性的好处；还因为其与商事主体立法的独立，易受到行政环境及新技术影响而导致法律的修订会相对比较容易，从而提高商事登记的效率。

（3）中国内地商事登记立法的现状。从狭义的全国人大制定的法律这个概念来说，商事制度改革前，中国内地尚未出台一部统一

---

[1] 臧博：《我国商事登记制度研究》，硕士学位论文，首都经济贸易大学，2007年，第27页。

[2] 朱慈蕴：《我国商事登记立法的改革与完善》，《国家检察官学院学报》2012年第6期。

各商事主体类型的商事登记立法，在国家层面采取的是按商事主体分别立特别法，并配合以相应的行政法规、部门规章的立法模式。这种模式下，各特别法中都包含有关于商事登记的部分，但与之相配合的行政法规往往是专门的商事登记规定。商事制度改革前，商事登记的法律是一个包含了各种法律、行政法规、地方法规和部门规章组成的十分复杂的体系，其主要组成部分有《公司法》《公司登记管理条例》《外资企业法》《企业法人登记管理条例》《企业经营范围登记管理规定》《公司注册资本登记管理规定》《企业名称登记管理实施办法》《企业名称登记管理规定》《个体工商户条例》《个体工商户登记管理办法》《个体工商户名称登记管理办法》等法律、行政法规和规章。

（4）中国内地的现行商事登记法律体系的弊端。中国内地现行商事登记法律体系的弊端十分明显：一是法律层级低、权威性不高。商事登记立法基本上以行政法规为主，即各类的"登记管理条例"，虽然部分单行法中有关于商事登记的部分，但总体占比较低，以行政法规、部门规章和地方法规所组成的低层次的法律体系严重影响商事登记立法的权威性。二是分散立法造成登记标准不同，显失公平。按照商事主体的类型分别立法的商事登记的法律法规中存在着大量的规定不一致，甚至存在法律法规互相矛盾之处，常常造成登记时标准不一，出现显失公平的情况。这在实践中，对社会生活造成了很大的影响，给社会主义市场经济发展带来了很多的不便。同时，法出多门，立法主体过多使得商事登记的立法受到部门、地域利益的驱动以及行业保护等多种利益的干扰。

（5）就中国内地现状来看，出台完整体系且相对独立的商事登记立法十分重要。从中国各地的具体情况来看，采用在单行法中规定商事登记的"统一主义"情况较多，还没有一个城市采取"分离主义"的模式，但仍然没法克服现行体制的缺点。因此，从这个角度上来说，深圳商事制度改革应该选择"分离主义"的立法模式。从中央层面来说，也已经有"分离主义"的立法规划，即起草一部单独的商事登记法，这项工作从2003年就启动，但十几年过去了，我们还迟迟见不到成果。综合考虑商事登记立法的现状，一部独立于按商事主体类型区分的各种现行法律之外、具有相对统一的标准与程序的单独商事登记立法，不但可以提高商事登记法律体系的权威性，为制定公平合理的商事登记制度打好基础，而且对深圳的商事制度改革而言具有必要性，应该作为我们商事登记立法的首选模式。

3. 突出矛盾的立法处理

在商事登记立法时，涉及经营范围、企业分支机构、个体工商户登记等多个方面存在比较大的争议，针对这些情况采取了灵活的处理策略，具体阐述如下。

（1）是否在立法中明确不再登记经营范围，以及有关经营范围实行备案登记

商事主体的主体资格与许可经营资格相分离（简称为"先照后证"）是商事制度改革的核心理念之一，是为了解决商事登记前置审批多，使商事登记回归主体登记的本质。改革前，企业所有的经营范围，包括许可经营范围都要登记在营业执照上方可经营；同时，在相关民事主体的行为能力的问题上，理论界曾一度认为企业必须在其经营范围内从事民事行为，否则该行为超出其民事行为能力。不登记经营范围的好处是显而易见的，但与此相对的，也有非常大的障碍：一是与国家现行的法律、法规不一致，且与原国家工商行政管理总局的规范性的要求不一致；二是与其他行政部门的衔接存在困难，税务部门必须根据商事主体的经营范围来核定税种；三是给企业的日常经营造成困扰。社会上区分一个企业能做什么、不能做什么时，往往是根据其经营范围来判断，且企业在招投标时，是否具备招投标的资格往往也与其经营范围挂钩。因此，采取了将经营范围作为商事登记的备案事项的折中做法，经营范围不体现在营业执照上，但在企业的基本登记信息中仍然予以公示。

（2）分支机构是否需要登记

从根本上来说，商事登记进行的是主体资格的登记，分支机构不是独立的民事主体，原则上凭该商事主体的主体资格证明即可从事经营，为此，最初的设想是取消分支机构登记制度，允许企业在住所以外的其他场所自由从事经营活动。企业因经营需要在住所以

外的其他场所设立分支机构的，可凭企业登记证副本从事经营活动，无须企业登记部门审批；企业自愿申请设立分支机构的，依行政服务项目程序进行备案，核发《分支机构备案登记证》。中国香港地区的商事登记就不存在分支机构登记的问题，但分支机构不登记也存在与税务部门衔接的问题。为此，在分支机构是否需要登记的问题上采取了部分取消的方式：同一个辖区内，因为税收征收部门也相同，分支机构可以采取将其经营场所登记在其商事主体的营业执照上，无须单独办理分支机构营业执照；但分支机构与其隶属的商事主体不在同一个行政区域的，必须办理分支机构登记。

(3) 个体户是否需要登记

个体户的本质是个人经营，根据"天赋商权"的理念，其商事主体已经存在，没有独立登记的必要，公民以本人名义从事经营活动的，豁免商事登记。对法律、行政法规没有禁止或限制的经营项目，公民可以本人名义从事经营，无须企业登记机关批准。对法律、行政法规限制经营并设定行政许可的项目，公民可凭行政许可实施机关颁发的许可证、审批文件或其他表明其经营资格的文件经营，无须企业登记机关批准。同时，支持和引导个体工商户转型登记为企业形式，对已核发营业执照的个体工商户，可依自愿原则向登记机关申请变更登记为个人独资企业或一人有限公司，转型登记时可保留其原个体户商号或字号，但是违反相关法律、行政法规的情形除外。受历史因素的影响，中国改革开放以后登记的许多个体工商户，实际上已经不再是一个简单的商自然人，许多已经有着私营企业的特征。通过调研发现，在珠三角地区，个体工商户之间也存在着较大的差异。有的个体户仅仅在商场或者临街租赁一个柜台或门头，经营些简单的日用百货、小商品的买卖，但有些个体工商户不仅有自己的字号，还有着数百万甚至上千万元的经营资产，雇用了数十人甚至上百名劳动者。对于后者，可能在任何国家都无法免除其登记义务。为此，在立法上仍然选择保留了个体户的登记这种方式。

(二)《若干规定》的主要内容介绍

《若干规定》改革了以"营业执照"制度为中心的旧商事登记

制度，建立了与市场经济相匹配的新商事登记制度，其主要内容如下。

1. 明确商事登记、商事主体等基本概念

《若干规定》第三条明确规定，商事登记是指申请人向商事登记机关提出申请，由商事登记机关将商事主体的设立、变更或者注销事项登记于商事登记簿予以公示的行为；商事主体，是指经依法登记，以营利为目的从事经营活动的自然人、法人和其他经济组织。

《若干规定》起草前国家层面的法律、行政法规和部门规章以及司法解释中，都没有关于商事主体或商事登记的概念，商事登记的定义体现了其由"审批许可"向"核准登记"的转变倾向，商事主体的定义则明确了"以营利为目的从事经营活动"来抽象概括商事主体的本质，这在中国商事登记立法中尚属首次，具有重要的意义。①

2. 明确商事登记机关对申请人提交的材料进行形式审查，申请人应当对其提交材料内容的真实性负责

长期以来，中国商事登记实行"折中审查"模式，即"形式审查为主、实质审查为辅"。但在登记实践中，受现实条件制约，对实质审查的边界难以把握，造成实质审查的自由裁量权较大，既增加了申请人负担，同时在当前尚不完善的追责制度下，登记机关也承担着权责不对等的执法风险问题。明确商事登记的形式审查原则，有利于提高经济效率、减少登记申请人的成本，有利于登记机关在职权能力范围内履行审查职责，也有利于树立商事主体的自身信用意识，加强信用体系建设和事后的监管。②

3. 明确商事登记的具体办理时限

《若干规定》规定，申请材料不齐全或者不符合法定形式的，商事登记机关应当自收到材料之日起一个工作日内一次性告知申请

---

① 王德河：《从"审批许可"到"核准登记"——详解深圳、珠海商事登记制度改革》，《光彩》2013年第4期。

② 《珠海经济特区商事登记条例》，百度百科（https://baike.baidu.com/item/珠海经济特区商事登记条例/7059199?fr=aladdin）。

人需要补正的材料，并说明要求。申请材料齐全，符合法定形式的，商事登记机关应当受理，并自受理之日起三个工作日内予以登记并颁发营业执照。商事登记机关在三个工作日内不能完成登记的，经商事登记机关负责人批准，可以延长三个工作日。明确商事登记机关办理商事登记，不收取登记费用。①

《若干规定》进一步缩短了办照时限，使申请人办事有了良好的心理预期，是服务型政府建设的具体表现，有利于营造法治化、国际化的营商环境。

4. 明确商事主体的经营范围由章程、协议、申请书等确定

商事登记机关应当参照国民经济行业分类标准制定经营范围分类目录，为申请者提供指引。

长期以来，经营范围的问题一直困扰着企业及企业登记机关。一方面，企业和登记机关均需要花费大量的成本来明确经营范围；另一方面，随着经济社会的迅速发展，交易活动愈加频繁，新兴行业和新型业态层出不穷，现行国民经济行业分类不能满足形势发展要求，企业经营范围的核定也就成为一个难题。根据《若干规定》，商事主体的经营范围不再作为登记事项（改为备案事项），将确定经营范围的权利交回给了企业，体现了商事登记从"审批许可"向"核准登记"的转变，也体现"有限政府"的转变。通过经营范围的改革，进一步厘清政府与市场的关系，引导商事主体自主经营、诚信经营，营造诚实守信的营商环境。改革后，营业执照上不再记载企业的经营范围，社会公众可以通过企业信用信息公示系统查询。

5. 明确有限公司实行注册资本认缴制度

申请人申请有限责任公司设立登记时，商事登记机关登记其全体股东认缴的注册资本总额，无须登记实收资本，申请人无须提交验资证明文件。

《若干规定》实施前，企业注册资本制度设计存在一些与市场经济发展不相适应的地方，如验资手续烦琐，期限过长，增加了企

---

① 王德河：《从"审批许可"到"核准登记"——详解深圳、珠海商事登记制度改革》，《光彩》2013年第4期。

业设立的成本；虽然规定股东可以用实物、知识产权、土地使用权、股权、债权等出资，但由于公司尚未成立，设立之初无法完成过户转让手续，公司的首期出资实际仅限于货币出资，限制了知识产权、非专利技术、股权、债权等社会资源的合理有效利用；货币出资比例等限制不尽符合公司经营的实际；一些验资机构出于逐利目的，与投资人串通，以垫资的方式验资，或出具虚假验资报告等，滋生大量"两虚一逃"（虚报注册资本、虚假出资和抽逃出资）违法行为。① 因此，该注册资本制度设计预期与经济快速发展实际存在一定差距，不能真实反映企业的资产实力，对企业乃至经济发展产生了一定的制约，也带来了影响社会信用和市场经济秩序的制度性问题。探索注册资本登记认缴制度改革，有助于积极破解注册资本存在的"玻璃门"等难题，降低企业进入市场成本，进一步提高行政效率，疏导"两虚一逃"等违法违规行为，为企业发展、社会信用建设提供新的动力。②

6. 明确住所（经营场所）的改革

《若干规定》提出，商事主体设立分支机构的，分支机构经营场所与商事主体住所不一致且在特区内跨区的，商事主体应当办理分支机构登记；分支机构经营场所和商事主体住所不一致但在特区内不跨区的，商事主体应当选择办理分支机构登记或者将分支机构经营场所信息登记于其隶属的商事主体营业执照内。③

住所和经营场所问题也是以往企业登记的难题。《若干规定》起草前的登记规定对于场所（住所、经营场所）的要求较为严格（按照原国家工商行政管理总局以往规定，住所证明为自有房产提交房屋产权证复印件、租赁房屋提交租赁协议复印件以及出租方的房屋产权证复印件。有关房屋未取得房屋产权证的，属城镇房屋的，提交房地产管理部门的证明或者竣工验收证明、购房合同及房

---

① 《珠海经济特区商事登记条例》，百度百科（https://baike.baidu.com/item/珠海经济特区商事登记条例/7059199？fr＝aladdin）。

② 王德河：《从"审批许可"到"核准登记"——详解深圳、珠海商事登记制度改革》，《光彩》2013年第4期。

③ 易东、何泳、于波、王莺翘：《我市办理营业执照程序简化 办照门槛大大降低》，《深圳特区报》2012年11月20日。

屋销售许可证复印件；属非城镇房屋的，提交当地政府规定的相关证明），由此带来场地资源利用效率低下等问题，增加了创业投资成本。一些经营者由于住所问题无法办理工商登记，也带来了无照经营等突出问题。商事改革进一步放宽了企业登记的场所条件，在"一址多照""一照多址"方面的积极探索等，有助于解决当前场地登记面临的实际问题，对于促进以创业带动就业、促进中小微企业发展等具有很强的现实意义。①

7. 明确商事登记推行网上申报、受理、审查、发照和存档电子档案、电子营业执照与纸质形式具有同等法律效力

随着科技的发展，计算机技术和网络技术在企业登记中已被广泛使用，电子化已成为商事登记未来的发展趋势。为了适应这种发展，广东省较早就开始了网上登记注册的探索。如 2009 年推行"网上登记注册大厅"，网上预审通过后，申请人带齐需提交的申请材料到登记机关注册大厅提交申请并优先办理。推行"网上申请、双向快递"登记服务，通过快递方式使企业足不出户即可办理工商登记。上述改革主要集中在网上预审，对全流程网上登记，基于国家法律法规对电子执照、行政许可中的电子签名效力等规定的缺乏，则一直未有进展。此次《若干规定》明确规定了电子执照、电子档案的效力，从特区立法上对全流程登记注册电子化予以了保障，有利于推进这项企业登记注册方式的颠覆性变革和重要创新，将引发行政许可网上申请和审批的新一轮改革热潮。②

8. 明确改革企业监管方式

《若干规定》规定了实行商事主体年度报告制度和经营异常名录制度。其中，年度报告制度为商事主体应当按照本规定向商事登记机关提交年度报告，无须进行年度检验。年度报告包括商事主体的登记事项、备案事项、注册资本实缴情况、年度资产负债表和损益表。经营异常名录制度为：商事主体有下列情形之一的，由商事

---

① 《珠海经济特区商事登记条例》，百度百科（https：//baike.baidu.com/item/珠海经济特区商事登记条例/7059199? fr = aladdin）。

② 王德河：《从"审批许可"到"核准登记"——详解深圳、珠海商事登记制度改革》，《光彩》2013 年第 4 期。

登记机关将其从商事登记簿中移出,载入经营异常名录,并纳入信用监管体系:(1)不按时提交年度报告的;(2)通过登记的住所或者经营场所无法联系的。商事登记机关在作出载入经营异常名录决定之前,应当通过本规定第三十六条规定的信息平台告知商事主体作出载入经营异常名录决定的事实、理由及依据,并告知其依法享有的权利。对商事主体载入经营异常名录负有个人责任的投资人、负责人、董事、监事、高级管理人员的信息纳入信用监管体系。

实际上,企业提交年报的改革取代了此前年审的做法。年报制度改革,一方面简化了提交材料,如审计报告、财务报表等;另一方面减少了办事环节,更真实地反映企业的实际经营情况;并且使得商事主体从被检查变为自愿提交报告,体现了商事主体自治的转变。经营异常名录制度主要是改革企业退出机制,过去是逾期年审直接吊销营业执照,现在改为年报逾期后载入经营异常名录,增加了信息公示环节,发挥信用惩戒作用,同时对企业确因疏忽等原因给予救济帮助,进一步完善了商事主体退出机制。①

9. 明确商事登记机关和行政许可审批部门监管职责

《若干规定》进一步明确商事登记机关和行政许可审批部门之间的监管责任,按照"谁审批谁监管"的原则,划分监管责任,切实解决此前"重准入轻监管"而产生的各部门间职责不清、监管错位缺位等问题,提升了部门的整体监管效能,有助于加快行政审批制度改革和政府职能转变步伐。②

10. 明确建立商事主体登记及许可审批信用信息公示平台

《若干规定》提出,由市政府建立统一的商事主体登记及许可审批信用信息公示平台,用于发布商事登记、许可审批事项及其监管信息,实现信息互通。

建设商事主体登记及许可审批信用信息公示平台是商事登记改革的重要支撑,有助于改革的顺利推进,有利于加强社会监管和部

---

① 王德河:《从"审批许可"到"核准登记"——详解深圳、珠海商事登记制度改革》,《光彩》2013年第4期。

② 徐寿昌、项新:《论我国商事登记制度的不足与完善——兼评广东商事登记改革》,《法制博览》(中旬刊)2014年第5期。

门监管,也有利于强化企业信用体系和社会信用体系建设。①

五 制订方案履践致远

经过一年多的研究和充分论证,2011年5月形成了《深圳市商事登记制度改革实施方案》(以下简称《实施方案》),这份文件的出台标志着深圳商事制度改革正式进入了议事日程。

(一)审议通过《实施方案》,部署改革工作

为用足用好《关于支持广东加快转型升级、建设幸福广东的意见》明确的政策措施,做好商事制度改革试点工作,深化深圳市市场监管体系建设,2012年3月22日,原深圳市委书记王荣同志主持召开市五届第六十九次市委常委会议,审议通过了《实施方案》。会议指出,积极推进商事制度改革意义重大,要进一步降低企业的市场准入门槛,加快政府职能转变,创新监管方式,改变重审批、轻监管的状况,探索建立符合国际惯例的商事登记体制,促进市场经济体制完善,再造深圳经济特区制度优势。② 会议要求如下。

一是请张思平同志和各分管副市长牵头,进一步完善改革方案,加强与上级主管部门的沟通协调,积极争取相关政策支持,尽快付诸实施。

二是请市人大就相关改革方案中涉及的法律法规问题加强立法调研,尽快制定完善相关法规,为改革工作提供法律支持。

三是改革方案在实施过程中,涉及部门之间的协调工作,提交市政府常务会议研究解决。

四是相关部门要针对改革方案出台相应的解读文件,对改革中的核心制度涉及做重点阐释,帮助广大群众更好地理解改革的意义和内容。

五是宣传部门要注重为改革营造良好的环境条件,加大宣传力度,引导舆论导向,全面诠释改革的利弊得失,更好地调动各方面

---

① 《珠海经济特区商事登记条例》,百度百科(https://baike.baidu.com/item/珠海经济特区商事登记条例/7059199?fr=aladdin)。

② 郑向鹏、肖意:《深圳今年计划改革项目22项》,《深圳特区报》2012年3月23日。

的积极性，努力形成全社会自觉拥护改革、支持改革、参与改革的良好局面。

（二）市委、市政府出台意见，加快推进改革

2012年5月22日，市委、市政府印发《中共深圳市委 深圳市人民政府关于加快推进商事登记制度改革的意见》，对商事制度改革的工作措施提出以下几点意见。

一是加紧立法跟进，形成有力法律保障。要充分发挥特区立法优势，以特区法规的形式，确立新的商事登记制度的合法性和法律地位。市政府法制部门要会同相关部门加快商事制度改革立法工作进程，草拟商事登记特区法规送审稿报市政府审定后按程序提交市人大审议。完善税务、银行、保险、进出口、出入境等各方面的执法衔接机制。

二是制定配套措施，确保改革全面推进。市商事登记制度改革领导小组要统筹商事制度改革的组织实施，明确在新的商事登记制度下各部门的登记和监管等职责分工，并严格贯彻落实；同时，认真做好商事制度改革的解读和宣传工作，提高公众认知度，营造良好的氛围。市编制部门要按照改革后的各相关部门事权重新划分职责，对许可审批部门审批和监管职能做出调整。各许可审批部门按调整后的职能，制定具体的许可审批和监管配套措施，并抓好落实。

三是妥善做好过渡期制度安排，确保改革平稳推进。按照"有效衔接、稳步推进"的原则安排制度过渡。在商事登记制度的相关立法之前，保证旧版和新版的企业营业执照、已核发的个体工商户营业执照以及各项登记、监管制度等实现无缝衔接。各有关部门要加强与上级主管部门的沟通协调，积极争取政策支持。

四是提供技术支持，确保系统运行顺畅。市政府指定的信息管理部门要依托现有的深圳市政务信息资源共享电子监察系统，抓紧建立与新的商事登记制度相适应的商事主体登记及许可审批信用信息公示平台。各有关部门要通过信息平台实现登记和监管信息互通，协同履行管理职责。实现"三证合一"后，登记机关和税收机关要加强沟通，保证税收登记和征管平稳顺利。

五是加强中介机构的建设和管理，充分发挥中介机构的社会服务作用。完善中介机构管理制度，强化中介机构的连带责任。对消防验收、环境影响评估、卫生学评价、审计、验资等在商事主体登记及许可审批中需由专业机构、专业人员运用专业技能进行资质或资格认定、许可评估的领域，逐步将实质性审查职能转移给中介机构，由中介机构依法独立完成相关工作，并由具有资质的专业人员和专业机构共同承担法律责任。

（三）制定特区法规文件，落实改革举措

《实施方案》审议通过后，市政府依据特区法规颁布政府规章，总体协调指导商事登记改革，商事登记机关在特区法规、市政府规章的框架内制定一系列具体的规范性文件，落实商事制度改革的各项举措。

2012年8月15日，市政府常务会审议通过《深圳经济特区商事登记若干规定（送审稿）》，报送市人大立法。8月28日，市五届人大常委会第十七次会议初审了《深圳经济特区商事登记若干规定（送审稿）》。9月，原市人大常委会副主任周光明带队，会同市法制办、深圳市市场监督管理局，分别向全国人大常委会法工委、国务院法制办和原国家工商行政管理总局汇报《深圳经济特区商事登记若干规定》有关立法问题，得到了各级领导的大力支持和充分肯定。10月30日，市五届人大常委会第十八次会议表决通过了《深圳经济特区商事登记若干规定（表决稿）》，11月14日，深圳市人大正式公布了《深圳经济特区商事登记若干规定》，并定于2013年3月1日正式施行，为深圳市商事制度改革奠定了法律基础。①

（四）制订组织实施方案，做好职责分工与步骤安排

《深圳经济特区商事登记若干规定》自2013年3月1日起施行，为落实商事制度改革各项措施，确保《若干规定》顺利实施，深圳市政府制订《深圳市推进商事登记制度改革工作组织实施方案》。深圳市商事登记制度改革领导小组负责该方案的组织实施工

---

① 广东省工商行政管理局：《广东省商事登记制度改革实践》，中国工商出版社2014年版。

作，做好各部门的职责分工与商改步骤的安排。

(五) 商事制度改革正式实施，颁发第一张新版营业执照

2013年1月，原深圳市市场监督管理局副局长袁作新带队到原国家工商行政管理总局专题汇报新版营业执照的改革构想，得到总局领导的充分肯定。

2013年1月30日，原国家工商行政管理总局在原广东省工商行政管理局召开营业执照版式研讨会，经过充分讨论，最终确定在深圳启用充分体现商事制度改革成果的新版营业执照。

为推进广东商事制度改革试点，按照《深圳经济特区商事登记若干规定》和《珠海经济特区商事登记若干规定》，结合广东的实际，制订了《广东省商事登记营业执照改革方案》。《广东省商事登记营业执照改革方案》中规定了改革后的营业执照四个种类、适用范围、主要记载事项以及其他记载内容，并给出了改革后营业执照的具体样式等内容。

2013年2月20日，原国家工商行政管理总局印发《关于同意广东省商事登记营业执照改革方案的批复》（工商企字〔2013〕36号），原则同意《广东省商事登记营业执照改革方案》，在深圳、珠海启用改革后的新版营业执照。

2013年2月，原深圳市委书记王荣在春节假期后的第一天到深圳市市场监督管理局专门听取商事制度改革专题汇报。2013年3月1日上午，深圳率先在全国实施商事制度改革，原国家工商行政管理总局副局长刘玉亭和原深圳市委原书记王荣亲自颁发改革后的第一张新版营业执照。

第四章 全面推进 力行先试

深圳开展商事制度改革以顺应社会主义市场经济发展规律、注重厘清政府部门职能、尊重市场主体自治为原则，以问题为导向，理性改革，立法先行。2013年3月1日《深圳经济特区商事登记若干规定》正式实施，在上级支持、领导重视、立法先行等多方推动下，探索酝酿3年多的深圳商事制度改革开始全面推进。

在深圳商事制度改革正式实施的当天上午，原国家工商行政管理总局领导和深圳市领导莅临深圳市行政服务办事大厅，亲自颁发了改革后第一张具有法律支撑的新版营业执照。领取第一张新版营业执照的公司法定代表人在接受记者采访时表示，盼着这一天已经很久了，没想到如今在深圳办公司也能像香港那样容易，并且创业者可以放心去经营无须行政审批的事项了。[①] 此外，全国主流媒体竞相报道深圳商事制度改革，其中央视《新闻联播》进行了专题报道，央视《对话》栏目以"改革、活力"为主题进行了访谈。

第一节 登记改革 多点突破

深圳市商事制度改革的出发点是从商事登记制度入手，围绕商事主体登记事项、登记申请模式、监管方式、信息公示等方面进行的一系列改革，旨在探索构建符合国际惯例、同社会主义市场经济发展规律相适应的商事登记制度，为广东省乃至全国商事制度改革积累宝贵经验，并起到示范带动作用。

---

① 苏海强、王莺翘：《颁发全国首张新版营业执照》，《深圳商报》2013年3月2日。

一 主体资格和许可经营资格相分离

(一) 双重登记分离改革

从商事登记制度入手,改革原商事登记制度下商事登记产生的主体资格和许可经营资格双重登记结果,构建商事主体资格和许可经营资格相分离的证明体系,厘清商事主体登记与取得经营权之间的相互关系,建立审批与监管高度统一的新型商事主体登记审批监管制度。[①]

对比改革前,主要存在以下几个方面的变化。

1. 营业执照法律效力变化

改革前,在传统的以"营业执照为中心"的商事制度中,营业执照承载了证明商事主体资格和许可经营权的双重效力,这种制度不仅限制了市场主体的经营自由,一定程度上也抑制了市场活力。改革后,营业执照在法律效力上不再兼具主体资格与许可经营资格于一体,只是作为商事主体的主体资格证明,不再具备许可经营资格的证明功能。创业者依照改革后的商事登记相关规定,依法向登记机关提出申请,经登记机关审核通过后即可取得商事主体资格。商事登记机关根据法人企业、非法人企业、个体工商户等不同类型的商事主体,颁发证明商事主体资格的相应类型的营业执照。

2. 经营范围登记改备案

改革前,营业执照上的登记事项繁多,涵盖企业名称、法定代表人、住所、注册资本、企业类型、经营范围等商事主体基本信息。改革后,营业执照上只登记与商事主体资格有关的必要信息,不再登记经营范围,经营范围改为由章程、合伙协议、申请书等文件加以记载并由商事登记机关公示,取消了束缚商事主体的经营范围登记程序。社会各界可通过更便捷的方式了解企业的经营范围,如通过深圳市商事主体信息公示平台进行查询,改革前后的营业执照样式分别见图4-1和图4-2。

[①] 苏海强:《注册皮包公司后果很严重》,《深圳商报》2013年3月8日。

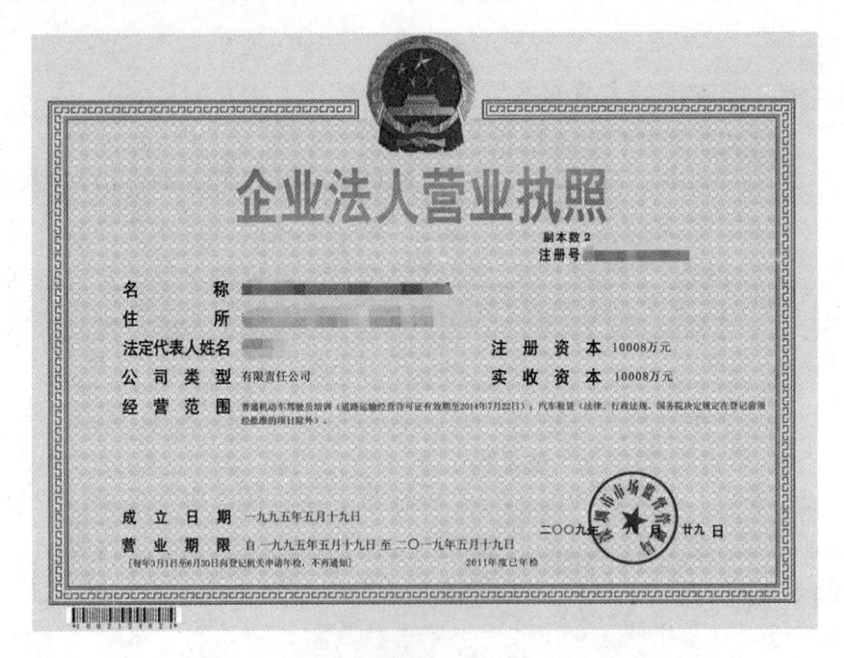

图4-1　改革前的营业执照样式（企业法人）

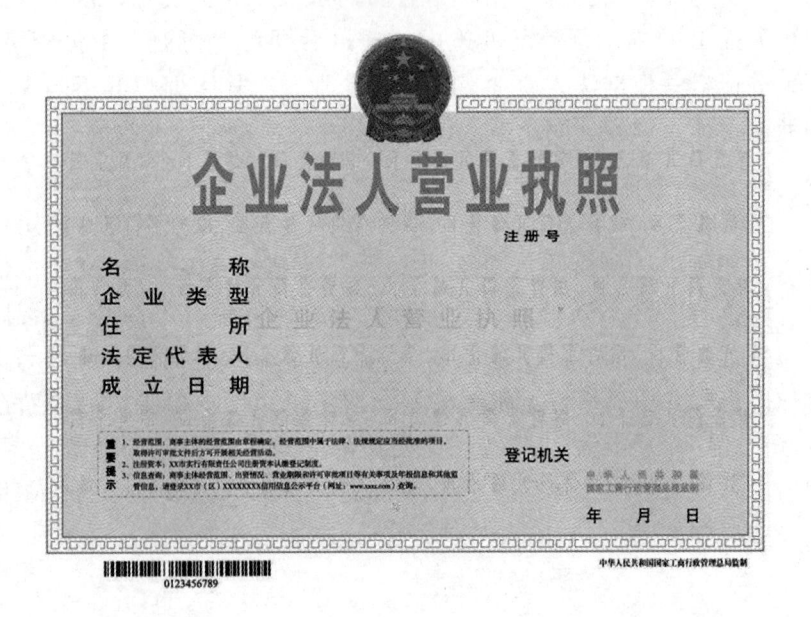

图4-2　改革后的营业执照样式（企业法人）

延伸阅读

改革前,商事主体经营范围登记难的情况令商事主体及商事登记机关感到头疼。主要表现在改革前商事主体和登记机关不仅需要耗费大量的时间和精力来明确经营范围,而且随着改革开放以来深圳经济特区的飞速发展,经济活动越来越频繁,新兴行业和新型业态不断涌现,相对于经济发展而言,国民经济行业分类具有滞后性,难以满足行业发展需求,准确核定商事主体经营范围也更加困难。根据深圳经济特区商事登记立法,商事主体的经营范围不再作为登记事项记载于营业执照上,而是改为备案事项,赋予商事主体充分的经营自主权,体现了商事登记从"审批许可"向"核准登记",以及"有限政府"的转变。通过经营范围的改革,进一步厘清政府与市场的关系,引导商事主体自主经营、诚信经营,营造诚实守信的营商环境。①

3. 改"先证后照"为"先照后证"

改革前,商事登记采取"先证后照"的登记模式,创业者想要获取营业执照(下称"照"),需先向许可审批部门申请取得相应的行政许可证件(下称"证")后,才能到商事登记机关申请办"照"。改革后,商事登记模式由"先证后照"改为"先照后证",大幅降低市场准入门槛,仅少部分涉及前置许可②的商事登记需商事主体凭"证"办"照",大部分商事主体领"照"后就可开展一般经营项目;如果要从事需许可审批的经营项目,需先申请领"证"后,方可从事相关特许经营项目。

---

① 王德河:《从"审批许可"到"核准登记"——详解深圳、珠海商事登记制度改革》,《光彩》2013 年第 4 期。
② 据统计,深圳商事主体登记前置审批事项由原来的 69 项削减为 12 项,其余的取消或改为后置审批(保留的 12 项前置审批主要为金融、外资企业等对商事主体资格的审批)。

延伸阅读

在原来的"先证后照"登记模式中，创业者想要开办一家企业并非易事，需要跨越很多"门槛"，首先要到法律法规规定的相关主管部门申办前置审批许可证，才能再到商事登记机关申领营业执照。在等待许可审批期间，由于创业者尚未取得企业法人资格，开办企业的一些前期准备工作，如招聘员工、洽谈合作、签约贷款等无法顺利开展，进而影响企业开办效率和提高创业成本。改"先照后证"后，由于原来大量前置许可事项被取消或改为后置审批事项，创业者仅需到商事登记机关申领营业执照，就可立即开展一般经营活动，对于许可经营活动，需创业者向相关审批主管部门申请领取许可证。由于取得了证明商事主体资格的营业执照，在取得审批许可证之前，创业者可利用这个时间着手筹备开业前期准备工作，从而为企业早期发展节省时间和成本，进一步激发大众创新创业热情。

4. 审批和监管相统一

改革前，重审批轻监管、以批代管、不批不管的现象屡有发生。改革后，根据"谁审批、谁监管，谁主管、谁监管"的原则，明确了各行政主体对商事主体的审批和监管职责，将政府监管与行业自律相结合，理顺职能配置，实现审批与监管相统一。具体而言，由行政审批部门履行涉及许可审批事项的监管职责，由商事登记机关履行商事登记事项的监管职责；对于商事主体经营事项不涉及许可但有行业主管部门的，由行业主管部门履行审批监管职责，同时不需要设置许可的行业通过行业自律来达到市场自治效果；商事主体经营事项所需许可涉及多个审批部门或行业主管部门的，各部门依法在各自职责范围内履行相应的审批监管职责。

(二) 改革意义及影响

商事主体资格登记与许可经营资格登记相分离，有利于降低商事主体准入的门槛，方便商事主体开办并以自身名义申请特许经营资格；取消了束缚商事主体的经营范围登记程序，清理商事登记前置审批项目，有利于激发商事主体发展活力，促进新兴业态的发展，创造新发展动能，同时有利于减少政府部门的权力膨胀和权力寻租空间，铲除滋生腐败的土壤，提高行政权力运行效率；明确审批监管原则，转变重审批轻监管，以批代管的思维方式，有利于理顺职能关系，明确各部门间权责，实现政府部门对于商事主体审批和监管工作的协调统一，提升商事登记审批监管总体效能。

深圳的此项改革从 2013 年 3 月 1 日起实施，作为广东省商事制度改革试点城市之一，取得了社会广泛认可，推动了全国"先照后证"改革。2013 年 11 月，党的十八届三中全会研究了全面深化改革的若干重大问题，将"推进工商注册制度便利化，削减资质认定项目，由先证后照改为先照后证"写入《中共中央关于全面深化改革若干重大问题的决定》。

二 改注册资本实缴制为认缴制

（一）注册资本登记制度改革

改革有限责任公司注册资本实缴登记制度，实行注册资本认缴登记制度，完善公司内部治理结构，实现资本优化配置。有限责任公司股东的出资方式、出资额、出资时间等内容，均由股东自行约定并记载于公司章程中，商事登记机关不再承担对企业出资情况的审查责任。每一位股东以其出资额为限承担相应的责任，其他股东、公司利益相关人可对企业出资情况进行监督。商事登记机关通过抽查的方式，对不履行出资承诺的企业进行信用公示。[①]

对比改革前后，主要存在以下几个方面的变化。

1. 只需登记认缴注册资本且无须验资

改革前，传统的有限责任公司注册资本必须在法定期限内实缴到位并由依法设立的验资机构验资，然后由商事登记机关登记后在营业执照中记载公示。改革后，公司注册资本实行认缴登记制，商

---

① 广东省工商行政管理局：《广东省商事登记制度改革实践》，中国工商出版社 2014 年版。

事登记机关只登记有限责任公司全体股东认缴的注册资本,不再登记实收资本,也不再收取验资证明文件。① 实收资本到位情况不作为商事主体监管事项。

2. 放宽注册资本登记条件

改革前,中国《公司法》对有限责任公司最低注册资本限额、出资方式、非货币出资的比例、首次缴纳出资的比例等均有强制性规定。② 改革后,有限责任公司全体股东的出资额、出资方式、出资期限和货币出资的缴付比例等均由股东自行约定(法律法规对公司注册资本实缴登记另有规定的除外),并记载于公司章程中,公司对缴纳出资情况的真实性、合法性负责。具体来看,公司可自行决定注册资本总额,不再执行有限责任公司注册资本不低于3万元的规定;可自行规定首次缴纳出资比例,不再执行首期出资额不低于注册资本总额百分之二十的规定;同时公司可自行约定出资期限,不再规定注册资本必须两年内出资到位;理论上可以实现"一元钱办公司",注册"零首付"。

3. 提高资金使用效率

改革前,公司营业执照上的注册资本登记为多少,那么公司的银行验资账户内就要求有相应数量的资金。注册资本实缴需占用公司的营运资金,很大程度上影响了公司的发展和营运资金效率,提高了注册公司的门槛。改革后,注册资本认缴登记不需要占用公司资金,只要在公司章程记载的年限内按期缴清即可,减少了投资项目审批,给予投资人充分的投资自主权,可以有效提高资金使用效率,降低企业的成本。

值得注意的是,注册资本认缴不等于不缴,公司应自行依据公司章程中规定要求进行缴纳,无须在商事登记机关办理注册资本实缴情况登记。认缴制并没有免除公司股东以其认缴的出资额承担责任的义务。如果股东未按公司章程规定实际缴付注册资本的,公司

---

① 何泳、王莺翘:《创业者争尝改革"头啖汤"》,《深圳特区报》2013年3月7日。

② 王雪丹:《有限责任公司资本认缴登记制度解析——以珠三角地区商事登记改革为研究中心》,《暨南学报》(哲学社会科学版)2013年第6期。

和已按时缴足出资的股东（发起人）可以追究其违约责任。如果公司发生债务纠纷或依法解散清算，如资不抵债，股东（发起人）即使未缴足出资，也必须根据其认缴的出资额承担责任。因此，这就要求公司的股东在认缴出资时充分考虑到自身的投资能力，理性地做出认缴承诺，并践诺守信，对缴纳出资情况的真实性、合法性负责，政府不再承担对企业出资情况的审查责任。①

延伸阅读

改革前公司注册资本制度设计存在许多与市场经济发展不相适应的地方，如验资过程烦琐，周期过长，增加了企业设立的成本；允许股东可以用实物、知识产权、土地使用权、股权、债权等出资，但由于公司尚未成立，设立之初无法完成过户转让手续，公司的首期出资实际仅限于货币出资，限制了知识产权、非专利技术、股权、债权等社会资源的合理有效利用；货币出资比例等限制不尽符合公司经营的实际；一些验资机构出于逐利目的，与投资人串通，以垫资的方式验资，或出具虚假验资报告等，滋生大量"两虚一逃"（虚报注册资本、虚假出资和抽逃出资）违法行为。② 总体而言，注册资本实缴制度设计预期同中国经济快速发展实际存在一定差距，无法真实反映一个公司的资产实力，不仅在一定程度上制约了公司的发展，而且阻碍了经济发展，同时也产生了影响社会信用体系建设和扰乱社会主义市场经济秩序等问题。实行注册资本登记认缴制度改革，放宽注册资本登记条件，有助于降低企业设立成本，提高资金使用效率，减少"两虚一逃"等违法违规行为发生，同时可为经济发展、社会信用体系建设提供新动能。

---

① 法律出版社大众出版编委会：《中华人民共和国公司法：实用问题版》，法律出版社2016年版。
② 陆飞立：《企业市场准入制度改革研究》，硕士学位论文，上海交通大学，2013年。

（二）改革意义及影响

注册资本认缴登记制改革有利于降低公司设立成本，减轻公司开办压力，提高资金营运效率，进一步降低市场准入门槛；有利于规范公司注册资本登记管理，引导公司根据实际情况和投资能力自行约定出资，减少虚报注册资本、虚假出资、抽逃出资等违法违规行为；有利于打破"注册资本信用"泡沫，引导利益相关人通过更科学和合理的渠道了解商事主体资信信息，将注意力放在反映商事主体真实偿债能力的经营状况、净资产、对外投资等信息中，有助于完善社会交易安全和诚信体系，切实保护债权人的利益。[1]

2013年11月12日，党的十八届三中全会通过了《中共中央关于全面深化改革若干重大问题的决定》，明确提出"把注册资本实缴登记制逐步改为认缴登记制"，深圳率先推出的注册资本登记制度改革首次被写入国家重要文件。2014年2月7日，国务院印发《注册资本登记制度改革方案》，其改革思路与深圳已率先实施的改革内容高度一致。此外，深圳的注册资本登记制度改革推动了国家层面法律法规的修订。2014年3月1日，国家修订《公司法》《公司登记管理条例》有关注册资本的条款，同深圳的改革一样，注册资本实缴登记制度转变为认缴登记制度，明确商事登记机关只登记公司认缴的注册资本总额，无须登记公司实收资本，不再收取验资证明文件。

三 创新住所（经营场所）登记制度

（一）住所登记制度改革

实行住所登记申报制度，商事主体申请商事登记时不再要求提交住所证明材料，申报的住所信息即作为其住所证明，建立将住所登记与经营场所相分离，以通信地址为住所的住所登记制度，允许"一址多照、一照多址"。具体内容有以下几点。

第一，住所信息自行申报：改革前，住所登记往往需要审查住所用途、使用功能和权属等文件信息，针对不同场所申请人需提交

---

[1] 袁作新：《改革商事登记制度 再现特区经济优势：深圳市开展商事登记制度改革探索》，《中国工商管理研究》2013年第1期。

的相应资料也不尽相同，如登记住所为自有房产的需提交不动产权属证明，登记住所为租赁房产的需提交房屋租赁证，且这些证明材料种类繁杂，窗口经办人员自由裁量权过大。改革后，商事主体登记时，只需自行申报住所信息，无须提交住所证明材料，商事登记机关不再审查住所的用途、使用功能和权属等文件信息，商事主体对住所或经营场所的真实性、合法性负责，确保登记部门和其他政府部门、交易对象、社会公众能够通过该住所与之联系。

第二，住所承载功能单一化：改革前，在原制度下住所与经营场所往往混同登记，使得住所承载的功能较多，承载了除通信地址信息外的其他许多社会管理功能，如住所用途、使用功能、住所权属、卫生条件等。商事登记机关需花费大量的人力物力去核实这些信息的真实性和合法性，明确场地是否符合经营条件，不仅加重登记部门的负担而且严重制约商事登记工作效率，造成办照难。改革后，实行住所与经营场所各自独立的登记管理方式，确定商事主体的住所就是商事主体的通信地址，承载着公示商事主体相关文件的法定送达地和明确其司法和行政管辖地的功能，经营场所是商事主体实际开展经营活动的场所，住所和经营场所可以是相互独立的。①商事主体住所同时也是经营场所的，如不涉及行政许可的，则其是否满足卫生条件、消防安全等法律法规的要求，由业主和经营者依法承担各自的责任。如涉及行政许可的，须向相关部门申请，取得许可审批证明文件后方可凭证经营，但不影响商事主体资格的登记。

第三，允许"一址多照"：对经营范围和经营场所不涉及许可审批的，允许同一地址登记为多家商事主体的住所。同时建立商务秘书公司制度，允许缺乏独立办公条件和经营设施的商事主体进驻秘书公司，以商务秘书公司的住所为商事主体的住所。②

第四，允许"一照多址"：商事主体经营场所与住所地址不一

---

① 易东、何泳、于波、王莺翘：《我市办理营业执照程序简化 办照门槛大大降低》，《深圳特区报》2012年11月20日。
② 陈静波：《深圳商事登记制度优化研究》，硕士学位论文，哈尔滨工业大学，2015年。

致的,且位于深圳市内不同行政区的,商事主体应当进行分支机构登记,将经营场所单独申报作为分支机构;商事主体经营场所和商事主体住所不一致,但位于深圳市同一行政区的,商事主体可选择办理分支机构登记或者将分支机构经营场所信息登记于其隶属的商事主体营业执照内,从而允许出现"一照多址"。① 2020年11月,《深圳经济特区商事登记若干规定》修订后,深圳进一步扩大了"一照多址"增设经营场所范围,允许特区内跨区经营的企业分支机构将其经营场所登记在其隶属商事主体营业执照内。

(二)改革意义及影响

住所登记制度改革首次明确住所只登记住所信息,无须场所证明材料,回归公司住所的本质功能即为公司办事机构所在地、确定司法管辖地、法律文书送达地。实行住所信息自行申报,提高了行政服务工作效能,降低了市场准入门槛。在深圳可用地面积紧张、写字楼租金高昂的情况下,允许"一址多照、一照多址",利用商务秘书公司进行托管,盘活和释放了更多的场地资源,有利于缓解商用场地资源紧缺的问题,有利于促进建筑物资源优化配置,提高场地空间利用率,推动全市场地租金水平下降,从而帮助创业者降低场地成本,激发创业热情。

在深圳的住所登记制度改革实施不久后,相关内容在国家层面进行了规定。2014年2月7日,国务院印发《注册资本登记制度改革方案》,明确了简化住所(经营场所)登记手续的规定——即申请人提交场所合法使用证明即可予以登记,这与深圳实行住所信息自行申报的改革内容基本一致。2020年9月,《国务院办公厅关于深化商事制度改革 进一步为企业松绑减负 激发企业活力的通知》(国办发〔2020〕29号)进一步采纳了深圳的住所登记改革的措施,加大了住所与经营场所登记改革力度,明确推行住所的申报承诺制:"对住所作为通信地址和司法文书(含行政执法文书)送达地登记,实行自主申报承诺制。"

---

① 王晓斌:《深化我国商事登记制度改革研究》,硕士学位论文,华南理工大学,2014年。

四 实施企业名称自主申报登记制度

取得一个合法合规的企业名称是开办一家企业的前提,改革前,企业名称实行名称预先核准制度,企业开办前首先需向商事登记机关申报名称审核,经过较长时间的核准,取得审批后方可开展后续的企业设立登记。这种制度虽然一定程度上规范了市场秩序,但随着商事制度改革的不断推进,新设企业数量快速增长,商事登记机关需要花费大量的时间和精力去审核,名称核准效率不高、企业开办时间较长等问题日益凸显。

为进一步深化商事制度改革,压缩企业开办时间,提升商事登记效率,提高企业名称登记便利化和管理水平,放宽市场准入条件,激发市场主体活力,建立公平开放透明的市场秩序,2014年11月,原深圳市市场和质量监督管理委员会①依据《深圳经济特区商事登记若干规定》及其他有关法律文件,向原国家工商行政管理总局报送了《关于请求授权深圳市开展企业名称登记制度改革试点工作的请示》,在全国率先提出实行企业名称自主申报登记制的改革思路。2015年4月,原国家工商行政管理总局批复同意授权深圳市开展企业名称登记改革试点。2015年6月,原深圳市场和质量监督管理委员会印发关于《深圳市市场和质量监督管理委员会关于改革名称登记管理方式实行商事主体名称自主申报登记的意见》的通知。2015年7月1日,深圳在全市范围内推行企业名称自主申报登记制度。

(一)企业名称申报制度改革

1. 什么是企业名称自主申报登记制度

深圳市自2015年7月1日起正式实施企业名称自主申报登记制度。企业名称自主申报登记制度即企业通过互联网自主申报所需名称,申报登记系统自动生成名称,由改革前的企业名称预先核准变为改革后的企业的自助服务项目,真正实现"我的名称我做主",

---

① 2014年5月,深圳市市场和质量监督管理委员会成立。

维护企业合法权益，维护市场公平竞争秩序。①

具体而言，企业名称申报登记系统设计时，依照商事登记机关出台的《企业名称自主申报规则》中规定的企业名称相关的禁用词和限制情形，在系统中进行相关设置和提示。申请人提交申请的名称若符合申报规则，不涉及禁用词或符合限制性情形的，系统通过后即可使用该名称。一般情况下，企业名称申报可与企业设立登记或变更登记同时进行，不需要实行名称预先申报。特殊情况下，如企业开办涉及前置许可或企业名称核准与注册登记涉及不同商事登记机关的，仍按照名称预先核准申报制度。

企业名称自主申报登记制度的适用对象为办理名称申报业务的深圳市企业（含公司、非公司企业法人、合伙企业以及个人独资企业）。特殊情况下，如需经国家、省工商部门的审核的名称核准事项暂不在此次名称自主申报登记范围。

2. 与传统"企业名称预先核准登记"的区别

（1）申请流程变化：改革前，当时的《公司法》规定企业想要开办公司，必须先办理名称预先核准登记，取得审批后方可办理企业设立或变更申请。改革后，进一步简化了名称申报程序，除企业开办涉及前置许可事项，或名称核准同注册登记涉及不同商事登记机关的企业，仍须实行名称预先核准申报制度外，一般情况下创业者在办理企业设立、变更登记时同企业名称一并填报，无须提前申报名称。

（2）审核方式变化：改革前，传统的企业名称预先核准登记采取申请者在系统前端提出名称预先核准申请，商事登记机关后台人工审核的模式。改革后，商事登记机关对外公示《企业名称自主申报规则》，并在登记系统中设置好名称中的禁用词和限制使用的情形，提醒和引导创业者正确进行企业名称申报，在不违反系统限定要求的情况下，申请人便可自主申报名称，进入后续登记环节。

（3）名称证明文书变化：改革前，创业者提交企业名称申请，

---

① 深圳市市场和质量监督管理委员会：《商事制度改革之一：改革登记审批制度简化登记程序》，2017年2月4日，深圳市市场监督管理局网站（http：//amr. sz. gov. cn/xxgk/qt/ztlm/sszdgg/ss_wdjc/content/post_1959210. html）。

商事登记机关人工审核通过后会发放《企业名称预先核准通知书》，创业者凭通知书才能办理后续的设立或变更登记。改革后，创业者在系统中进行自主申报，申报的名称符合系统设置的条件的，可直接进入企业注册登记或变更环节，商事登记机关不再核发名称证明材料，但因前置审批或其他原因，确需提供纸质名称证明材料的，创业者可登录商事登记机关门户网站下载打印加盖注册业务电子专用章的名称文书，或前往深圳市各行政服务办事窗口免费领取。

（4）放宽名称申报登记限制：放宽名称中使用"国际"字样的限制，允许商事主体根据需要在名称中的行业用语前使用"国际"字样作为行业限定语。放宽名称构成中行政区划的使用限制，允许商事主体根据需要在名称中冠以行政区划或将行政区划置于字号之后、组织形式之前。放宽集团公司名称登记限制，设有不少于2家子公司的商事主体可以在名称中使用"集团"或者"（集团）"字样；允许新设立集团子公司、参股公司在其名称中冠以企业集团名称或简称。放宽名称中不使用行业用语的使用限制。商事主体名称中可不使用国民经济行业类别用语表述企业所从事行业或者省略行业，但应当与同一登记机关核准或者登记注册的（不使用国民经济行业类别表述所从事的行业或者省略行业）商事主体名称中字号不相同。放宽名称中使用"连锁"字样的限制。允许新设立商事主体根据需要在名称中使用"连锁"字样。取消名称变更时限的限制。商事主体名称经申报登记后，可根据实际需要申报变更，登记机关无须审查申报变更的原因。①

（5）缩短名称证明有效期限：为给创业者提供足够的时间准备办理企业设立登记或名称变更事项的相关材料，对于在系统中提示名称申报通过并填报好设立或变更登记信息的，系统会自动保留该名称，最长可保留十个工作日，未在规定期限内提交相关材料申办企业设立或名称变更登记的，申报的名称不再保留。对于企业开办涉及前置许可事项，或名称核准同注册登记涉及不同商事登记机关的，名称证明有效期保持六个月。

---

① 福田政府在线（http://www.szft.gov.cn/msfw/qykb/qzsp/fwsx/content/post_4059030.html）。

（二）改革意义及影响

1. 简政放权，"还权于民"

企业名称属于市场资源，存在一定的市场价值。改革前，企业名称字号资源的配置由政府决定，创业者申报的企业名称须经商事登记机关核准后方可使用。改革后，企业名称由政府审核制变更为由市场自主决定，使企业真正成为独立承担民事责任的主体，充分尊重企业自主选择名称的权利，名称能否使用不再由政府审核，把本应属于市场机制调节、社会自我管理、企业自主选择的事务交还市场，做到还权于市场，还权于企业，使企业实现"我的名称我做主"。

2. 简化登记流程，提高登记效率

改革后，简化了企业名称申报程序，将名称申报纳入登记环节，对于符合相关法律法规规定的，创业者无须办理名称预先核准，可同办理企业设立或名称变更登记时一并申报，实现了名称申报与企业注册登记的无缝连接，进一步提高了商事登记效率。据统计，改革后登记机关的审批时限大幅缩减，与原来相比，审批时限缩减30%以上，大大提高了商事登记工作效率。

3. 强化事中事后监管，助推诚信社会建设

实行企业名称自主申报登记制度后，企业名称由过去依靠登记部门审批核准向重视管理转变，逐步完善名称管理机制，转变了以往"重审批，轻监管"的模式，强化事中事后监管，加大对违法违规使用企业名称等不当行为的监管和惩戒力度，通过制定高效、便捷的纠错措施来纠正不适宜的企业名称，合理有效处理名称争议纠纷，做到"放开后接得上，管得住"。同时将企业信用信息和由法院依法判决、仲裁机构裁决、已生效的行政处罚等合法有效的处罚结果及时向社会公示，引导社会公众在市场交易、项目投资、消费服务等过程中主动查询企业信用信息，形成信用约束机制，推动社会信用体系的构建。[①]

4. 与国际惯例接轨，吸引更多优质企业落户

在依法合规情况下，由创业者自主选择企业名称是国际一贯做

---

① 叶仕春、罗越：《深圳商事制度改革又推重大举措》，《中国改革报》2015 年 12 月 3 日。

法。实行企业名称自主申报登记制度充分尊重和保护企业的市场主体权利，遵循市场经济发展规律，与国际先进经验一致，全面加快推进深圳市商事制度与国际惯例接轨的步伐，吸引更多优质企业前来扎根落户，为企业安心来深投资创业打造对标国际一流的营商环境。

2015年7月1日，深圳作为全国首批试点城市实施商事主体名称自主申报改革。地方层面上，北京市海淀区于2016年2月15日、天津市于2016年6月1日分别试行企业名称自主申报。省级层面上，2016年3月1日，《广东省商事登记条例》发布并生效，在广东省逐步推行企业名称自主申报。国家层面上，2017年4月19日，原国家工商行政管理总局出台《关于提高登记效率积极推进企业名称登记管理改革的意见》，在全国范围内推广实行企业名称自主申报改革。

五 改传统登记方式为全流程网上商事登记

改革传统登记方式，取消传统窗口受理模式，推行全流程网上商事登记模式，建立电子营业执照制度，电子营业执照与纸质营业执照具有同等法律效力，实现商事登记的电子化和网络化。

（一）商事登记方式改革

1. 创新引入"银行个人数字证书"

自2013年3月1日商事制度改革正式实施后，大众投资创业热情被进一步释放，深圳新设立商事主体数量呈现爆发式增长，商事登记量激增的同时给商事登记机关带来了巨大压力。为进一步提高商事登记效率和便利化水平，减少虚假登记行为，优化办事流程，解决办事服务大厅轮候时间久、排队长、窗口压力大等问题，深圳市市场监督管理局于2013年4月开始研究全程电子化的顶层设计和实现路径。全程电子化的难点在于如何进行远程身份确认和签名确认，保障市场主体身份的真实性和有效性。《电子签名法》规定"电子签名是指数据电文中以电子形式所含、所附用于识别签名人身份并表明签名人认可其中内容的数据"，表明电子签名是一种证明当事人身份和内容认可的电子方式。基于该规定并考虑到银行的个人数字证书具有同样功能、大众普及度高且可免费办理,在深圳市标准技术研究院等单位的提议下,深圳市市场监督管理局决定采用电子认证服务机构授权的机构数字证书和创造性引入银行的个人数字证书——"U盾",作为全流程电子签名的介质,制定出了全流程网上商事登记系统的设计原型,并正式投入开发工作。

2. 首张电子营业执照诞生

2013年8月1日,根据《电子签名法》《深圳经济特区商事登记若干规定》等有关法律法规制定的《深圳经济特区网上商事登记暂行办法》正式实施,同时网上商事登记系统正式上线运行,深圳市在全国率先实现内资有限责任公司设立的全流程"无纸化"网上办理,申请人足不出户办营业执照成为现实。深圳市广志文化传播有限公司成为当日首个"网上"诞生的公司。据报道该公司从网上申请注册到拿到电子营业执照,前后仅用了8个多小时。

随着网上登记的实施范围不断扩大,2014年7月1日,原深圳市市场和质量监督管理委员会全面实现全业务、全流程、无纸化网上登记,除个别业务需提供第三方纸质文件存档、客观上无法通过全流程无纸化网上商事登记方式办理外,个体工商户、有限公司、合伙企业、个人独资企业及各类分支机构等多种商事主体类型的设立、变更、备案、注销等全部商事登记业务,均可实现网上办理。①

3. 什么是全流程网上登记

全流程网上商事登记指的是通过商事主体网上申报的方式来办理商事登记、变更、备案等业务,申请人凭银行U盾等有效数字证书,即可通过互联网在线填报相关信息、上传电子申请材料并实现股东电子签名,商事登记机关实行网上受理、审查,颁发电子营业执照或电子登记通知书,保存电子档案的全流程电子化登记模式,电子营业执照、电子档案与纸质形式具有同等法律效力。

在全流程网上商事登记模式下,申请人无须前往商事登记机关办事大厅,无须排队,无须预约,无须准备纸质材料,直接在互联网上提交申请,使用数字证书完成签名认证,商事登记机关实行网

---

① 何泳:《全国首张个体户电子营业执照诞生》,《深圳特区报》2014年7月2日。

上受理、审查、保存电子档案、颁发电子营业执照,全部登记业务均在网上完成。符合条件的,3个工作日审核通过后,即可快速领照。

4. 深圳市全流程网上商事登记亮点

(1) 政务信息化:全流程网上商事登记使商事主体登记注册从以往实体窗口转移到远程网上办事,从线下走到线上,从面对面走到键对键,无须到达现场窗口即可远程提交商事登记申请、进行电子签名,登记机关在网上审批、发放电子营业执照、保管电子档案等等,做到全程电子化、无纸化,并通过特区立法明确规定电子营业执照、电子档案与纸质形式具有同等法律效力,开创了政务信息化的一个新时代。①

(2) 业务标准化:通过标准化的信息填报,股东决议、章程等各种法律文本由系统根据业务规则自动生成,减少人为判断的范畴,使得业务标准化、业务规范化、系统智能化建设相辅相成。

(3) 技术创新化:创新引入了数字证书技术让远程身份确认和电子签名的真实性这一核心问题得以破解。

(4) 办事高效化:利用个人银行U盾使用的普遍性和免费性,取代了需要收费才能获取的个人数字证书、机构数字证书;银行U盾等由银行开发的数字证书,创造性应用于商事登记设立过程中,一方面有效节约了政府行政资源和成本,另一方面大幅提高了商事登记效率。申请人领照时间大大缩减,从过去最长半个多月压缩到1—2个工作日即可领取。

(二) 改革意义及影响

1. 创新商事登记模式

全流程网上商事登记是继商事制度改革启动以后政府服务模式的又一次重大创新。如果说商事制度改革是制度性创新,那么全流程网上商事登记就是登记模式上的创新。它改变了过去"网上登记"线上提交数据、线下提交纸质材料的"两层皮"模式,采用了全程电子化、无纸化的登记模式,申请人可网上提交纸质材料,公

---

① 周文丽、尹小帆:《深圳全流程无纸化网上商事登记模式获赞》,《中国工商报》2015年11月21日。

司股东无须亲自前往窗口签名，登记机关网上审批、发放电子营业执照、保管电子档案等等，属全国首创，为其他地区探索行政服务方式方法改革创新起到积极的示范和带动作用。深圳先行先试积累的经验得到了国家认可，相关内容写入了国务院颁布的《注册资本登记制度改革方案》中，并在全国推广。

2. 提升政府服务效能

建立了新的商事登记管理体系，改变了以许可审批代替过程监管、以静态监管代替动态监管、以前端控制代替后端控制等弊端，有效地调动政府部门的协同管理水平，促进廉政政府建设，提升政府服务效能。通过推行商事主体全流程网上登记，进一步节省企业办事时间，拓宽企业的办事渠道，提高商事登记效率，提升行政服务水平。[①]

3. 吸引外商投资，促进深圳经济发展

大大降低了企业开办和社会投资门槛，为经济发展创造了良好的营商环境。利用我国银行遍布全国乃至全世界的网点，使全国及世界各地的投资者可以使用本地银行发放的个人数字证书，通过深圳市全流程网上商事登记系统远程提交登记申请、进行远程电子签名，便利各方资本来深投资创业，促进深圳市经济发展。

4. 推动社会诚信体系建设

全流程网上登记首次创造性引入银行个人数字证书，既大幅扩大网上登记受惠群体范围，同时也可以加强信用监管。通过银行个人数字证书实现身份验证和电子签名，具有防伪造、防抵赖、防篡改等特点，能提高商事登记的真实性，为后续的商事主体信用监管打好基础，通过申请者的个人信息与商事主体信息的真实关联，可实现商事主体信用体系和个人信用体系的有效对接，从而加强信用监管，推动社会诚信体系建设。[②]

在深圳试行全流程无纸化网上商事登记，建立电子营业执照制

---

① 深圳市编办：《深圳市商事登记制度改革实现六大突破》，《中国机构改革与管理》2013年第11期。

② 毛巧丽：《我国商事登记制度改革问题研究》，硕士学位论文，山东农业大学，2014年。

度半年后,2014年2月7日,国务院印发《注册资本登记制度改革方案》,开始推行电子营业执照和全程电子化登记管理。

六 实行年报和经营异常名录制度

改革传统企业年检制度和监管方式,引入信用监管方式,实行商事主体年度报告制度和经营异常名录制度。

(一) 商事主体年度报告制度

为规范商事主体的年报行为,加强商事主体的信用监管,根据《若干规定》第二十九至三十条中对商事主体年度报告制度相关内容的规定,结合深圳市的实际情况,深圳市市场监督管理局于2013年3月5日印发了《深圳经济特区商事主体年度报告实施办法》。①

该办法规定商事主体应当于每年3月1日至6月30日,向商事登记机关以电子方式提交年度报告(个体工商户可选择者纸质形式提交),无须进行年度检验。规定了不同类型商事主体所需提交年度报告的内容和格式,年度报告的内容主要为商事主体登记、备案情况及上一年度经营状况相关信息。商事主体对年度报告内容的真实性负责,商事登记机关不再审查年报的详细内容,而是通过深圳市商事主体登记及许可审批信用信息公示平台对可公开年度报告信息向社会公示。但商事主体涉嫌弄虚作假,伪造年报信息的,商事登记机关可依法定程序进行查处。对未能按时提交年度报告的,将其从商事登记库中移出,载入经营异常名录,加以信用监管。

年报制度改变了企业年检制度的监管性质与功能,突出其公示服务、信息公开功能,有利于减少对商事主体的监督检查,强化政府行政服务。改革前,行政机关对商事主体进行的年检,审查材料繁杂,如审计报告、财务报表等,并存在虚假申报等问题,实际效果差,行政成本高。改革后,实行的商事主体年报制度是商事主体按时提交年报信息,商事登记机关通过规定的平台依法公示年报内容,便于社会公众查询。将传统年检制度中商事登记机关及相关行政部门的监督检查职能,转变为行政服务职能,使商事主体由"被

---

① 广东省工商行政管理局:《广东省商事登记制度改革实践》,中国工商出版社2014年版。

监督"改为"我愿意"接受监督，突出年报信息公示功能，强化市场主体责任，加强市场主体诚信自律。此外，通过网上自助申报年报，商事主体无须到线下窗口进行申报，进一步简化办理程序，提高了申报年报的便利性和商事主体年报备案的自主性和自觉性。

（二）经营异常名录制度

为了加强商事主体信用监管，完善信用监管体系，降低商事交易成本，促进经济繁荣，根据《若干规定》第三十一至三十五条中对经营异常名录制度相关内容的规定，结合深圳市的实际情况，并借鉴香港公司登记管理中的除名制度，深圳市市场监督管理局于2013年3月4日印发了《深圳经济特区商事主体经营异常名录管理办法》。

改革前，传统监管方式对于商事主体轻微的违法行为处罚过重。例如对未按规定进行年检的企业，给予吊销营业执照的处罚。改革后，转变传统的监督检查、行政处罚管控方式，引入信用监管方式，实行经营异常名录制度。经营异常名录制度是指商事登记机关将有经营异常情形的商事主体列入经营异常名录，在商事主体登记及许可审批信用信息公示平台上向社会公示，从而督促相关商事主体主动进行纠正。[①] 其中，载入经营异常名录的情形共有三种：一是不按时提交年度报告的；二是有关部门通过信息平台或者书面告知市场监督管理部门商事主体通过住所或者经营场所无法联系的；三是通过邮政部门邮寄专用信函，无人签收的视为通过住所或经营场所无法联系。

商事主体被载入经营异常名录，一般是暂时性的，并且规定有一定期限的救济方式和改正途径。载入经营异常名录未满5年，且载入异常名录事由已经消除或撤销的商事主体，可以申请移出；载入经营异常名录满五年的或违反企业名称登记管理规定，经市场监督管理部门责令改正但逾期不改的，则被永久载入经营异常名录。值得注意的是，载入经营异常名录后并不免除商事主体及其投资人、负责人、董事、监事、高级管理人员的法律责任，如有纠纷和债务，仍可依法予以追诉。

---

① 林刚：《深圳商事登记制度研究》，硕士学位论文，华中师范大学，2015年。

经营异常名录制度将依赖行政处罚特别是行政罚款和吊销营业执照来纠正违法行为,转变为善用社会监督方式来加强信用约束,让社会公众对商事主体进行监督,解决了大量商事主体因轻微过失而受严重处罚且无法恢复的问题,引导商事主体加强自身信用建设,保障与商事主体相关的交易相对人、债权人权益,从而有利于促进诚信社会的建设和维护市场交易的安全。①

自2013年3月1日,深圳全面实施商事主体年报制度和经营异常名录制度。时隔近11个月,国务院于2014年2月7日印发《注册资本登记制度改革方案》,提出改革年度检验(验照)制度,并开始在全国推广商事主体年报制度和经营异常名录制度。

七 构建商事主体信息公示平台

《若干规定》第三十六条规定,深圳市人民政府应当通过政务信息资源共享电子监察系统建立统一的商事主体登记及许可审批信用信息公示平台(简称信息平台),用于发布商事登记、许可审批事项及其监管信息;市相关部门应当按照需求导向、供方响应、协商确认、统一标准、保障安全、无偿共享的原则实现信息互通、共享。商事主体信息平台既是商事登记机关、许可审批部门、商事主体的信息公示平台,也是政府部门、社会公众的协同监管平台,是连接政府部门、商事主体和社会公众的桥梁纽带,在商事制度改革中起到至关重要的作用。

(一)商事登记公示制度改革

改革现行商事登记公示制度,整合原有的政府商事主体信息公示平台和渠道,建立统一的商事主体登记及许可审批信用信息公示平台,实现信息资源的真正共享。

1. 信息公示平台的诞生历程

为保证深圳市商事制度改革的顺利实施,深圳市市场监督管理局利用本部门资源快速搭建了深圳市商事主体登记及许可审批信用信息公示临时平台,并于2013年3月1日上线运行。临时平台简化

---

① 广东省工商行政管理局:《广东省商事登记制度改革实践》,中国工商出版社2014年版。

了商事主体登记及许可审批信用信息公示平台的功能，主要实现了商事主体注册登记信息、经营异常名录信息的公示功能，确保了注册登记和经营异常名录管理工作的正常开展。随后，由当时的深圳市经济贸易和信息化委员会牵头承建的深圳市商事主体登记及许可审批信用信息公示平台于 2013 年 12 月 30 日正式上线运行。

2. 平台功能及配套管理办法

商事主体登记及许可审批信用信息公示平台主要承载了信息公示、查询和互动的功能。通过构建商事主体信息公示平台，改分散公示为集中公示，实现信息资源共享。基于深圳市现有的市政务信息资源共享电子监察系统，将原来各行政部门零散、各自公示的信息（包括注册登记信息、备案信息、许可审批信息、监督检查信息、行政处罚信息、信用记录等），整合到统一的信息公示平台上。商事登记机关、许可审批部门及其他政府部门可以通过该平台，公示法律规定应当公示的商事主体登记、备案、年报、许可审批、监管信息和法律未禁止公示的商事主体信用信息；社会公众可通过该平台集中查询商事主体基本登记信息、备案信息、年报信息、经营异常名录信息、监管信息和许可审批信息等；许可审批部门及其他政府部门可通过该平台实现商事主体登记注册、许可审批和监管信息的互动，进一步加强对商事主体的监督管理，如依托该平台，在税务、金融、进出口、出入境、保险等各方面加强对违法经营者、中介机构、投资人、商事主体高级管理人员等的信用约束。①

此外，为保障商事主体登记及许可审批信用信息公示平台有序运行，深圳市商事登记制度改革领导小组制定了《深圳市商事主体登记及许可审批信用信息公示平台管理办法》，并于 2014 年 7 月 16 日由深圳市政府办公厅转发各部门执行。《深圳市商事主体登记及许可审批信用信息公示平台管理办法》主要明确了相关单位的职责定位和具体分工；规范了商事主体信用信息的公示、共享、使用及管理有关操作；提出政府各职能部门应当充分利用平台信用信息，形成信息共享、监管互动的工作局面，以及建立本部门商事主体信

---

① 何泳、王莺翘：《办营业执照后不能当"撒手掌柜"》，《深圳特区报》2013 年 3 月 26 日。

用约束机制的相关规定。

(二) 改革意义及影响

首先,此项改革扩大了商事主体信息公示范围,建立了一个统一、全面的商事主体信息公示体系,让社会公众及市场交易各方能够全面了解商事主体的登记、许可和信用信息,实现信息资源的真正共享;其次,通过一定的信用约束,对信用差的商事主体产生"挤出效应",使失信者寸步难行,促进社会诚信体系的建设;最后,有利于降低政府行政成本,节约行政资源,减轻企业负担,加强政府各部门之间的合作与联动,推动服务型政府行政一体化。[①]

2013年12月30日,深圳首次引入以信息公示为核心的信用监管理念,建成全市统一的商事主体登记及许可审批信用信息公示平台。2014年2月7日,国务院印发《注册资本登记制度改革方案》,提出构建市场主体信用信息公示体系。2014年10月1日,国务院《企业信息公示暂行条例》颁布实施,提出了全国企业信用信息公示系统的建设、数据的共享和信用约束等方面的问题以及相应的措施,并开始在全国推广建立企业信息公示制度。

第二节　部门联动　合力鼎新

一　"多证合一、一照一码"

深圳率全国之先开展"多证合一、一照一码"改革,从商事主体的营业执照、组织机构代码证、刻章许可证、税务登记证"四证合一"登记模式,到实现多个政府部门"一表申请、一门受理、一次审核、信息互认、多证合一、一照一码、档案共享"的"多证合一、一照一码"登记模式,大大提升了企业开办便利度,高效整合了政务信息资源,加强了政府部门的深度合作,有效促进了信用体系建设。

---

① 深圳市编办:《深圳市商事登记制度改革实现六大突破》,《中国机构改革与管理》2013年第11期。

（一）何为"多证合一、一照一码"

"多证合一、一照一码"是指商事主体的营业执照、组织机构代码证、税务登记证、刻章许可证、社保登记证、统计登记证、住房公积金缴存单位登记等，在商事登记机关一表申请、一门受理、一次审核、信息互认、多证合一、档案共享登记模式的基础上，只发放记载有统一社会信用代码的营业执照，不再发放商事主体的组织机构代码证、税务登记证、刻章许可证、社保登记证、统计登记证等，赋予营业执照具有以上证（照）的全部功能。① 其中：

"多证"指营业执照、组织机构代码证、税务登记证、社会保险登记证、统计登记证和其他被整合的涉企证照。

"一照"指营业执照。

"一码"指法人和其他组织统一社会信用代码，是每一个法人和其他组织在全国范围内唯一的、终身不变的法定身份识别码。统一社会信用代码由国家标准委按照《法人和其他组织统一社会信用代码制度建设总体方案》（国发〔2015〕33号）文件规定，依据《法人和其他组织统一社会信用代码编制规则》（GB 32100—2015）赋予的法人和其他组织的身份识别码，共18位，由五部分构成，其中：登记管理部门代码1位，机构类别代码1位，登记管理机关行政区划码6位，主体标识码（组织机构代码）9位，校验码1位。

"一照一码"是指公司、个人独资企业、合伙企业、各类分支机构和个体工商户在办理设立登记时，不再发放组织机构代码证、税务登记证、社保登记证、刻章许可证等被整合的证照，只发放记载统一社会信用代码的营业执照。

"多证合一、一照一码"改革，就是将上述被整合的证照和登记、备案事项整合为加载统一社会信用代码的营业执照，企业无需再另行办理被整合的证照和登记、备案事项，被整合证照不再发放。

（二）深圳"多证合一、一照一码"改革历程

深圳市"多证合一、一照一码"改革历程见图4-3。

---

① 谭玲娟：《改革两年多　商户增百万》，《深圳商报》2015年7月11日。

```
2013年3月1日          2014年12月1日         2015年6月1日         2015年7月1日
《深圳经济特区商     实现"四证合一"。即营    纳入社保登记，实     率先实现"多证合一、一
事登记若干规定》     业执照、组织机构代码证、   现"五证合一"。       照一码"，统一社会信用
实施，为"三证合       刻章许可证、税务登记证                      代码取代执照号成为商事
一"提供法律依据，    合一。                                      主体唯一的身份号
深圳率先实现
"三证合一"。

2018年6月            2017年10月1日         2017年3月1日        2016年10月1日
在全国统一"二十四   在全面实施商事主体营业执照、组织机     住房公积金缴    将统计登记纳
证合一"基础上，结   构代码证、税务登记证、刻章许可证、      存单位登记纳    入"多证合一、
合深圳实际，又增加  社保登记证、统计登记证、住房公积金      入"多证合一、   一照一码"
了6个证照事项，实    缴存单位登记"多证合一"的基础上，       一照一码"
现了"三十证合一"。  再整合外商投资企业设立备案、对外贸
                    易经营者备案登记、国际货运代理企业
                    备案、检验检疫报检企业备案、原产地
                    证申领企业备案登记等4证，使深圳市
                    "多证合一"的范围拓展到12证。
```

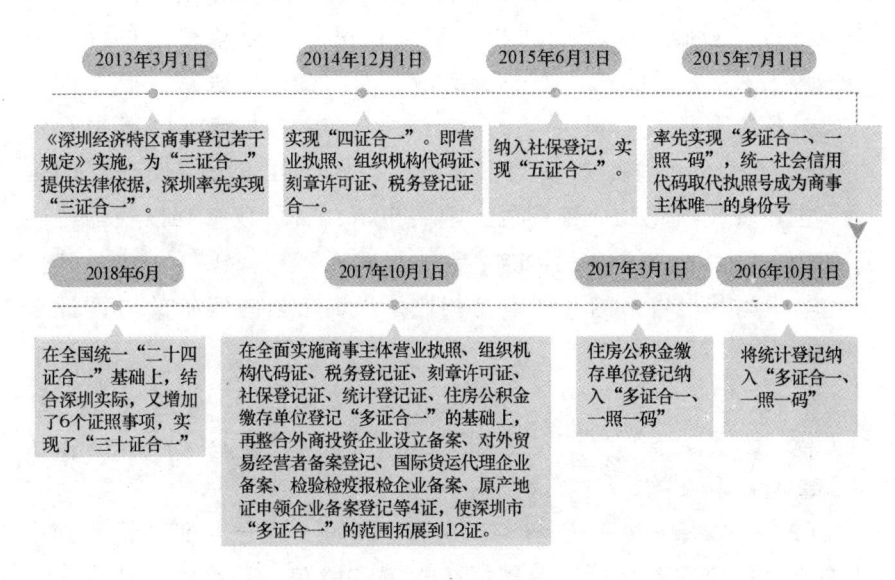

图4-3　深圳"多证合一、一照一码"改革历程

1. 从"三证合一"到"四证合一"

"法者，治之端也"。在商事制度改革的路上，深圳始终坚持"用立法引领改革"。深圳市人大常委会于2012年10月30日通过的《若干规定》中第二十三条规定："推行营业执照、组织机构代码证和税务登记证三证合一的登记制度。"第二十四条规定："商事登记推行网上申报、受理、审查、发照和存档。电子档案、电子营业执照与纸质形式具有同等法律效力。"2013年3月1日《若干规定》的正式实施，为"三证合一"提供了法律依据，并为后续推行"多证合一"改革扫清了"路障"。

在探索"三证合一"改革的过程中，考虑到公安部门颁发的刻章许可证是商事主体在领取营业执照后，进行税务登记之前必须取得的证照，且刻章许可的申请信息也与商事登记、组织机构代码登记和税务登记基本一致，因此，决定从"三证合一"扩展到"四证合一"，将刻章许可证纳入"三证合一"。同时依托全流程网上商事登记系统，实行"四证合一"的全流程网上办理成为可能。

2014年12月1日，原深圳市市场和质量监督管理委员会联合

原深圳市国家税务局、原深圳市地方税务局和深圳市公安局在全国率先推行营业执照、组织机构代码证、税务登记证和刻章许可证"四证合一"登记模式，即一表申请、一门受理、一次审核、四证同发、信息互认、档案共享的登记模式。申请人只需要填写一份"四证"联合申请书，提交商事登记机关，即可完成"四证"的申请。创业者仅需花几分钟在网上填表申请，就可以拿到以往需往返于四个部门、历时1个月才能拿到的"四证"。

与中国其他省市的并联审批相比，深圳市当时实施的"四证合一"改革有以下六个特点。

（1）"四证"中包含了刻章许可证。全国已经有数十个地区陆续开展"多证合一"的工作，但是只有深圳市将公安系统纳入四证，并且顺利实施；

（2）一次审核、一份档案。其他地区的"联合办证"模式，是由商事主体提交资料后，各部门依次审核档案，并单独存档，深圳则是只有一份档案，只审核一次，模式便利；

（3）全流程无纸化。深圳"四证合一"所采取的方式是网上申请、网上审批、网上发照、电子存档的全流程网上登记方式；

（4）登记与发照分离。按登记与发照相分离的原则将业务职能重新分工，其中相关的行政审核工作由商事登记机关受理人员承担，打印、发证等事务性工作，由组织机构代码管理部门（事业单位）工作人员承担，业务受理通过信息系统全流程网上办理，税务和公安部门逐步退出窗口，最大限度地节约了人力资源，方便群众；

（5）系统整合，信息共享，业务联动。完成了跨部门信息系统的整合。四部门信息化系统架构不同，数据量庞大且技术标准不同，提供技术支持的开发公司也不同。四部门经过不断的协商、统筹规划和设计，最终决定由组织机构代码管理部门承担"四证合一"系统集成工作，顺利实现多部门间大型异构信息系统的信息共享和业务协同，使"四证合一"工作顺利实施，这也为深圳市后续开展机关事业单位、社会组织、工会的"多证合一"工作打下了坚实的基础；

（6）电子证照合一。截至 2014 年 11 月 1 日，组织机构数字证书（ODC）的发放量已突破 20 万，ODC 中包含了电子营业执照、组织机构代码电子副本，下一步将融入电子税务登记证及更多的电子证照，为将来的"多证合一"提供切实可靠的电子信息载体。

2014 年底，深圳的"四证合一"模式入选"深圳十大法治事件"。专家对这项改革给出的评语是——商事制度改革注定是一场持久深入的改革工程，"四证合一"再次将这项工程版本升级优化。[1]

2. 从"四证合一"到"多证合一"

2015 年 6 月 1 日，深圳商事登记服务再一次升级。在原"四证合一"登记模式基础上将社保登记正式纳入商事登记，实现"五证合一"商事登记制度。五证合一政策的实施，意味着深圳的创业者足不出户即可一次性拿到包括社会保险登记证在内的"五证"。深圳市将社会保险登记纳入商事登记，在全国属于首创。[2]

延伸阅读

深圳市人社局相关负责人表示，根据《社会保险法》的规定，每个企业从其成立的 30 日内必须进行社会保险登记。但实际情况却是，很多企业前期并不做登记也不为员工参保，这不但违背了《社会保险法》，还使得员工权益以及企业权益得不到保障。该负责人表示，在给企业办理商事登记的同时核发社保登记证，有助于督促企业履行社保登记义务，提高企业的责任意识，保障企业员工的权益，促进社会的和谐稳定。

2015 年 6 月 1 日，在原深圳市市场和质量监督管理委员会举办的"社保登记纳入商事登记"发布会上，时任深圳市市场和监督管理委员会常务副主任徐友军介绍，从 2013 年 3 月 1 日深圳实施商事

---

[1] 黄付平：《深圳 2014 年度十大法治事件揭晓》，《深圳特区报》2015 年 2 月 12 日。

[2] 《深圳商事登记"五证合一"》，《领导决策信息》2015 年第 23 期。

制度改革到 2015 年 5 月 25 日，深圳新登记商事主体达到 95.05 万户，其中企业 49.81 万户，个体户 45.24 万户，总数较改革前增长了 182%；累计实有商事主体 188.51 万户，在全国大中城市中排名第一，超过了重庆、北京、上海和天津。如果按深圳 1500 万人口计算，深圳每千人拥有商事主体 126 户，创业密度为全国最高。

3. 从多证同发到"一照一码"

在实现"五证合一"的同时，原深圳市市场和质量监督管理委员会积极争取"一照一码"改革试点，获得了原国家工商总局等上级单位的大力支持，批准深圳先行先试"一照一码"改革。

延伸阅读

2015 年 4 月 27 日，国务院《关于进一步做好新形势下就业创业工作的意见》要求，坚决推行工商营业执照、组织机构代码证、税务登记证三证合一，年内出台推进三证合一登记制度改革意见和统一社会信用代码方案，实现一照一码。2015 年 6 月 11 日，国务院批转《法人和其他社会组织统一社会信用代码制度建设总体方案》要求，对新设立的法人和其他组织，在注册登记时发放统一代码，标注在注册登记证照上。法人和其他组织由现行的注册登记代码、组织机构代码分别申领办理，改为一次申领办理，取得唯一统一代码。工商部门自 2015 年 10 月 1 日起实施统一社会信用代码，其他登记管理部门 2015 年底前实施。

根据原国家工商行政管理总局《关于授权深圳市开展市场主体"多证合一、一照一号"改革试点工作的批复》，2015 年 7 月 1 日起，原深圳市市场和质量监督管理委员会、深圳市公安局、原深圳市国家税务局、原深圳市地方税务局和深圳市人力资源和社会保障局，率全国之先推行公司、个人独资企业、合伙企业、各类分支机构和个体工商户"多证合一、一照一码"改革，只发放记载统一社会信用代码的营业执照，不再发放商事主体的组织机构代码证、税务登记证、社保登记证和刻章许可证，营业执照具有以上证照的功能。统一社会信用代码在政府机关、银行、出入境等都可共享，一旦企业出现失信行为，将面临"一处违法，处处受限"。

图 4-4　深圳市首张"多证合一、一照一码"营业执照颁发仪式

延伸阅读

2015年7月1日上午9点，深圳市企业注册局在市民中心市政府行政服务大厅东厅现场演示如何进行"多证合一、一照一码"商事登记。10分钟左右，原广东省委副书记、深圳市委书记马兴瑞向深圳市道生壹创客空间有限公司颁发了深圳市首张"多证合一、一

照一码"商事主体营业执照,图4-4为颁发仪式现场。①

"我们创业者有时候跟国外投资机构谈合作时,他们觉得我们证太多,每次办事都要带好多证。现在就只要一张证了,包含了企业的详细信息。"该公司法人代表代晋说,这项改革大大节省了企业创办的流程,"很多创业者越来越年轻化,商事登记方面不是很有经验,简化流程是很大的便利。现在不用跑窗口,网上就可以办理,这会激发大家的创业热情。"

---

4. "多证合一"范围不断扩大

"六证合一":为继续深化"多证合一,一照一码"改革,《深圳市关于落实国务院办公厅关于加快推进"五证合一、一照一码"登记制度改革实施方案》于2016年10月1日实施,方案在深圳市已实现营业执照、组织机构代码证、税务登记证、刻章许可证和社保登记证"多证合一、一照一码"的基础上,将统计登记纳入商事登记多证合一范畴。

"七证合一":2017年2月28日,在原深圳市市场和质量监督管理委员会举行了住房公积金缴存单位登记纳入商事登记多证合一启动仪式。原深圳市市场和质量监督管理委员会、深圳市住房和建设局、深圳市住房公积金中心等单位领导出席启动仪式。自2017年3月1日起,住房公积金缴存单位登记纳入商事登记多证合一,使深圳商事主体需办理的证照由原工商、质检、税务、公安、社保、公积金多个部门分别核发的证照,改为由商事登记机关核发加载统一社会信用代码的营业执照。当时,国内其他城市尚未将公积金缴存单位登记纳入商事登记多证合一范畴,深圳此举属全国率先。

"十二证合一":2016年10月,李克强总理在国务院常务会议上明确提出,要将更多涉企证照与营业执照整合,开展"多证合一、一照一码"试点,更加便利群众办事创业。根据原广东省工商

---

① 肖意、何泳:《全国首张"多证合一 一照一码"营业执照诞生》,《深圳特区报》2015年7月1日。

行政管理局《关于在全省统一实施"多证合一、一照一码"改革的通知》要求，2017年10月1日，原深圳市市场和质量监督管理委员会进一步拓展"多证合一"范围，在全面实施商事主体营业执照、组织机构代码证、税务登记证、刻章许可证、社保登记证、统计登记证、住房公积金缴存单位登记"多证合一"的基础上，再整合外商投资企业设立备案、对外贸易经营者备案登记、国际货运代理企业备案、检验检疫报检企业备案、原产地证申领企业备案登记等5证，实现了"十二证合一"。①

延伸阅读

时任深圳市企业注册局副局长谭薇解读：商事主体在办理商事登记后，需办理原外商投资企业设立备案、对外贸易经营者备案登记、国际货运代理企业备案、检验检疫报检企业备案、原产地证申领企业备案登记的，自行登录广东省网上办事大厅"多证合一、一照一码"备案管理信息申报相关应用系统补充申报相关管理信息，经商务、检验检疫部门审定或确认接收后，商事主体凭"一照一码"营业执照办理原需使用被整合证照办理的相关业务，被整合证照不再发放。且市企业注册局提醒：自2018年1月1日起，所有企业一律使用加载统一社会信用代码的营业执照，未换的营业执照不再有效。

"三十证合一"：2018年6月，深圳在国家统一的"二十四证合一"的基础上，结合深圳实际，又增加了六个证照事项，实现了"三十证合一"。"三十证合一"在更大范围、更深层次上将涉企证照与营业执照整合，将进一步减少制约创业创新的不合理束缚。

---

① 李佳佳：《深圳从10月起进一步拓展"多证合一"范围》，《深圳商报》2017年9月29日。

延伸阅读

原深圳市市场和质量监督管理委员会主任邝兵表示:"这三十证在深圳涉及的部门众多,连同原深圳市市场和质量监督管理委员会在内共十四个部门负责实施,整合事项情况不一,业务梳理、系统改造的难度都比较大,各部门前期都做了大量准备工作。"改革后,企业将可实现"一表申请、一次登记、一码通行"。通过商事登记系统一次录入企业的登记备案信息,三十证涉及的十四个政府部门实现"登记信息共享、登记结果互认",所有的登记备案信息全部关联到营业执照上的统一社会信用代码,企业凭"一照一码"全国通行。同时,社会公众可实现"一号通查",及时查询了解企业应向社会公示的登记备案信息和信用信息,强化企业信用监管,有效净化营商环境。

"三十证"都有哪些?
- 营业执照
- 分公司营业执照备案
- 组织机构代码证
- 税务登记证
- 社会保险登记证
- 统计证
- 公章刻制备案
- 单位办理住房公积金缴存登记
- 粮油仓储企业备案
- 报关单位注册登记证书
- 外商投资企业商务备案受理
- 农作物种子生产经营分支机构备案
- 再生资源回收经营者备案
- 出入境检验检疫报检企业备案证书

- 第一类医疗器械产品备案
- 第一类医疗器械生产备案
- 房地产经纪机构及其分支机构备案
- 气象信息服务企业备案
- 第二类医疗器械经营备案
- 工程造价咨询企业设立分支机构备案
- 保安服务公司分公司备案
- 物业服务企业及其分支机构备案
- 国际货运代理企业备案
- 深圳市心理咨询机构备案
- 原产地证企业备案
- 旅行社服务网点备案登记
- 劳务派遣单位设立分公司备案
- 资产评估机构及其分支机构备案
- 船舶代理、税务旅客运输代理以及水路货物运输代理业务备案
- 设立出版物出租企业或者其他单位、个人从事出版物出租业务备案

(三) 深圳"多证合一、一照一码"改革的意义

提升企业开办便利度。企业无须再到各部门现场申请已被整合的证照,无须提交多套材料,省时省力;同时,"一照一码"营业执照具有唯一性、兼容性、稳定性、全覆盖性的特征,企业到相关部门办事也只需要携带一张营业执照,无须带数量繁多的证照,办事更简单、方便。

有效整合政务信息资源。实现"一次提交、信息共享",一个部门受理审核,多个部门信息互认,无须重复采集信息,同时将备案信息依托统一社会信用代码统一归集到企业名下集中公示,大大增加了信息的透明度和公开性。

加强政府部门深度合作。实施"多证合一、一照一码",打破了部门的职能界限,使各部门建立起更加紧密的工作联系,通过多项业务审批流程的深度融合、信息化手段的利用,实现了部门之间

信息的即时共享、融合和利用，有助于各部门更好地履行职责，为创新商事制度改革后新型监管模式奠定基础。如市场监管部门和税务部门开展失信联合惩戒，拦截税务非正常户，促使企业依法纳税；公安部门和税务部门通过共享印模库，解决假公章骗取真发票的问题。

促进社会信用体系建设。深圳在推行"多证合一、一照一码"过程中，率先以统一社会信用代码来取代原来的多种证照编号，实行统一社会信用代码制度，有助于促进商事主体在开展各种市场活动过程中采取统一代码进行登记和注册，减少不必要的重复环节。对审批部门来说，代码统一将降低审批难度和成本。更重要的是，政府部门和社会公众可以统一社会信用代码为索引，查询获取商事主体相关的信用信息，实现信用监督的信息化和便利化，有助于提升社会运行效率，促进社会信用体系建设。[1]

深圳率先在全国实施"多证合一、一照一码"，为全国推行"多证合一、一照一码"改革提供了有益的参考和借鉴。在深圳全面推行"四证合一"10个月后，2015年10月1日全国开始推行"三证合一、一照一码"登记模式。在深圳全面推行"多证合一、一照一码"16个月后，2016年10月1日，全国推行"五证合一、一照一码"。

二 审批监管体制机制调整

商事制度改革想要真正成功，离不开科学有效的监管。《若干规定》第二十五条规定："市政府应当深化审批制度改革，按照审批与监管相适应的原则，科学界定和调整相关部门对商事主体及审批事项的监管职责，创新和健全商事主体监管体制。""审批与监管相适应的原则"的正式明确，为创新商事主体监管体制指明了方向。为建立与商事制度改革相适应的监管体制，深圳不断推进配套监管制度改革，创新监管机制，规范监管行为，提高监管效能，把有限的行政资源投入到最需要的监管领域，实现长效化监管。

---

[1] 《深圳"多证合一、一照一码"全程电子化模式成效凸显》，《中国工商报》2015年11月3日第3版。

(一)厘清审批监管职责,出台权责清单

为了做好商事登记改革宽进后的严管,解决监管错位、重审批轻监管等难题,落实《国务院关于促进市场公平竞争维护市场正常秩序的若干意见》,2014年9月1日深圳市编办会同原深圳市市场和质量监督管理委员会及法制办按照"谁审批、谁监管,谁主管、谁监管"和行业监管相结合的原则,在全国率先将深圳市所有涉及商事主体的审批与监管职责加以梳理,出台了《深圳市商事主体行政审批事项权责清单及各部门审批事项的后续监管办法》(以下简称《权责清单》)及第一批商事登记改革后续监管办法。2014年9月1日,原深圳市市场和质量监督管理委员会、深圳市公安消防局、原深圳市交通运输委、原深圳市文体旅游局、深圳市烟草专卖局及深圳市邮政管理局等6个部门根据《权责清单》发布相应的监管办法[1];2014年12月1日,其他19个部门于第二期向社会发布相应监管办法,并公告实施。

《权责清单》一是明确商事登记的前置审批和后置审批,并明确各部门的行政审批权力和责任。此清单覆盖面广,囊括了所有与商事主体行政审批相关的事项,涉及25个行政审批部门共129项审批事项,其中12项属于商事主体登记的前置审批,117项属于商事主体登记的后置审批。此清单明确了各审批事项的审批部门、监管责任部门、审批依据等,统一了审批权力与监管责任。此份权责清单是行政审批权力与责任的一张"明细表"和"对账单"。各审批监管部门对照此清单,逐项制定相应的监管办法,确保监管责任到位,实现监管效能的整体提升。[2]

二是理顺政府行政审批与监管职责。按照谁审批、谁监管和行业监管、属地监管有机结合的原则,将全市所有行政审批部门的审批职能与监管职责加以梳理,明确监管的责任、标准和流程,使原来属于各职能部门的审批监管的职责重新归位,进一步强化监管责任,实现审批与监管相统一。有效地解决部门之间相互推诿、监管错位,有审批、无监管或者有审批、监管十分薄弱的难题,确立了

---

[1] 游春亮,《深圳破题宽进之后如何加强监管》,《法制日报》2014年9月17日。
[2] 苏海强:《深圳开出行政审批权责清单》,《深圳商报》2014年9月2日。

职权统一的政府治理监管的新机制。

三是强化审批监督制度的内外衔接。改革后,原先的大部分前置审批都改为后置审批,商事主体可以先办理营业执照再办理相关的许可审批。《权责清单》确定后置审批目录117项,可以先办执照,但经营前还要进行相关的许可。因为许可是由相关的部门依法依规进行的一项工作职责,所以需要进一步理顺商事登记机关与后续监管部门之间的协调机制。权责清单和各单位的监管办法,将两者衔接起来,注重改革配套措施的衔接,也进一步做好深圳的改革和全国其他地方的衔接。这两个衔接,在全国范围内率先建立起各部门既各负其责又相互协同的工作机制,由单一部门监管向多部门协同监管转变。

自2014年9月1日,深圳出台全国第一个商事主体行政审批事项权责清单及后续监管办法后,《国务院关于"先照后证"改革后加强事中事后监管的意见》于2015年10月13日出台。2016年10月1日,《广东省市场监管条例》实施,2017年1月12日,国务院印发《"十三五"市场监管规划》,相继明确了"谁审批、谁监管,谁主管、谁监管"的监管原则。①

(二)创新协同监管方式,实行"双告知"

2014年11月1日,深圳实施"双告知"制度。所谓"双告知",即办理商事登记时,不仅通过信息平台将其信息推送(告知)给相关许可审批部门,同时通过信用信息平台、短信、书面等方式告知给商事主体,提示商事主体办理许可审批后方可经营。以此构建部门监管信息的共享机制,提高协同监管能力,达到登记和监管的有效衔接,有效推进宽进严管。

具体而言,对经营范围涉及后置审批的申请人,商事登记机关通过信用信息平台、手机短信和书面等方式主动告知申请人,要求申请人书面承诺在取得审批前不擅自从事相关经营活动;同时通过信用信息平台,将涉及行政许可审批项目的商事主体登记注册信息及时告知相关审批部门。对于从事后置许可审批项目经营的商事主

---

① 河永、赖丽英、倪鑫、钟鹤翔:《"创业之都"商事主体总量全国第一》,《深圳特区报》2017年3月1日。

体，可以同步采取三种告知方式：一是在原有的风险提示基础上，实行书面告知签收和短信告知，对采用全流程网上商事登记的商事主体也实行电子签收告知。二是对领取纸质执照的采用书面告知。三是对商事主体法定代表人或负责人采取短信告知。

2015年10月13日，《国务院关于"先照后证"改革后加强事中事后监管的意见》出台，明确全国各地工商部门履行"双告知"职责。

（三）建立信用监管机制，开展联合惩戒

为创新监管方式，着力解决商事制度改革后续监管面临的突出问题，加强事中事后监管，构建完善的商事主体信用监管体系，原深圳市市场和质量监督管理委员会结合《企业信息公示暂行条例》《国务院关于建立完善守信联合激励和失信联合惩戒制度加快推进社会诚信建设的指导意见》等法律法规和文件要求，组织起草《深圳市市场和质量监督管理委员会商事主体信用监管暂行规定》（以下简称《暂行规定》）并于2017年1月22日正式印发实施。《暂行规定》填补了信用监管无章可循的空白，有效整合内部各业务部门的监管制度，实现商事登记监管制度与其他业务部门的监管制度有效衔接，形成覆盖登记监管、广告、市场规范、商标、电子商务、质量、特设、商品交易市场规范管理等各项职能监管制度的信用信息归集、共享和联合惩戒机制。

《暂行规定》一是明确了商事主体信用监管的定义，包括了信息的归集、整合、处理、针对性检查和守信激励失信惩戒；二是明确全委各单位在信用监管的职责分工；三是明确了信用信息的归集和公示范围，将与商事主体相关的自然人信息纳入信用信息的归集范围；四是建立了风险预警机制，通过基础数据和监管发现的动态情况的跟踪或监管需要，对十二项异常情况给予先行介入，先行处置。建立登记与监管联动，针对监管发现异常企业，暂缓登记或在登记时进行从严审核；五是落实守信激励和失信联合惩戒。规定对守信主体实施"绿色通道"和"容缺受理"等便利措施。同时制定并发布《失信惩戒清单》，内容涉及市市场监督管理局7项行政许可项目、4项评优评先项目、1项专项资金扶持，失信惩戒主体涉及 11 大类 17 小类有违法行为的失信主体和相关自然人。相关失信主体将依法在商事登记、行政许可方面受限或从严审核，不能参与评优评先项目评选和获得专项资金扶持，同时，对失信主体在日常检查、专项检查中增加检查频次，列为在线监测、随机抽查工作的重点监督检查对象。

  与传统监管方式相比，信用监管更能适应商事制度改革后商事主体数量激增，亟须加强事中事后监管的新趋势，将政府从大量执法性检查、运动式监管的传统方式方法中解脱出来，通过信息公开降低交易成本，通过信用评价预判风险，通过联合惩戒增加失信成本，从而支撑政府职能转变，强化市场交易主体自律性、加强社会监督，重构政府、市场主体、个人在市场经济中的责任。

第五章　砥砺前行 持续深化

深圳自商事制度改革以来，商事主体总量跃居全国中大城市首位，创业密度高居全国第一，开办企业便利度位居广东省之首，在收获累累硕果的同时，也因登记制度变化而遇到登记信息质量不高（如"虚假登记""虚高注册资本"等），"僵尸"企业和"失联"主体涌现，以及审批与监管制度调整不到位，部门协同监管发挥不充分，社会共治推进缓慢等新问题或后续监管问题。面对问题，深圳处变不惊、主动应对，通过行使特区立法变通权突破上位法，积极破冰，努力去除掣肘市场竞争及主体发展的各种障碍；坚持深化商事制度改革，先后在全市范围内实施"证照分离"、广泛深入实现信息共享和业务协同、推行"三十证合一"、建立"开办企业一窗通"、取消"企业名称预先核准"、深化简易注销改革、推广应用"统一地址库"等多项改革举措；同时深入贯彻信用监管，推进智慧监管、"双随机"监管、联合奖惩等措施，从提高开办企业便利度、提升商事登记质量、便利市场主体退出，以及优化审批与监管衔接，加强事中事后监管等方面持续探索创新，增强企业、群众对全市优化营商环境的获得感。

第一节　立法：坚持法治引领改革

法治是最好的营商环境。对商事制度改革，深圳坚持以法治引领改革，以改革促进法治；以立法先行致力"营造各种所有制主体依法平等使用资源要素、公开公平公正参与竞争、同等受到法律保护的市场环境①"。2012年,深圳出台中国首部涉及商事制度改革的地方性法规——《深圳经济特区商事登记若干规定》,确立了"谁审批、谁监管,谁主管、谁监管"的基本原则;随后通过不断细化规定,并根据改革中出现的新情况进行针对性的法治建设,逐步构建起商事制度改革配套法治体系,见图5-1。时隔七年,深圳对《若干规定》进行了修订,并于2021年3月5日发布实施。此外,《深圳经济特区优化营商环境条例》《深圳市公共信用信息管理办法》等法规规章,也为深圳商事制度改革的持续推进提供了法治加持。

《深圳经济特区商事登记若干规定》

商事制度改革配套法治体系

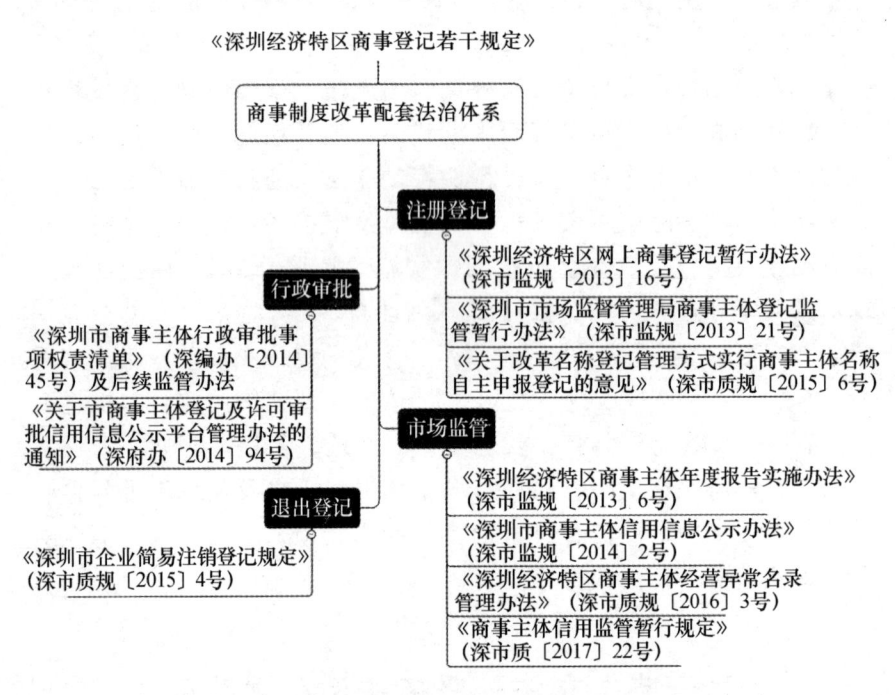

行政审批
- 《深圳市商事主体行政审批事项权责清单》(深编办〔2014〕45号)及后续监管办法
- 《关于市商事主体登记及许可审批信用信息公示平台管理办法的通知》(深府办〔2014〕94号)

注册登记
- 《深圳经济特区网上商事登记暂行办法》(深市监规〔2013〕16号)
- 《深圳市市场监督管理局商事主体登记监管暂行办法》(深市监规〔2013〕21号)
- 《关于改革名称登记管理方式实行商事主体名称自主申报登记的意见》(深市质规〔2015〕6号)

市场监管
- 《深圳经济特区商事主体年度报告实施办法》(深市监规〔2013〕6号)
- 《深圳市商事主体信用信息公示办法》(深市监规〔2014〕2号)
- 《深圳经济特区商事主体经营异常名录管理办法》(深市质规〔2016〕3号)
- 《商事主体信用监管暂行规定》(深市质〔2017〕22号)

退出登记
- 《深圳市企业简易注销登记规定》(深市质规〔2015〕4号)

图5-1 商事制度改革配套法治体系的主要构成

---

① 《中共中央关于坚持和完善中国特色社会主义制度 推进国家治理体系和治理能力现代化若干重大问题的决定》,2019年11月5日,中国政府网(http://www.gov.cn/zhengce/2019-11/05/content_5449023.htm)。

一　《深圳经济特区商事登记若干规定》修订版

新修订的《深圳经济特区商事登记若干规定》①以法规形式对近年来深圳市实施的简易注销、住所托管、商事登记管理联系人制度等进行固化。在此基础上，深圳坚持问题导向，根据国家法律法规，创设了一系列与国际通行规则对接的新制度。②修订实施的《若干规定》主要有以下特点。

第一，提升企业开办便利度。聚焦市场准入环节，通过"减事项、减材料、免登记"，使企业办事更简易、更轻松、更便捷；其中，通过实施个体工商户自愿登记制度，让自然人创业就业更灵活、更有自主权。

第二，完善商事主体退出程序。通过创设除名制度、依职权注销制度、特殊情形代位注销制度等，有效应对"失联商事主体""僵尸商事主体"等问题，净化市场环境，释放经营资源，为新设企业提供更为健康有序的发展空间。

第三，推进港澳跨境经营便利化。针对不涉及外商投资准入负面清单的领域，允许港澳企业直接在深圳办理从事生产经营活动登记，领取营业执照并办理银行开户、税务、海关、外汇账户及审批等事项，便利港澳企业跨境经营。

第四，优化创业创新环境。通过推出"歇业登记制度"，实行"一照多址、一市一照"以及加大名称登记中驰名商标和知名字号的保护力度等，营造更有利于创业创新的市场环境。

第五，健全信用监管机制。通过明确对虚假注册行为人的失信惩戒罚则，完善商事登记撤销登记制度，完善失信联合惩戒机制，加强事中事后监管，强化信用约束作用，维护诚信守法、公平竞争的营商环境。

---

① 《深圳经济特区商事登记若干规定》，2020年11月12日，深圳市人大常委会，（http://www.szrd.gov.cn/szrd_zlda/szrd_zlda_flfg/flfg_szfg/content/post_685910.html）。

② 《积极推动粤港澳大湾区一体化　深圳商事登记四大新变化来了》，2021年3月26日，深圳新闻网（http://www.sznews.com/news/content/2021-03/26/content_24080585.htm）。

此次修订，一是落实国家改革部署。党的十九大报告提出"深化商事制度改革，完善市场监管体制"，国务院就此做了全面安排和专项部署，先后印发了一系列文件。《粤港澳大湾区发展规划纲要》也明确要求"深化商事制度改革，加强事中事后监管"。《若干规定》的修订正是贯彻落实党中央、国务院有关"深化商事制度改革"决策部署的重要举措。

二是与国家和省有关法律、法规相衔接。《若干规定》制定实施后，深圳在"放管服"的重点领域、关键环节"大胆试、大胆闯、自主改"，陆续推出"多证合一"、"秒批"、开办企业"一网通办"等系列超前性改革。其间，推动了《公司法》《公司登记管理条例》《企业法人登记管理条例》《合伙企业登记管理办法》《个人独资企业登记管理办法》《个体工商户条例》等法律、法规和规章的修订；带动了《企业信息公示暂行条例》《无照无证经营查处办法》《国务院关于加强和规范事中事后监管的指导意见》等相关规定先后出台，其中《中华人民共和国外商投资法》更优化了中国涉外商事登记制度；同时，广东省也发布了《广东省商事登记条例》《广东省市场监管条例》等法规，《若干规定》正是跟进国家和省有关商事制度的法律法规而修订。

~~~~~~~~~~~~~~~~~~~~~~~~~~~~~~~~~~

延伸阅读

2020年1月1日，中国《外商投资法》和《外商投资法实施条例》正式实施，设立外商投资企业只需到商事登记机关登记，无须再向商务部门办理审批或者备案。深圳市市场监督管理局为领展物流（深圳）有限公司和深圳小神龙体育科技发展有限公司发出全国首批依据新法核发的外商投资企业营业执照。①

~~~~~~~~~~~~~~~~~~~~~~~~~~~~~~~~~~

---

① 《我国第一部外商投资法今起实施》，《深圳商报》2020年1月1日（http://szsb.sznews.com/attachment/pdf/202001/01/e431e95e-518b-455f-b74a-0ccdfd74a38c.pdf）。

三是为持续优化营商环境。《若干规定》极大地优化了全市营商环境，市场准入门槛降低、商事主体数量迅速增长的同时，市场监管工作也面临新的挑战，如"虚假登记""僵尸企业"等问题与关联风险。深圳为有效解决这些市场痛点、难点，推出了"网上签发营业执照""企业简易注销"等优化措施，对《若干规定》的修订进行固化。例如：少数中介组织在利润的驱使下提交虚假材料，冒用他人住所信息或者采取其他欺诈手段隐瞒重要事实，为严厉打击这类违法违规代办行为，此次修订明确商事登记机关可以撤销登记或者备案；同时还填补了《公司登记管理条例》等上位法缺乏相关罚则的空白，规定"负有主要责任的商事主体负责人三年内不得再担任其他商事主体的负责人""负有责任的受委托办理商事主体登记或者备案的代理人三年内不得再经办商事登记申请"。

二　《深圳经济特区优化营商环境条例》

《深圳经济特区优化营商环境条例》①（以下简称《条例》）于2021年1月1日正式施行。《条例》结合深圳实际设置有9章130项条款，全面规范特区优化营商环境改革，涉及聚焦市场主体全生命周期重点环节、打造高效便民政务服务、营造优质平等经营环境、创新融资便利模式、提升监管执法效能、健全权益保障机制等六大领域，其中四大领域与商事制度及其配套息息相关。

一是聚焦市场主体全生命周期领域。在放宽市场准入、深化商事制度改革、完善市场退出机制等方面，《条例》提出了允许境外专业机构及人才按照规定在深圳提供专业服务、探索推行商事登记行政确认制、推动"多证合一"及"多报合一"、探索建立破产拯救机制等多项创新性改革。

二是打造高效便民政务服务领域。在简化行政审批、提升企业服务、提升跨境贸易便利等方面，《条例》提出了政务服务和行政许可事项清单制度、全面推行告知承诺制、政务服务"一网通办"、

---

① 《深圳经济特区优化营商环境条例》，2020年11月12日，深圳市人大常委会，（http://www.szrd.gov.cn/szrd_zlda/szrd_zlda_flfg/flfg_szfg/content/post_685906.html）。

推进电子印章和电子证照的全面应用、整合数据资源提供跨境贸易综合服务等多项实用性举措，并明确建设全市统一的市场主体服务平台。

三是提升监管执法效能领域。在创新监管方式、明确执法标准、规范惩戒行为等方面，《条例》提出了构建以信用为基础的新型监管机制，推行远程监管、移动监管等非现场监管新模式，制定并向社会公布行政处罚自由裁量的具体标准，制定失信惩戒具体办法并依法依规实施失信联合惩戒等多项明确规定，并严禁多头执法、越权执法、过度执法，避免因多头多次、标准不一导致"执法扰企"等问题。

四是健全市场主体权益保障机制领域。例如，《条例》提出建立信用信息异议制度，市场主体对行政机关做出的失信认定、失信记录、失信惩戒不服的，可依法申请行政复议，行政机关违法采取失信惩戒措施损害市场主体合法权益的应依法承担赔偿责任，以此畅通申诉渠道，并防范信用惩戒行使过多、过滥。

三 《深圳市公共信用信息管理办法》

《深圳市公共信用信息管理办法》[①]（以下简称《办法》）从2017年10月1日起正式施行，旨在规范公共信用信息的管理，推动社会信用体系建设，营造社会诚信环境，建立信用奖惩机制，构建以信用为核心的新型市场监管体系。《办法》从法律层面对"宽进"与"严管"的及时衔接予以保障与指引。

《办法》明确了纳入失信联合惩戒的7种违规行为，但对于在规定期限内纠正失信行为、消除不良影响的，则不再作为联合惩戒对象。根据《办法》的规定，深圳国家机关、群团组织和法律法规授权具有公共事务管理职能的组织对联合惩戒对象可采取行政性约束和惩戒，具体包括：商事登记机关依法不予受理商事登记申请，相关行业主管部门依法不予行政许可审批、限制资质资格；依法限制参与政府资金扶持、表彰奖励，依法限制参与政府采购、建设工

---

① 《深圳市人民政府令（第297号）深圳市公共信用信息管理办法》，深圳政府在线（http://www.sz.gov.cn/zfgb/2017/gb1020/content/post_4953475.html）。

程招投标资格,依法在人员招录等内部管理活动中进行限制,依法列入日常监督检查重点名单,依法限制出境、限制乘坐高级交通工具、限制购买不动产及其他高消费等,以及法律、法规和规章规定的其他惩戒措施。

相关企事业单位、社会团体也将配合这些惩戒措施,对有履行能力但拒不履行的严重失信主体实施限制出境和限制购买不动产、乘坐飞机、乘坐高等级列车和席次、旅游度假、入住星级以上宾馆及其他高消费等行为。此外,鼓励行业协会商会视情节轻重对失信会员实行警告、行业内通报批评、公开谴责、不予接纳、劝退等惩戒措施;支持商业征信机构采集严重失信行为信息,纳入信用记录和信用报告。市、区政府部门则对列入经营异常名录或者标记为经营异常状态、列入严重违法企业名单的商事主体,进行重点监督管理或者实施有针对性监督检查。鼓励商事主体、社会组织向社会公开承诺诚实守信、合法经营。

第二节 登记:简易是不变的宗旨

通过改革登记方式,深圳推动政府从管理型到服务型的转变。深圳市 2013 年 8 月开始试行,2014 年 7 月全面实行的全业务、全流程、无纸化网上商事登记以及建立电子营业执照制度[1],实现了商事登记的电子化和网络化,不仅充分节省了政府行政成本,而且大大提高了窗口办事效率。企业领到执照从最长需要 20 天,到仅需 1 至 2 天甚至 24 小时内。[2] 然而,优化营商环境没有最好,深圳坚持探索创新,为持续优化商事登记流程、提升登记便利,推出更多深化改革举措。

---

[1] 《深圳商事主体总量全国第一》,《深圳商报》2017 年 3 月 3 日 (http://szsb.sznews.com/html/ 2017 - 03/03/content_3735870. htm)。

[2] 《商事制度改革之二:改革登记方式 推动政府从管理型到服务型的转变》,2017 年 2 月 24 日,深圳市市场监管理局网站 (http://amr.sz.gov.cn/xxgk/qt/ztlm/sszdgg/ss_wdjc/content/post_1959201. html)。

一 极简有效的企业开办流程再造

通过改革商事主体登记申请模式，实行"多证合一"登记制度，推行全业务全流程无纸化网上登记等举措，深圳开办企业便利度大幅提升，蝉联广东省第一名，并得到了社会各界的高度评价。为进一步深化开办企业便利度改革，深圳市主动对标最高最好最优，于2019年5月9日印发《深圳市深化开办企业便利化改革工作方案》（深商改〔2019〕1号），提出全面升级"开办企业一窗通"服务平台，设立企业开办专窗（专区），推行个体工商户登记与企业设立"秒批"，推广"深港通注册易""深澳通注册易"服务，推广电子照和章的应用等系列改革举措。2020年8月，发布《深圳市市场监督管理局关于进一步优化营商环境更好服务市场主体的若干措施》，创新推出"试点商事登记行政确认制改革"等进一步提高企业开办经营便利度的有关措施。

（一）登记注册规范化与标准化

标准化建设是流程优化再造的重要前提。深圳实施以标准引领的战略思路，在深化开办企业便利化改革之路上也坚持标准先行，通过不断探索、规范名称登记、经营范围登记、住所登记等业务环节与材料文书等，有序推进企业登记注册流程的规范化与标准化建设。

规范名称登记方面，原国家工商行政管理总局先后批复过深圳市、天津市、福建自贸试验区等六地开展企业名称登记改革试点工作。2015年7月，深圳改革名称登记管理方式实行商事主体名称自主申报登记，并同步出台《商事主体名称自主申报规则》，分别对企业名称及企业分支机构名称的自主申报进行了规范，对企业名称总体及四个组成部分，均明确了基本的原则要求及禁止性、限制性的规定；此外，针对企业名称中行业用语缺乏规范的问题，专门建立了行业用语的参考数据库。一方面提升企业名称登记效率，升级商事主体名称登记管理；另一方面通过放宽商事主体准入条件，激发市场主体活力。基于试点地区改革经验，2017年，原国家工商行政管理总局印发了《工商总局关于提高登记效率 积极推进企业名称登记管理改革的意见》（工商企注字〔2017〕54号），以及《企业名称禁限用规则》《企业名称相同相近比对规则》（工商企注字〔2017〕133号）。为进一步释放企业名称资源，简化企业名称登记流程，降低企业开办成本，2020年12月《企业名称登记管理规定》（国务院令第734号）经国务院常务会议修订通过，自2021年3月1日起施行。

规范经营范围登记方面，深圳建有经营范围用语的参考数据库，加载在企业的登记申请系统中以提供规范化的申请辅导。2017年起，深圳在《经营范围规范表述目录（试行）》的基础上，结合行业习惯、深圳特色，以便利商事主体为主，兼顾政府监管业务与分析等应用需求，探索研究了一套经营范围标准化登记新模式——模板法。[①] 该模式方便、快捷、规范，即在填报经营范围时，系统基于商事主体名称中的行业用语智能推荐相关的3—5个经营范围模板，申请人可直接选择并使用现成模板，亦可在预选模板基础上，对主营业务以外的模板内容进行删减或补充修改，可通过热门事项添加、其他模板添加、许可事项添加、国家标准添加及自定义添加共五种补充添加途径以满足商事主体的个性化需求。该模式在深圳市个体工商户登记领域率先实现应用。2021年，根据《市场监管总局办公厅关于提升信息化水平统一规范市场主体登记注册工作的通知》（市监注〔2020〕85号）要求，自5月21日起，深圳各类市场主体（含企业、农民专业合作社、个体工商户）全面使用全国统一的《经营范围规范表述目录（试行）》办理经营范围登记。

延伸阅读

深圳市经营范围模板以行业用语和经营范围为基础，针对不同业态进行差别化设计。每个模板由五部分构成：1. 模板名称：即模

[①] 谭丽：《通过经营范围标准化提升商事登记效率的方法研究》，《标准科学》2020年第2期，第51—54页。

板适用的业态分类名称，供商事主体基于自身业态选择对应的经营范围模板。2. 模板说明：即适用此模板的商事主体类型的说明。对业态分类从主体角度的进一步解释，以便填报者理解各类模板适用于哪些商事主体。3. 模板内容：即模板业态对应经营范围的通用、规范表述，为填报者提供标准参考，减轻填报难度与填写工作量。4. 模板对应主营经济行业：即商事主体基于模板所选的主营业务在《国民经济行业分类》（GB/T 4754）中对应的经济行业。模板与 GB/T 4754 行业分类进行了关联，帮助商事主体快速填报主营行业。5. 模板相关后置许可项目：即模板内容中的经营范围可能涉及的后置许可项目，帮助商事主体即时了解相关经营许可事项。

规范住所登记方面，2018 年 1 月 1 日，全国首个《社会管理要素统一地址规范》深圳标准（SZDB/Z 281—2017）印发并施行。该标准由深圳市委政法委及原深圳市市场和质量监督管理委员会牵头，联合原深圳市经济贸易和信息化委员会、原深圳市规划和国土资源委员会、深圳市公安局、深圳市住房和建设局、中国电子科技集团等单位共同起草，为每一栋建筑物房屋赋予了 25 位的身份号码，并构建了全市统一权威准确的房屋地址库。目前地址库已包含 10 个区（新区）、70 余个街道、600 余个社区、1.8 万余个基础网格、约 66 万栋建筑物、近 1170 万间（套）房屋，超过 1166 万条标准地址信息，通过市委政法委发布的统一地址查询系统即可方便快速地查询建筑房屋的地址信息。[①]

其他方面，如：制定完善商事主体信用信息归集应用规范，为规范统一社会信用代码管理，支撑统一代码在数字政府、智慧监管等领域的应用，编制发布深圳地方标准《深圳市法人和其他组织统一社会信用代码管理和应用规范》（DB4403/T 176—2021）；落实《关于进一步统一规范企业登记注册管理工作的通知》（工商办字〔2018〕1 号），结合"多证合一"等改革举措，精简文书表格、压

---

① 杨丽萍、郑景喜：《全市统一地址库试点应用准确率达 100%》，《深圳特区报》2019 年 3 月 5 日第 9 版。

缩提交材料数量,使用规范的登记材料和文书格式;规范登记系统建设,搭建深圳市"开办企业一窗通"服务平台;规范登记窗口建设,设立"开办企业专区(窗)"、推出"企业一网通"服务等,完善线上与线下相结合的企业开办"一站式"服务。

(二)开办企业一窗通

2018年8月24日,原深圳市市场和质量监督管理委员会、深圳市公安局、国家税务总局深圳市税务局、人民银行深圳中心支行联合签署了《关于进一步优化营商环境 提升开办企业便利度的工作方案》,搭建深圳市"开办企业一窗通(市场监管、税务、公安、银行联动)"服务平台①,推行企业开办"一次提交、共享交换、同步办理、限时办结"的新模式。"一窗通"平台于2018年10月19日正式上线运行,通过市场监管、公安、税务、人民银行等部门的信息共享和互联互通,开办企业环节减至商事登记、刻章、申领发票3个环节,变开办企业串联办理为并联办理,企业开办时间压缩至4天内。②同时,为了保障金融数据安全和信息在传输过程中的完整性,"一窗通"系统与人民银行深圳市中心支行影像系统采用专线网络提供稳定的、大容量的传输服务。③2019年,深圳市进一步将员工社保登记、企业住房公积金登记纳入"一窗通"平台。

2020年5月,深圳市市场监督管理局联合深圳市政务服务数据管理局、深圳市公安局、国家税务总局深圳市税务局、深圳市人力资源和社会保障局、深圳市住房和建设局再次升级"一窗通"平台,以"一窗受理、一键申请、一天办结、全程免费"为中心目标,推出"开办企业一窗通"3.0版本,将开办企业整合至"一个环节",开办时间压缩至"一天以内"。④通过打通各业务部门的数

---

① 《深圳打造"开办企业一窗通"系统 提升开办企业便利化水平》,2018年10月19日,中国政府网(http://www.gov.cn/xinwen/2018-10/19/content_5332572.htm)。

② 广东省政府要求为5天;国务院要求为8.5天。

③ 张程:《"开办企业一窗通"上线运行》,《深圳特区报》2018年10月20日第3版。

④ 《深圳市市场监督管理局"开办企业一窗通"改革 释放市场新活力》,2020年6月13日,中国质量新闻网(https://www.cqn.com.cn/zj/content/2020-06/13/content_8610488.htm)。

据接口，整合各部门的业务表单，由过去跳转登录多个办事平台升级为申请人仅需登录一个平台，填报一次信息，一天之内即可办结商事登记、刻制印章、申领发票和税控设备、员工参保登记、公积金开户登记等全部事项，"一窗通"平台同时为企业提供预约银行开户服务功能，大幅提升了深圳市企业开办效率与便利度。2021年8月，"开办企业一窗通"升级4.0版本①，新增分时办理功能，至此企业可在领取营业执照后再次登录平台办理多项业务。各版本"一窗通"平台功能对比见表5-1。

表5-1 "开办企业一窗通"服务平台的升级及企业开办事项办理方式与时限

企业开办事项	商事登记	刻制印章	申领发票	员工参保登记	公积金开户登记	银行开户
过去	最长4天及以上	最长4天及以上	最长3天及以上			
	串联办理					
2018年10月起"一窗通"平台1.0	√	√	√			可预约
	不超2天	不超1天	不超1天			
	并联办理，4天以内			串联办理		
2019年5月起"一窗通"平台2.0	√	√	√	√	√	可预约
	并联办理					串联办理
2020年5月起"一窗通"平台3.0	√	√	√	√	√	可预约
	0.5天内	不超0.5天				
	并联办理，1天以内					串联办理
2021年8月起"一窗通"平台4.0	在3.0版本基础上新增分时办理功能					

深圳"开办企业一窗通"服务平台主要具有以下特点②：

---

① 《开办企业一窗通4.0来了!》，2021年8月19日，深圳新闻网（http://www.sznews.com/content/mb/2021-08/19/content_24497224.htm）。

② 《深圳商事主体总量348.1万户 居全国首位》，2020年10月27日，深圳新闻网（http://www.sznews.com/news/content/2020-10/27/content_23667320.htm）。

一是 1 个环节申报。原开办企业涉及的市场监管、税务、公安、社保、公积金 5 个环节压减,整合为"企业开办"1 个环节;

二是 1 天内办结。开办企业事项中,商事登记环节最长不超过 0.5 天,刻制公章、申领发票、员工参保登记、公积金开户登记并联办理最长不超过 0.5 天;

三是零费用。政府为新开办企业免费提供一套四枚公章(企业公章、财务章、发票专用章、法定代表人章)和税控设备,免除税控设备首年服务费,新开办企业可节省费用 680 元以上/每户;

四是零跑动。开办企业全面推行全程电子化,实行 24 小时在线申报,申请人无须提交纸质材料;鼓励下载使用电子营业执照和申请区块链电子发票,并可提供核准登记后 2 小时内一次性邮寄发放包含营业执照、公章、税控设备、发票在内的"创业大礼包",实现全程"零见面""零跑动"。

(三)企业开办全链条"秒批"

"秒批"服务是一种"无人工干预智能审批"服务,指"通过信息共享、自动比对、核验申请信息,实现基于申请材料结构化、业务流程标准化、审批要素指标化的系统无人工干预自动审批"。[①] 2018 年,深圳在全国率先推出政务服务"秒批"改革,发布了《关于印发深圳市推广"秒批"模式工作方案的通知》。2019 年 3 月 20 日,深圳在全国率先推出个体工商户设立、注销登记的"秒批"服务模式;9 月 19 日,深圳市企业"秒批"系统正式上线,在宝安、光明、前海试点自然人有限公司设立"秒批";首批"秒批"企业经营范围包含销售、餐饮、高新技术、文化创意等 11 大类 400 个小类,覆盖 90% 以上常见企业经营项目。[②] "开办企业一窗通"平台升级后,在商事登记、员工社保登记、企业住房公积金登记等事项推行"秒批"服务,并将逐步拓展实现企业开办全链条"秒批"。

---

① 何泳:《过去要 1 天 如今几十秒》,《深圳特区报》2019 年 10 月 15 日第 4 版。
② 《深圳开出首张"秒批"企业营业执照,审批只需几十秒》,2019 年 9 月 19 日,深圳新闻网(http://www.sznews.com/news/content/2019 - 09/19/content _ 22481662.htm)。

图 5-2 深圳市企业登记"秒批"新闻发布会

延伸阅读

  2019 年 9 月 19 日,深圳市企业"秒批"系统上线启用,该系统通过与多个政府部门的权威数据进行实时校验、多维度比对,压缩企业设立审批时间,并且全程无人工干预。申请人通过广东政务服务网提出申请,选择并填写"秒批"流程,材料齐全,符合法定形式的,"秒批"系统自动做出审批通过决定,审批时限压缩至 60 秒内,经办人可在自助领照机自行领取执照。时任深圳市长给深圳市瀚威生物科技有限公司颁发深圳首家"秒批"企业营业执照。①

---

  ① 《深圳开出首张"秒批"企业营业执照,审批只需几十秒》,《深圳晚报》2019 年 9 月 19 日(http:// baijiahao. baidu. com/s? id = 1645089610544355122&wfr = spider&for = pc)。

推行设立登记"秒批"。①通过与多个政府部门的权威数据进行实时校验、多维度比对，依托"一网四库"②，实现全程无人干预自动审批"秒批"。

实现员工参保登记"秒批"。企业登录"一窗通"平台办理设立登记时，即可同时填报企业及职工参保信息等内容，无须另行登录社保业务系统或平台，职工参保信息推送至社会保险部门，自动比对，即时生效。

实现公积金开户登记"秒批"。企业办理设立登记时，在"一窗通"平台可同时填报公积金开户信息，无须另行登录公积金业务系统或平台，开户登记信息推送至住房公积金部门，实现"秒批"。

推进开办企业全环节"秒批"。借力"数字政府"建设改革，深圳在试点设立登记、员工参保登记和公积金开户登记"秒批"的基础上，将逐步推进开办企业全环节，包括办理营业执照、申领发票等所有环节的"秒批"。

"秒批"的实现基于多年持续的积累与铺垫，监管部门通过对全市有史以来存在过的企业进行大数据、信息技术的应用与分析，梳理出企业名称和经营范围的大数据库；并分别与市委政法委、市公安局合作，进行统一地址和公民身份的联网认证，通过多部门数据比对，多维度数据的校验，实现了系统自动审批。"秒批"不仅意味着快，同时也实现了质效提升。例如，通过大数据技术等有效防止虚假注册等违法行为；监管部门"登管联动"，对"秒批"通过的有限公司名称、地址、经营范围、许可项目、法定代表人、股东、警示信息等关键信息进行质量检查，特别是对有许可经营事项的企业，要求做到100%质检，发现存在违法违规情形的依法予以撤销或责令改正。③

---

① 《深圳"开办企业一窗通"再升级》，2020年6月16日，深圳政府在线（http://www.sz.gov.cn/cn/xxgk/zfxxgj/zwdt/content/post_7797604.html）。

② "一网"是指全流程网上商事登记系统，"四库"分别是：企业名称库、统一地址编码库、实名核身数据库、失信人员名单库四个基础数据库。

③ 何泳、甘霖：《超九成企业经营项目可"秒批"》，《深圳特区报》2019年9月20日第5版。

"秒批"的主要特点[①]：一是审批提速，业务办理时长缩短至5分钟内甚至数秒钟即可完成，系统自动审批输出结果；二是办事体验提升，提供24小时在线服务，申请人无须预约、排队或提交纸质材料，无须人工干预审核材料，随时随地自主办理；三是阳光审批，业务流程和申办材料规范，由系统自动完成审批，不存在人为自由裁量空间，避免违法违规审批；四是审批监管对接，依托网格巡查与市场监管协同联动机制，强化数据共享、信息报送、质量检查，构建"发现—处理—反馈"闭环，有效防范虚假注册、恶意注册等行为，提高登记质量。

（四）线上线下"一站式"服务

开办企业专区（窗）。深圳在市、区行政服务大厅设立"开办企业专区（窗）"，实现"开办企业一窗进、一窗出"。[②] 深圳市市场监督管理局、深圳市政务服务数据管理局、深圳市公安局、国家税务总局深圳市税务局、深圳市人力资源和社会保障局、深圳市住房和建设局及各区行政服务大厅等部门加强沟通协作，各区行政服务大厅通过前台后台全程无缝衔接，为企业一次性、一个窗口发放营业执照、公章、发票等，或者在两个小时内将营业执照、公章、发票等一次性邮寄给企业。

"企业一网通"服务。为实现随时随地自助领取营业执照，深圳市创新推出"人脸识别自助发照服务"，在各区行政服务大厅、银行网点、街道和社区部署自助服务设备[③]——"营业执照自助领照机"。该专用设备由原深圳市市场和质量监督管理委员会、深圳市标准技术研究院自主设计，集成了实名核身服务，可实现"营业执照领取＋印章刻章＋银行开户"一站式办理。[④] 申请人通过微信

---

① 《个体工商户办证实现"秒批"，深圳开出全国首张"刷脸"营业执照》，2019年3月20日，深圳新闻网（http://www.sznews.com/news/content/2019-03/20/content_21488878.htm）。

② 《深圳多措并举实现企业开办便利度大幅度提升》，2020年10月22日，中国新闻网（http://www.chinanews.com/cj/2020/10-22/9319868.shtml）。

③ 《深圳市市场监督管理局对标国际一流 打造多张营商环境改革"新名片"》，《广州日报》2020年8月21日。

④ 《"企业一网通"服务开通30秒刷脸领取企业营业执照》，2019年3月30日，深圳商报（http://shenzhen.sina.com.cn/news/2019-03-30/detail-ihtxyzsm1701804.shtml）。

平台线上申请，线下"刷脸"领照，自助领照机采集身份证件信息和人脸影像，对符合要求的自动打印营业执照以及办事相关全套材料，领照流程30秒内即可完成；同时自动生成电子档案，与窗口领照档案保持一致。①

延伸阅读

广州首创"人工智能+机器人"商事登记无人审批模式②：2017年10月，原广州市工商行政管理局上线"人工智能+机器人"（AIR）全程电子化商事登记系统，以大数据和新一代信息技术为支撑，推行"人工智能+机器人"申报、签名、审核、发照，公示、归档全流程电子化，实现了商事登记"免预约""零见面""全天候""无纸化"办理。申请人可以通过电脑PC端以及设置在各政务大厅的智能发照机办理全程电子化商事登记业务，商业银行"银商通"网点设置智能发照机，方便申请人就近快捷领取营业执照。"人工智能+机器人"模式实现了智能审核、即时办理、人脸识别签名、智能比对地址、移动终端无介质签名等。

政银通注册易。③ 2020年8月28日，深圳市市场监督管理局携手中国建设银行深圳市分行，借助商业银行安全级别高、营业网点多且"互联网+"应用普及等优势，联合开发了全程智能化办照的STM智慧柜员机，推出"政银通注册易"（即"智慧柜员机及手机

---

① 赖丽英、彭丛林：《多项务实举措便利投资人》，《中国市场监管报》2018年7月17日（http://www.cmrnn.com.cn/news/content/2018-07/17/content_108773.html）。

② 《"人工智能+机器人"无人审批模式首现广州》，2017年10月13日，中共中央网络安全和信息化委员会办公室网站（http://www.cac.gov.cn/2017-10/13/c_1121796886.htm?from=timeline）。

③ 《办照仅需十几分钟！"政银通注册易"开启深圳商事登记新模式》，2020年8月28日，深圳新闻网（http://www.sznews.com/news/content/mb/2020-08/28/content_23500960.htm）。

银行商事登记"项目),将"商事登记+手机签名"延伸到银行自助终端、将政务窗口延伸到银行网点,实现商事注册登记与金融业务同步进行。申请人通过银行营业网点智慧柜员机、手机银行即可办理商事登记业务并下载电子营业执照,同步可申请银行账户开立、结算等业务;减少申请人多点往返奔波,提供便捷、高效服务的同时,依托手机银行实名认证体系还充分兼顾了安全和质量,有效减少虚假登记。

商事登记应用手机银行电子签名。2021年1月,深圳市市场监督管理局联合中国建设银行深圳市分行,推出"商事登记移动认证"服务(即"商事登记应用手机银行电子签名"改革项目)①,依托身份认证和数字签名技术,首创无介质移动端商事登记服务。经办人在深圳市市场监督管理局官网登记系统填写商事登记申请信息后,系统生成签名二维码或网上申请号;企业法人、股东等关键人员使用个人手机银行,通过扫描签名二维码或输入网上申请号获取注册信息,实名认证后确认提交即完成相关人员的电子签名,无须在电脑端使用银行U盾,全流程无介质完成商事登记,且确保"实人实名",实现"安全办"。

延伸阅读

深圳"政银"合作历程②:

2011年,深圳市市场监督管理局与部分银行合作上线"工商E线通"系统;

2012年,推出"企业注册e站通";

2013年,推出"全流程网上商事登记",利用银行U盾,部分

---

① 李超:《深圳推出"商事登记移动认证"服务》,《深圳晚报》2021年1月16日第4版。

② 《市市场监管局携手建设银行推出"政银通注册易"商事登记新模式》,2020年8月29日,读创网(https://baijiahao.baidu.com/s?id=1676355135372655367&wfr=spider&for=pc)。

商事登记业务实现全程无纸化登记，超过90%以上的设立登记业务和70%以上的变更登记业务足不出户即可办理；

2014年，基于银行U盾、个人数字证书等，全面实行全业务、全流程、无纸化网上商事登记；

2018年，于12月28日率先推出商事登记"微信办照"服务，推动商事登记从PC端向移动端延伸，人工审批向智能化审批转变；

2019年，连续推出"深港通注册易""深澳通注册易"改革；

2020年，深圳市市场监督管理局联合中国建设银行深圳市分行推出"政银通注册易"；

2021年，深圳市市场监督管理局联合中国建设银行深圳市分行，推出"商事登记应用手机银行电子签名"改革。

～～～～～～～～～～～～～～～～～～～～～～～～～～

（五）电子营业执照和电子印章综合应用

2013年8月1日，全国第一张U-Key电子营业执照在深圳诞生。2019年1月22日，深圳推出"刷脸"领取电子营业执照服务[①]，领照人可随时通过微信或支付宝中的"电子营业执照"小程序进行刷脸验证，领取或在线查看、出示、下载、打印、验证电子营业执照；同年3月1日起，深圳根据《市场监管总局关于启用新版营业执照的通知》（国市监注〔2018〕253号）的要求，启用新版营业执照，市场主体领取新版纸质营业执照时，由登记机关同步生成新版电子营业执照，并存入电子营业执照库。为了加快打造市场化、法治化、国际化营商环境，2021年3月，深圳市市场监督管理局会同深圳市政务服务数据管理局、深圳市公安局启动商事主体电子营业执照和电子印章的综合应用。

深圳电子印章体系的构建，主要包括发布《深圳市商事主体电子印章管理暂行办法》、制定电子印章标准体系和上线深圳市统一

---

① 《深圳：电子营业执照融合创新先行先试》，2020年4月3日，广东省政务服务数据管理局网站（http://zfsg.gd.gov.cn/xxfb/dsdt/content/post_2964744.html）。

电子印章管理系统①。

《深圳市商事主体电子印章管理暂行办法》于 2021 年 1 月 20 日起实施,明确了电子印章适用范围、应符合的条件、效力,提出制发、使用、管理等要求,明确了商事主体电子印章的申请流程与应交材料,电子印章的制作要求与其图形化特征,以及商事主体电子印章申领使用、换证变更、失效注销的规则等。

电子印章标准体系由电子签章、印章图像、密码技术、信息安全和应用共五个维度构成,汇集了法律法规、标准和技术规范共计 81 项,包括制定电子印章基础平台的安全、数据、接口等统一技术标准,保障深圳市电子印章和相应系统的合规性和兼容性。②

深圳市统一电子印章管理系统于 2021 年 1 月上线,是广东省电子印章平台深圳分中心,在服务渠道、身份认证、业务数据等方面,与全国电子营业执照系统、省市一体化政务服务平台、"i 深圳"App 等共享互通,采用集约化、标准化管理并保障安全性;该系统以应用为导向,提供有电子印章申请、制作、领取、授权、使用、验证和管理等服务功能。

电子营业执照和电子印章综合应用实施后,存量商事主体直接在"i 深圳"App 或市统一电子印章系统免费申领电子印章;新登记或办理变更的商事主体,在获得核准后,通过"i 深圳"App 刷脸验证可免费同步申领电子营业执照和电子印章,在线申领过程不到 10 分钟。电子印章一套四枚,包括法定名称章、财务专用章、合同专用章和负责人章。通过市统一电子印章管理系统或"i 深圳"App,印章持有人可进行在线签章;公众也可随时通过市统一电子印章管理系统查验签章真伪。③

---

① 《深圳:上线统一电子印章管理系统,率先实现电子营业执照和印章综合应用》,2021 年 3 月 5 日,深圳新闻网(http://www.sznews.com/news/content/2021-03/05/content_24019267.htm)。
② 《深圳市统一电子印章管理系统上线 在全国率先实现电子营业执照和电子印章综合应用》,2021 年 3 月 30 日,深圳新闻网(https://wxd.sznews.com/BaiDuBaiJia/20210330/content_486246.html)。
③ 《深圳上线统一电子印章管理系统 推动"数字政府"和数字经济高质量发展》,2021 年 3 月 5 日,深圳新闻网(https://wxd.sznews.com/BaiDuBaiJia/20210305/content_474831.html)。

延伸阅读

2020年4月1日,上海在全国范围内率先实现电子营业执照与电子印章同步发放。交通银行将电子营业执照和电子印章与银行金融服务高度融合,打造"e证行"电子证照服务,在全国首创"电子营业执照+电子印章"在对公账户业务中的同步应用,实现企业"无纸化"开户。企业法定代表人通过手机使用电子营业执照完成企业身份认证和执照核验,对电子开户文件加盖电子印章,电子营业执照即用即验,电子印章即审即签。①

电子营业执照是载有商事主体登记信息的法律电子证件,与纸质执照具有同等法律效力,具备电子证照、身份认证和电子签名三大功能。电子营业执照可使主体登记、存续状态等信息得以高效查验;在网上办理各类业务时,商事主体可使用电子营业执照对相关材料进行电子签名。电子印章即实物印章的数字化。商事主体使用电子营业执照和电子印章办理政务事项时,系统可自动生成或获取相关电子材料,免去复印、盖章、提交相关申请材料等线下过程。商事主体之间使用电子印章签订的电子合同或其他电子文书合法有效,加盖电子印章的电子文档也可以替代传统纸质盖章文件原件。②

延伸阅读

深圳大力推广应用电子营业证照,将电子营业执照应用到烟草专卖许可等政务服务领域和银行对公账户开户等金融领域。③

---

① 《深化政银合作 交通银行推出"e证行"对公开户服务》,《经济日报》2020年8月19日(https://baijiahao.baidu.com/s?id=1675459042949801204&wfr=spider&for=pc)。

② 李超:《深圳发出首张电子营业执照》,《深圳晚报》2021年3月7日(http://wb.sznews.com/PC/content/202103/07/content_997666.html)。

③ 赖丽英:《深圳商事制度改革成效引领全国》,《深圳商报》2020年10月22日第4版。

2018年12月，深圳市烟草专卖局（公司）完成烟草专卖零售许可办理系统和电子营业执照系统对接，办理烟草专卖零售许可证时（含新办、变更、延续），申请人无须提交纸质营业执照及复印件，只需出示电子营业执照，系统自动获取其信息，导入烟草专卖零售许可证管理系统，既方便了办证人，也提高了办证效率。

2019年6月10日，深圳上线电子营业执照亮照系统。[①] 市场主体使用电子营业执照登录亮照系统，根据提示输入亮照信息后，系统即生成对应电子营业执照的展示链接和标识图标；市场主体将展示链接及图标嵌入网页，便可实现营业执照网上自主公示；社会公众点击网站上公示的电子营业执照亮照图标即可查验市场主体营业执照的真伪。

深圳市市场监督管理局与人民银行深圳中心支行及部分商业银行合作，探索电子营业执照在金融领域的融合创新。[②] 2020年3月30日，该局在中国建设银行率先试点开通应用电子营业执照办理单位结算账户的开户、变更、销户等业务，银行通过电子营业执照获取企业信息，实时验证企业真实性，无须企业提交纸质营业执照。

（六）更多企业开办便利深化措施

深圳推进企业开办便利化的脚步从未停歇，坚持对标国际最优持续深化改革。2020年8月，《深圳市市场监督管理局关于进一步优化营商环境更好服务市场主体的若干措施》发布，推出"优化营商环境36条"，其中涉及企业开办、注册登记的创新措施或深化措施如：

试点商事登记行政确认制改革。探索将商事登记行政许可制改

[①] 何泳：《电子营业执照亮照系统昨起运行》，《深圳特区报》2019年6月11日第13版。

[②] 《科技赋能，深圳率先试点应用电子营业执照办理银行单位结算账户服务》，2020年4月1日，读特网（https://www.dutenews.com/p/386813.html）。

革为行政确认制,强化市场主体经营自主权,充分尊重投资者意愿,改革商事登记事项,简化登记材料和流程,提高商事登记效率,进一步优化市场准入环境。

提出深化"一照多址"改革。2013年,深圳在全国率先实施"一照多址、一区一照";此次扩大了"一照多址"登记范围,企业营业执照可同时登记住所和本市范围内的多个经营场所,免予办理分支机构登记,实现一次申请、一本执照、多个地址,降低企业开办和运营成本。随着《深圳经济特区商事登记若干规定》的修订,有关措施固化,全市实行"一照多址、一市一照",允许特区内跨区经营的企业分支机构将其经营场所登记在隶属商事主体营业执照。①

延伸阅读

对比深圳(内地)与境外企业开办一般程序,可见深圳优化营商环境仍有持续升级的空间。以香港为例,在该地注册公司,在公司名称、注册资本、经营范围、注册地址等方面有着更宽松的规定(见表5-2),市场主体拥有更多自主权。深圳试点商事登记行政确认制等改革正是借鉴国际经验在本地的进一步试验与探索;另外,根据香港《公司(费用)规例》,商业登记②、周年申报③等会按规定收取费用,虽然对登记注册的办事体验有一定影响,但综合权

---

① 《深圳市场监管局推36条服务举措,进一步优化营商环境更好服务市场主体》,2020年8月20日,读创网(http://duchuang.sznews.com/content/2020-08/20/content_23472364.html)。

② 除获豁免外,凡在中国香港经营商业都必须根据《商业登记条例》,在开始营业后的1个月内前往税务局下辖的商业登记处办理商业登记并按年缴纳登记费。2019年中国香港政府宣布从当年4月开始,宽免商业登记证费用2000港元,但仍须缴付破产欠薪保障基金的征费$250,2021年该宽免规定持续生效。

③ 根据于2020年10月1日生效的《2020年公司(费用)(修订)规例》,在2020年10月1日至2022年9月30日(包括首尾两天)期间依时交付公司注册处的周年申报表的登记费已被宽免,为期两年。有关宽免不适用于逾期交付的周年申报表。公司如逾期交付周年申报表,即使于宽免期内交付有关申报表,仍须缴付依据交付日期计算的较高登记费。

衡，当地企业开办门槛低、申请便利，并通过收费增加企业持有成本，有利于减少弄虚作假、维护市场公平。内地商事制度改革后，实缴改认缴且无须任何登记费用，只需要在章程或协议中对实缴的期限、资本大小作出承诺即可拿到营业执照开展经营活动，这为大多数中小投资者自主创业提供了现实可能，但"零成本"的投入也给了投机者"无本套利"的机会，这其中的利弊值得深思。

表 5-2 深圳（内地）与香港注册公司主要差异对比

对比项	香港注册公司①	深圳（内地）注册公司
基本要求	仅接纳已存在或实际开始经营业务的商业登记申请；在实际开业后的一个月内以书面通知税务局商业登记处其业务名称、经营业务的描述及性质、业务地址和开业日期	依法登记并取得营业执照后方可开业经营
公司名称	限制少，正常查册不重名，不包含敏感词汇即可申请注册使用；"集团、控股、中心、国际"等词汇的使用无限制	一般以"行政区划+字号+行业+组织形式"组合而成。对"国际、中国、集团"等词汇的使用有一定的限制要求
注册资本	不少于1万元港币（超过1万元以外的收取0.1%厘印税），无须验资，可自由设定	认缴制
经营范围	限制小，除特殊行业需取得牌照外，合法范围内基本都能从事经营	需按照所申报的经营范围开展经营
注册地址	不要求在香港本地设立办公司，通常为挂靠秘书公司地址	本地需有实际办公场所，秘书公司仅适用于部分区域
年审年报	每年进行周年申报、更换新一年度的商业登记证	每年报送上一年度企业注册、存续、投资、经营等情况，并向社会公示
登记费用	依据《公司（费用）规例》收费	免费

① 参见中国香港《商业登记条例》。

二 深港澳跨境商事登记电子化

原全流程网上注册只适用于内资公司，注册外资公司仍须预约并到窗口提交资料。以港资企业为例①，因深港两地法律体系差异，港资企业在深登记必须跨境办理业务，先在香港办理跨境工商文书公证，再到深圳办事大厅提交纸质版跨境工商文书，且证明文书多时可达一百余页，诸多手续、证明使得整个流程繁琐、耗时。为进一步提升跨境企业商事登记效率，深圳力推港澳资企业商事登记电子化进程。

（一）深港工商跨境文书流转信息化

深港工商跨境文书流转信息化改革由广东省市场监督管理局牵头推进，经由该局与中国委托公证人（香港）协会、中国法律服务（香港）有限公司三方积极争取和共同努力，司法部批复同意中国委托公证人（香港）协会提交的新版工商公证文书，并从2017年底开始陆续在深圳、东莞试点推广，同时公证文书的信息化工作也有序推进。② 深圳试行深港工商跨境文书流转信息化改革，分为启用摘要版工商证明文书、设置文件中转站、开发信息化系统、完成深港两地系统对接四个阶段，逐步推进港资企业登记全程无纸化办理。

在省、市级市场监督管理局的指导协调下，广东自贸试验区前海蛇口片区在深港商事登记中创新落实公证文书简化改革工作：一是提取老版文书的核心要件，浓缩成一两页纸的简版文书；二是从数据标准上规范文书，统一港资企业数据格式，为纸质文书形成电子表单奠定基础；三是创新流转验证方式，通过建立深圳市市场监督管理局与香港法律服务机构的协调机制，快捷鉴别真假，防范虚假文书。

简化后的新版公证文书，一方面大大便利了港资企业在深圳投资；另一方面，便于市场监管登记部门从新版公证文书中快捷获取并

---

① 《10月起，深圳有多项商事登记重大改革将实施，它们是……》，2017年9月28日，南方Plus（http://static.nfapp.southcn.com/content/201709/28/c704386.html?from=timeline）。

② 《"开展深港工商跨境文书流转信息化改革"获最佳案例》，2019年4月28日，中国报道网（http://ctsc.chinareports.org.cn/dfxw/2019/0428/4852.html）。

验证文书信息，大幅降低行政成本，提高政府工作效率。该项改革在中国（广东）自由贸易试验区四周年发布会上，被评选为国际化营商环境最佳案例之一。

延伸阅读

前海蛇口片区在深港商事登记中创新推出简化版公证文书。[①]新版公证文书围绕三点进行：一是文书浓缩。原公证文书含有香港律师从公司注册处得到的大量、繁杂的证明公司注册、变更等情况的材料，简化后去掉了其中与内地商事登记无关的证明材料，并将其中的公司基本情况进行了浓缩整理，最终减为一两页纸。减轻企业、审核人员负担的同时，增强公证识别度。二是内容精华。新版公证文书的重点在采集公司基本情况的最终信息，对企业名称、编号、地址、股东和董事等内容的变更过程，或投资者年报信息等并不关注，相当于原公证文书的结论版本。三是突出核心。新版公证文书的核心在于有确认授权代表人签字字样和公司印章样式的公司董事/股东决议，其他用于佐证的资料由中国法律服务（香港）有限公司保存，必要时再提取。

（二）深港通、深澳通注册易

为推动商事登记便利服务向港澳拓展，进一步深化商事制度改革，构建适应国际新规则的国际化营商环境，2019年4月10日和7月26日，深圳市市场监督管理局与部分银行等机构合作分别推出"深港通注册易"和"深澳通注册易"（以下简称"注册易"）服务，创设性将商事登记服务前移、离岸受理、远程办理，推进深圳与港澳地区深度合作。"申请人通过香港、澳门的合作银行或其他

[①] 《案例二：开展深港工商跨境文书流转信息化改革》，2019年4月22日，中国（广东）自由贸易试验区网站（http://ftz.gd.gov.cn/ztlm227/gdzmsyqsznzdcxzjalzt/gjhyshjzjal/content/post_22818 09.html#zhuyao）。

机构，可进行业务咨询、材料初审、网上申报、远程审批、邮寄办照，足不出港澳一站式办理深圳的商事登记、开通基本账户、验资、刻制公章等业务。"① 该改革是加快粤港澳大湾区建设，促进香港、澳门进一步融入国家发展大局的积极探索，也被评选为中国（广东）自由贸易试验区国际化营商环境最佳案例之一。②

延伸阅读

2019年4月10日，深圳市市场监督管理局联合中国银行、创兴银行、招商银行、工商银行在香港中银大厦举办"深港通注册易"商事服务启动会，为香港投资者提供足不出港办理前海企业的商事登记服务；"深港通注册易"的合作方已有中国银行、创兴银行、工商银行、招商银行、东亚银行、南洋商业银行等。

2019年7月26日，深圳市市场监督管理局联合澳门贸易投资促进局及粤澳工商联会举办"粤澳工商服务签约仪式"，宣告"深澳通注册易"商事服务正式启动，由澳门贸易投资促进局和粤澳工商联会在澳门设立先导服务处，配备专人为澳门投资者提供服务。"深澳通注册易"的合作方已有粤澳工商联会、中国银行、招商银行、建设银行、东亚银行、南洋商业银行等。

"注册易"服务先行在前海蛇口自贸片区推行，港澳投资者在当地相关合作网点提交注册深圳前海公司的申请材料，银行机构通过其深圳的营业网点将正式的商事登记材料信息录入深圳商事登记系统，并由专人将相关原件材料传递给深圳市市场监督管理局商事

---

① 赖丽英：《深圳商事制度改革成效引领全国》，《深圳商报》2020年10月22日第4版。

② 《案例四：开通"深港通注册易""深澳通注册易"商事服务》，2020年4月29日，中国（广东）自由贸易试验区网站（http://ftz.gd.gov.cn/ztlm227/zjalzt/tzmyblhzjal/content/post_2985724.html#zhuyao）。

登记窗口，待审核通过后，由银行机构网点通知申请人领取营业执照，并依据申请人需求办理其他服务。①"注册易"推出以来受到港澳投资者欢迎，为满足港澳地区投资需求，2020年11月，深圳将"注册易"服务范围扩大到南山区②全区。

借助银行完善的跨境业务网点及操作流程，"注册易"服务一是省时降本，依托港澳银行或其他合作机构的网点，本地接收商事登记材料、核验身份证明，免除港澳投资者两地往返，大大节约了时间与金钱成本；二是丰富商事登记服务网点，将深圳的政务服务延伸至港澳地区，大大拓展了服务空间；三是提升商事登记的便利度，实现港澳投资者无须亲临现场即可在深注册企业，并有效解决其在跨境投资中面临的流程不熟悉等问题。

此外，为推进粤港澳大湾区建设，推动粤港澳企业资格互认互通，便利港澳企业来深经营发展。深圳借鉴海南经济特区做法，借助《深圳经济特区商事登记若干规定》的修订并发布，允许港澳企业在深圳经济特区直接办理从事生产经营活动登记，取得营业执照，并将港澳企业在深圳经济特区从事生产经营活动的范围，全面放开为外资准入负面清单以外的生产经营活动。③法无禁止即可为，市场大门最大限度向港澳企业开放。

三 个体工商户商事登记便利化

（一）个体工商户设立登记"秒批"

2019年3月20日，深圳创新推出个体工商户设立、注销登记的"秒批"服务模式，开出全国首张用"刷脸"领取的个体工商户营业执照，实现"秒批"。列入"秒批"事项的个体工商户经营项目可覆盖常见经营项目的75%以上，主要包括商业零售、维修服务、洗

---

① 赖丽英：《足不出港就能一站式注册深圳企业》，《深圳商报》2019年4月11日第4版。

② 南山区为外资企业投资热点区域。据深圳市企业注册局统计，截止2021年底，南山区实有外资企业超2.2万户，居全市各区首位；2021年南山区新增外资企业数量约占全市的32.6%，增量连续六年居全市第一。

③ 见《深圳经济特区商事登记若干规定》第十四条（http://www.szrd.gov.cn/szrd_zlda/szrd_zlda_flfg/flfg_szfg/content/post_685910.html）。

衣服务、影像服务、图文广告设计、餐饮服务等实体经济领域。未列入上述首批"秒批"事项的经营项目,或需申请个性化经营范围用语的,可通过网上全流程办理或传统服务窗口申请。[①] 2019 年 7 月 19 日起,深圳全市推广个体工商户设立、注销"秒批"服务。

图 5-3　2019 年 3 月 20 日龙岗区行政服务大厅开出首张"秒批"营业执照

延伸阅读

在黄敏副市长的见证下,龙岗区行政服务大厅开出全市首张"秒批"营业执照,是一家文印店。该文印店的经营者欧先生当日上午登录广东省政务服务网/深圳市市场监督管理局商事登记入口进行登记,经过输入主体名称,系统自动关联统一地址库导出规范

---

① 《个体工商户办证实现"秒批",深圳开出全国首张"刷脸"营业执照》,2019 年 3 月 20 日,深圳新闻网(http://www.sznews.com/news/content/2019-03/20/content_21488878.htm)。

的经营场所表述，在菜单中勾选申报经营范围，动态人脸识别技术核实经营者身份，通过个人银行U盾进行数字签名自动生成PDF文件等操作后，提交并完成申报，后台进入审批环节，不过一分钟审核即时通过，欧先生收到领取营业执照的短信通知。随后，欧先生在龙岗区行政服务大厅门口设置的自助取证机通过"刷脸"和输入取件码，10秒钟后完成领取营业执照，全程无须任何工作人员辅助，也无须再提交任何资料。

2021年5月，深圳进一步推出个体工商户自助设立登记项目，首批在南山、宝安、龙岗、龙华、坪山五区开展试运行。至此，除通过网站、手机微信端和银行外，申请人可以直接在自助网点的营业执照自助机上办理个体工商户设立登记，全程不到10分钟。

延伸阅读

2018年10月以来，四川省探索建立了"个体工商户登记手机App＋政务互联网平台＋登记工作人员后台审核＋电子营业执照同步发放"的新登记工作模式。2019年1月3日，四川省个体工商户全程电子化登记系统App上线运行。申请人用手机登录四川省政务服务网注册和实名认证后，下载并进入"四川省个体工商户全程电子化登记系统App"，即可按提示办理登记事项。整个流程可完成开业、变更、年报等常用工商登记业务，同步生成电子营业执照和纸质营业执照，并通过EMS邮寄到家。个体工商户登记窗口还延伸至银行网点，申请人可在银行网点申请个体工商户注册、打印执照、公章刻制等。[①]

[①]《全省手机版个体工商户全程电子化登记系统上线　申办执照可在手机上搞定》，2019年1月4日，四川省人民政府网站（http：//www.sc.gov.cn/10462/12771/2019/1/4/3573fb8f7e7144d7936fe8ff28242566.shtml）。

(二) 个体工商户自愿登记制度

为鼓励自然人灵活创业就业,新修订的《深圳经济特区商事登记若干规定》,变通国务院《个体工商户条例》关于个体工商户应当注册登记的规定,明确自然人直接办理税务登记即可从事商事经营活动,不视为无照经营。但从事依法需向有关部门批准的经营活动的,如餐饮服务和卫生服务,仍应向相应部门申请许可证后才可从事经营活动。

(三) 个体工商户变更经营者改革

《深圳市市场监督管理局关于进一步优化营商环境 更好服务市场主体的若干措施》创新提出实施个体工商户变更经营者改革,将允许个体工商户办理经营者变更登记时,对经营场所不变且有关审批文件仍在有效期内的,无须提交与场所有关的审批文件,保证个体工商户经营资格和主体资格的连续性。①

四 强策出击防控虚假登记风险

随着商事登记流程的便利优化,市场准入放宽,而社会诚信体系尚未健全,虚假登记行为也随之增多,该行为的基本特点是提交虚假材料或者采取其他欺诈手段隐瞒重要事实,取得公司登记②;具体表现在采用冒用他人身份、伪造文件、签名等手段欺骗公司登记机关取得登记。虚假登记行为不仅严重扰乱了登记注册秩序,加重后续监管的工作难度;还严重扰乱了市场秩序、破坏市场交易安全,损害了利害关系人的合法权益,甚至为不法分子利用实施犯罪,影响整个城市的营商环境。③

---

① 《深圳市场监管局推36条服务举措,进一步优化营商环境更好服务市场主体》,2020年8月20日,读创网(http://duchuang.sznews.com/content/2020-08/20/content_23472364.html)。

② 参见《中华人民共和国公司法》。

③ 钟鑫:《防范虚假注册,这个地方经验值得借鉴》,《市场监督管理半月沙龙》2019年2月27日(https://kuaibao.qq.com/s/20190227A0510N00?refer=spider)。

延伸阅读

假冒身份：深圳市推行全流程无纸化网上商事登记，申请人只需要使用数字证书或银行 U 盾通过电脑操作即可实现远程登记注册，如丢失的身份证件则可能被冒用身份登记注册公司，比较常见的是被冒用登记为股东或法定代表人，或两者兼有。2017 年 7 月，深圳市市场稽查局联合市公安经侦局破获了全国首宗商事登记领域大案要案，查获虚假登记营业执照 55 份、涉嫌非法倒卖的身份证 14 张，以及大量的银行卡、网银盾、公章和巨额增值税发票等，现场 9 个工作人员全部被公安部门带走；已查实涉案人员 60 名，涉嫌虚假登记企业上千家。经调查，这些虚假登记的企业主要用于从事虚开发票、诈骗和洗钱等违法犯罪活动。该案件始于一名遗失过身份证的快递员的举报，其称自己从未经商却担任了深圳不同区域 26 家公司的股东、法人等职务。①

虚构和假冒地址：由于商事制度改革后实行住所信息申报制，申请人对其住所的真实性负责，商事登记机关不对登记住所进行实质审查，导致虚假地址和假冒地址的现象屡屡出现。如前者通过虚构道路、门牌、办公楼及房号等信息，或故意在正确的地址表述中增减字，或将其他行政区的道路、楼栋名称张冠李戴，以规避监管；后者地址虽然真实，却是在未征得产权所有人或有权使用人的同意下擅自使用，甚至登记在政府机关大楼或陌生人的私宅。

为此，深圳一直坚持探索，从法律本源找准突破口和着力点，主动作为，不断加大对虚假登记行为的打击力度，先后利用 U 盾技术、推行应用"统一地址库"、开展"商事登记实名核身"等措施②；同时积

---

① 《深圳破获全国首宗虚假登记企业案》，2017 年 7 月 17 日，中国质量新闻网（https://www.cqn.com.cn/zgzlb/content/2017-07/17/content_4580141.htm）。

② 《查处冒用他人身份信息办理登记行为探析》，《中国市场监管报》2019 年 3 月 19 日第 5 版。

极推进"商事主体网格化协同监管"模式、"异常登记实质性审查"等信用约束手段（见本章第四节），构建了一套"商事登记与监管协同联动，社会综合治理精准管用"的工作机制，并取得了良好的效果。

（一）防范虚假身份——商事登记实名核身等

银行U盾。深圳在2013年推出全流程网上商事登记时，便引入银行U盾，以解决确认网上申请人的真实身份、对电子申请材料进行签名等问题。深圳市场监管部门联合各合作银行会对网银数字证书系统适时检测更新，调整银行U盾在全流程网上商事登记中的电子身份认证验证规则，限定商事主体法定代表人等主要负责人、业务经办人使用的银行U盾必须为深圳本地银行颁发，以便随时掌握本地银行U盾在使用情况，解决商事登记操作身份真实性核验及打击虚假登记证据保存等问题。上述人员在办理商事登记时，系统将自动对其申报的手机号码进行校验，要求该手机号须与银行预留的手机号码一致；为提高操作的安全系数，在系统自动校验签名的同时，银行还将向签名人通过短信提醒功能提示操作风险。2014年实行全业务全流程的网上商事登记模式时还引入了个人数字证书，登记人通过深圳CA个人数字证书登录全流程网上商事登记系统办理业务，既可实现对个人身份的认证，也可对业务办理所需的相关文件进行电子签名。[①]

商事登记实名核身。为进一步提高身份真实性，防止冒用他人身份证注册行为，同时解决后续监管缺乏相关证据等问题，深圳市积极引入腾讯、平安科技等实名认证领域先进企业的实名核身技术，对内资有限公司、个体工商户设立、变更业务中的法定代表人（负责人/投资者/执行事务合伙人/经营者）、业务经办人等关键人员实行实名认证，实现从"实名"到"实人"认证的根本转变。通过重构和优化传统商事登记流程，将实名核身技术融合到具体业务环节中，补齐登记流程中的安全短板，从源头预防虚假登记，兼顾登记与监管有效衔接，增加取证固化证据的视频影像，为司法部门

---

① 《深圳商事登记改革，便民措施惠及百余万商事主体》，2014年7月7日，深圳CA网站（https://www.szca.com/about/news/company/detail85.html）。

和监管单位提供了证据保障。

该技术服务自 2017 年 5 月上线两年半，识别成功率已稳定在 99.58% 以上，月平均完成核身超过 24 万次。① 实名核身功能以"深圳市市场和质量监管"官方微信平台作为申请入口，申请人根据菜单指引进行手机号核验、上传身份证、实人检测（根据指令读数字）等操作即可完成，全程简易快捷，认证结果见图 5-4。

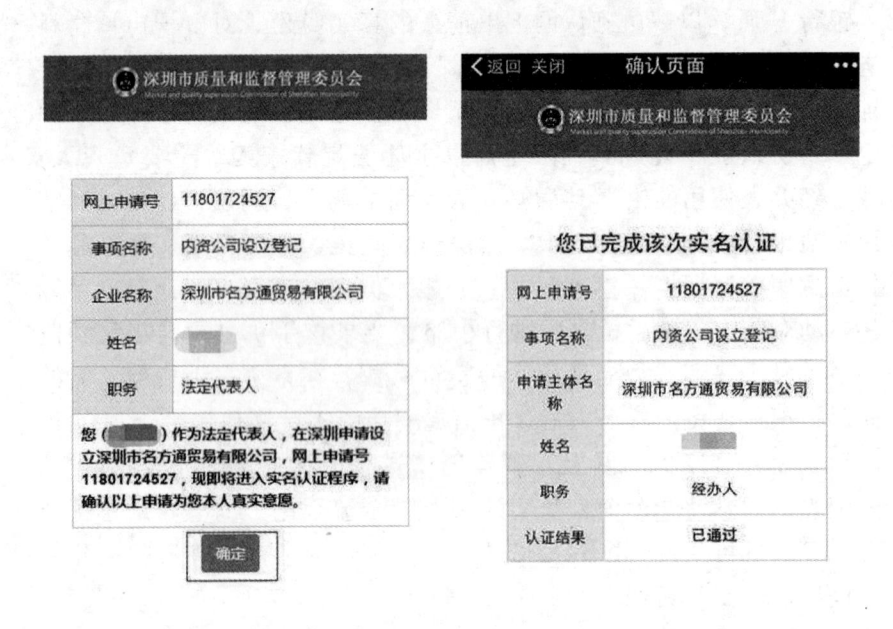

图 5-4 商事登记实名核身申请与认证结果页面

商事登记移动认证。如前文（线上线下"一站式"服务中）所述，2021 年 1 月，深圳市市场监督管理局联合中国建设银行深圳市分行，推出"商事登记应用手机银行电子签名"改革项目，即"商事登记移动认证"服务，通过个人手机银行可进行企业法人、股东等商事登记关键人员的实名身份认证和电子签名，兼顾便捷与安全，有效减少虚假登记。该服务试点先行开放内资有限责任公司的设立业务，待应用成熟后将逐步扩大应用范围至个体工商户、内资

---

① 何泳、吴德群：《商事制度改革营造一流营商环境》，《深圳特区报》2019 年 11 月 29 日第 6 版。

有限责任公司、合伙企业等的设立、变更、注销等业务。①

(二)防范虚假地址——统一地址库

2013年深圳启动商事制度改革,推出了地址申报制度,企业不需要提供任何地址材料,大大降低了创业成本,有效缓解了场地资源利用率低等问题。2017年,地址申报制度改革深入推进,10月1日起在宝安区、龙华区试点应用统一地址库。2018年1月,深圳市市场监督管理局与市委政法委联合启动深圳市地方标准《社会管理要素统一地址规范》(SZDB/Z 281—2017)应用试点部署,首先在福田、宝安、龙华三区应用统一地址加强商事登记监管的综合试点工作方案,将商事主体住所申报由原来的自主录入方式,改为利用全市统一地址库智能选填,即通过全市统一地址库查询并选定拟申请商事主体住所地址信息的方式申报,不再允许手工录入;截至2018年12月底,三个试点区利用统一地址库注册商事主体22万家,地址准确率达到100%。② 统一地址库后续在南山区、龙岗区复制应用,并于2019年3月推行到全市。2020年5月,"统一地址库+商事登记"破解虚假地址注册顽疾荣获深圳市2019年度"十大法治事件"。③

统一地址库改革有效提升了地址申报的规范性、准确性,有效解决商事登记时申请人随意填报地址、虚构地址和地址不真实等问题,堵住了"虚"地址登记漏洞。同时,统一地址应用还推动了空间地理与社会治理的深度融合,每一个已登记的地址均有对应的唯一的房屋编码,"商事主体网格化协同监管"借助社区网格员力量,通过地址编码系统发送检查任务,由一线网格员实地进行经营核实;对于地址异常、有照无证经营等违法行为线索,将被及时推送至市场监管、安全生产、消防等部门进行联合执法。

然而,当前对虚假登记打击的法律支撑不足,仅限于行政纠正,

---

① 《全国首创!深圳市市场监管局与建行深圳市分行联合推出"商事登记移动认证"服务》,2021年4月21日,深圳政府在线(http://www.sz.gov.cn/szzt2010/jjhlwzwfw/cxal/content/post_8710472.html)。

② 杨丽萍、郑景喜:《全市统一地址库试点应用准确率达100%》,《深圳特区报》2019年3月5日第9版。

③ 《深圳2019年度"十大法治事件"揭晓》,2020年6月4日,深圳政府在线(http://www.sz.gov.cn/cn/xxgk/zfxxgj/zwdt/content/post_7748020.html)。

处罚力度较小。而虚假注册行为的出现源起复杂的社会因素，仅依靠行政执法、行政处罚，违法成本过低，打击效用甚微，不但难以消除，反而愈演愈烈。有效规制虚假注册行为，需要统筹考虑行政、民事、刑事等各个层面，境外部分国家或地区已有一些成熟做法和经验，如将虚假注册列入刑事处罚范围，效果明显，中国境内尚无虚假注册的专门刑法条文。①

延伸阅读

中国香港：作为全球重要的金融中心，承袭了英美法系，而且极为注重个人信誉。在此基础上，香港政府首先给予个人极大的信任，同时辅以第三方监管措施，以确保社会的公正性和法律的严肃性。《香港公司条例》第750（6）条明确隐瞒实情，向登记注册处处长提供虚假或者具误导性的资料，将被检控处以最高30万港元的处罚及2到14年的刑事监禁。

中国台湾："公司法"建立了刑事、民事、行政三个层面的惩戒机制，充分保护公司、股东、第三人的合法权益，法律规定："公司成立并运用时，一旦察觉公司在先登记事项有违法情形，公司负责人各处拘役、1年以下有期徒刑或科或并科2万元以下罚金。公司负责人所备的章程、股东名簿有虚伪记载时，依刑法或特别刑法有关规定处罚。"

德国：德国《有限责任公司法》第八十二条规定："有下列情形的处3年以下徒刑或罚金：有限责任公司的管理董事或成员，为达到公司得以在商业登记簿登记的目的，或管理董事为达到将增加的股本在商业登记簿上登记的目的，就缴付股本出资事宜故意向法院提供虚伪的报告者。"

---

① 钟鑫：《防范虚假注册，这个地方经验值得借鉴》，《市场监督管理半月沙龙》2019年2月27日（https://kuaibao.qq.com/s/20190227A0510N00？refer=spider）。

第三节 审批：简政放权进行到底

深圳市通过理顺"证""照"关系，理清"证""照"功能，围绕企业从申请开业到开展生产经营活动全过程的痛点、堵点、难点问题，不断深化"证照分离"改革，完善行政审批制度，持续清理涉企经营许可事项，减少政府对市场活动的干预，降低市场准入准营门槛，提升"互联网+政务服务"实效，增加企业开办经营便利。

一 推进"证照分离"改革全覆盖

深圳市"证照分离"改革在实际实施中分为两个阶段[1]，第一阶段是2013年3月1日起率先实施的对以"营业执照"为中心的商事登记体制的改革，实现商事主体资格和许可经营资格相分离，其实质是改"先证后照"为"先照后证"[2]；第二阶段是对第一阶段改革的深化，聚焦后置审批事项，通过进一步精简审批项目、降低门槛，解决企业获得主体资格后、实际开展经营业务前所面临的办证多、办证难等问题。"证照分离"改革后属于信息采集、记载公示和管理备查类的各种证照，只要符合"多证合一"整合原则[3]，一律纳入"多证合一"范围，在企业登记注册环节一并办理。全国及深圳市"证照分离"改革历程见图5-5。

---

[1] 来自2016年10月25日《中国（广东）自由贸易试验区深圳前海蛇口片区"证照分离"改革实施方案》发布会上，前海蛇口自贸片区管委会副主任、前海管理局副局长田敏的发言，参见http：//ftz.gd.gov.cn/dtyw/content/post_917355.html#zhuyao。

[2] 周萍：《对未来深圳商事制度改革的思考——访深圳市企业注册局长钟文》，《工商行政管理》2015年18期，第26~27页。

[3] 《破解痛点堵点难点 提升企业获得感——来自深圳市"证照分离"改革全覆盖试点工作的报道》，2020年8月28日，信用中国网站（https：//www.creditchina.gov.cn/xinyongfuwu/tongyishehuixinyong daimachaxunzhuanlan/gongzuodongtai/202008/t20200828_208540.html）。

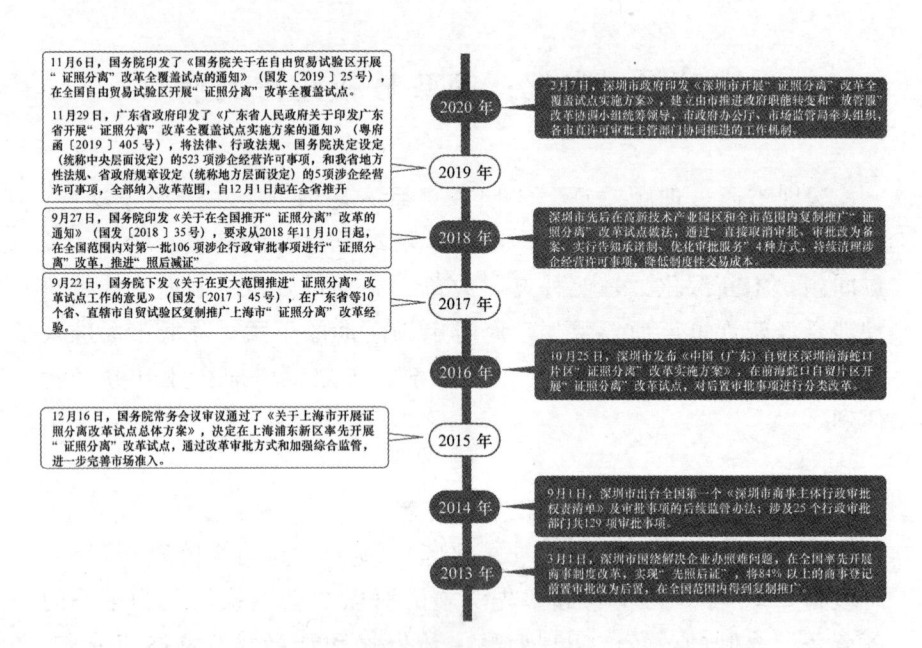

图 5-5 全国及深圳市"证照分离"改革主要历程

2020年
- 11月6日,国务院印发了《国务院关于在自由贸易试验区开展"证照分离"改革全覆盖试点的通知》(国发〔2019〕25号),在全国自由贸易试验区开展"证照分离"改革全覆盖试点。
- 11月29日,广东省政府印发了《广东省人民政府关于印发广东省开展"证照分离"改革全覆盖试点实施方案的通知》(粤府函〔2019〕405号),将法律、行政法规、国务院决定设定(统称中央层面设定)的523项涉企经营许可事项,和省地方性法规、省政府规章设定(统称地方层面设定)的5项涉企经营许可事项,全部纳入改革范围,自12月1日起在全省推开。
- 2月7日,深圳市政府印发《深圳市开展"证照分离"改革全覆盖试点实施方案》,建立由市推进政府职能转变和"放管服"改革协调小组统筹领导、市政府办公厅、市场监督管理局牵头组织,各市直许可审批主管部门协同推进的工作机制。

2019年

2018年
- 9月27日,国务院印发《关于在全国推开"证照分离"改革的通知》(国发〔2018〕35号),要求从2018年11月10日起,在全国范围内对第一批106项涉企行政审批事项进行"证照分离"改革,推进"照后减证"。
- 深圳市先后在高新技术产业园区和全市范围内复制推广"证照分离"改革试点做法,通过"直接取消审批、审批改为备案、实行告知承诺制、优化审批服务"4种方式,持续清理涉企经营许可事项,降低制度性交易成本。

2017年
- 9月22日,国务院下发《关于在更大范围推进"证照分离"改革试点工作的意见》(国发〔2017〕45号),在广东省等10个省、直辖市自贸试验区复制推广上海市"证照分离"改革经验。

2016年
- 10月25日,深圳市发布《中国(广东)自贸区深圳前海蛇口片区"证照分离"改革实施方案》,在前海蛇口自贸片区开展"证照分离"改革试点,对后置审批事项进行分类改革。

2015年
- 12月16日,国务院常务会议审议通过了《关于上海市开展证照分离改革试点总体方案》,决定在上海浦东新区率先开展"证照分离"改革试点,通过改革审批方式和加强综合监管,进一步完善市场准入。

2014年
- 9月1日,深圳市出台全国第一个《深圳市商事主体行政审批权责清单》及审批事项的后续监管办法;涉及25个行政审批部门共129项审批事项。

2013年
- 3月1日,深圳市围绕解决企业办照难问题,在全国率先开展商事制度改革,实现"先照后证",将84%以上的商事登记前置审批改为后置,在全国范围内得到复制推广。

(一)前海蛇口自贸片区"证照分离"改革试点

深圳市自2013年实施商事制度改革至2016年,商事主体登记前置审批事项由原来的149项削减为11项,虽然办照程序简化,但"办证难"问题仍然突出;一些领域因注册登记与监管衔接不够到位,有照无证现象大量存在。通过总结企业设立和运营过程中的实际问题,深圳推出新的"证照分离"改革措施,并以前海蛇口自贸区作为试点,于2016年10月25日发布《中国(广东)自贸区深圳前海蛇口片区"证照分离"改革实施方案》。①

此次改革以省市下放深圳前海蛇口自贸片区管委会和深圳市前海管理局的131项审批事权为基础,结合片区实际,从准入环节、服务环节和监管环节进行优化。对准入环节按照"能取消则取消、能削减则削

---

① 《前海蛇口片区召开〈中国(广东)自由贸易试验区深圳前海蛇口片区"证照分离"改革实施方案〉发布会》,2016年10月27日,中国(广东)自由贸易试验区网站(http://ftz.gd.gov.cn/dtyw/content/post_917355.html#zhuyao)。

减、能合并则合并、能转移则转移"的标准简化流程,对后置审批事项进行分类改革,选取一批符合要求的审批事权,分为"取消""审批改备案""告知承诺制""转移"和"加强准入监管"五大类,采取"成熟一项,推出一项,成熟一批,推出一批"的做法逐步推进。

延伸阅读

可取消的审批。对不影响人民生命财产安全、具备充分的市场自由竞争条件的,完全取消行政审批,企业取得营业执照后可直接开展经营活动。

审批改为备案。对取消审批后,政府还需及时准确获得市场主体经营信息、掌握行业动态、开展产业政策制定、引导的,实行备案管理,商事主体取得营业执照后,应当在一定期限内将相关情况报行业主管部门备案,主管部门无须进行核准或许可。

实行告知承诺制。对确需保留暂时不宜取消,且不会严重影响人民生命财产安全并通过后续监管能够及时纠正不符合审批条件行为的行政许可事项,实行告知承诺制。

转移。对于市场可自行调节或行业组织可以自律管理的事项,如资格资质认定、行业准入审查、资产项目评估等,可暂停实施该审批,交由行业组织自律管理。①

改革同步优化服务环节和监管环节。服务环节以完善"一站式"市场准入统一平台为目标,深化前海蛇口自贸片区"一口受理、一门审批、一网服务、一颗印章"的政务服务改革,为企业提供从"设立"到"存续"的全过程全方位服务;监管环节则通过搭建企业信用监管体系、开展商事主体住所托管业务改革、试行综合执法等手段,强化事中事后监管,并通过信息平台等技术手段促进监管过程信息化,创建

---

① 参见《中国(广东)自由贸易试验区深圳前海蛇口片区"证照分离"改革实施方案》。

"放得开、管得住"的优质市场营商环境。①

（二）深圳市"证照分离"改革全覆盖试点

2018年，深圳陆续出台《深圳市复制推广"证照分离"改革试点做法工作方案》（深编办〔2018〕13号）、《深圳市全面推开"证照分离"改革实施方案》（深市质〔2018〕659号）等文件。2020年2月，在总结和借鉴中国（广东）自由贸易试验区深圳前海蛇口片区"证照分离"改革试点及全市复制推广的改革经验的基础上，深圳发布《深圳市开展"证照分离"改革全覆盖试点实施方案》（深府函〔2020〕24号），将所有涉企经营许可事项纳入清单管理，清单之外不得违规限制企业进入相关行业或领域，企业取得营业执照即可自主开展一般性经营活动；清单实行分级管理，分为中央事权和地方事权两个层面两张涉企经营许可事项改革清单，共对528项涉企经营许可事项进行了清理，并逐项明确了改革方式、改革举措、事中事后监管措施、责任分工等。②

在前海蛇口自贸片区，528项涉企经营许可事项全纳入改革范围，对不涉及修法、不属于国家事权的事项在前海蛇口自贸片区外同步推进改革。所有涉企经营许可事项按照直接取消审批、审批改为备案、实行告知承诺、优化审批服务四种方式分类推进改革。中央层面设定类事项中，直接取消审批14项，审批改为备案7项，实行告知承诺60项，优化审批服务442项；地方层面设定类事项中取消审批1项，告知承诺1项，优化审批服务3项。据统计，2019年12月1日至2020年8月31日，深圳市"证照分离"改革全覆盖试点共惠及市场主体170134户，占同期新设立商事主体的47.2%。③

---

① 曹崧：《前海蛇口片区 率先实施"证照分离"》，《深圳特区报》2016年10月26日第1版。
② 《关于〈深圳市开展"证照分离"改革全覆盖试点实施方案〉的政策解读》，2020年4月8日，深圳政府在线（http://www.sz.gov.cn/zfgb/zcjd/content/post_7131959.html）。
③ 《努力让企业有更多获得感 深圳市深入推进"证照分离"改革综述》，2020年12月21日，深圳市市场监督管理局网站（http://amr.sz.gov.cn/xxgk/xwzx/mtbd/content/post_8362565.html）。

延伸阅读

直接取消审批16项。如商务部门在前海蛇口自贸片区取消了对外贸易经营者备案登记，经营者凭营业执照即可办理海关进出口报关验放手续；卫健部门取消诊所设置审批，申办诊所在取得营业执照后即可直接申请执业登记，同步精简办理医疗机构执业登记所需的审批材料，将审批时限由45天压减至18天。

审批改为备案7项。如在前海蛇口自贸片区内，深圳海关将报关企业注册登记改为备案，并纳入"多证合一"范围，在企业登记注册环节一并办理；市场监管部门将食品经营许可（仅销售预包装食品）改为备案，在企业登记注册环节一并办理，并率先在食品经营许可证延续、补证、注销环节实现"秒批"。

实行告知承诺61项。如住建部门一次性告知申请人办理建筑业企业资质认定应具备的条件，对企业提交的材料和承诺事项进行形式审查后即发放电子资质证书，加强证后核查和监管；交通运输部门制作了道路货运经营许可告知承诺书，申请人通过网上提交申请并做出具备条件的承诺后，系统"秒批"通过。

优化审批服务445项。通过标准化管理和网上办理，压缩审批时限。涉及市级以下事权的60个事项，平均每个事项压缩11天，约三分之一的事项压缩为即来即办。如工业产品生产许可证核发由60个工作日压缩为即办件，种畜禽生产经营许可证核发由60个工作日压缩为8个工作日等。压减申请材料，如道路运输（旅客运输、国际道路运输）经营审批压减了56.7%，港、澳投资者在内地投资设立合资、合作、独资经营的演出经纪机构审批压减了50%，医疗器械注册审批压减了48.6%。[①]

[①] 参见《深圳市"证照分离"改革全覆盖试点事项清单（中央层面设定，2019年版）》和《深圳市"证照分离"改革全覆盖试点事项清单（地方层面设定，2019年版）》。

二 "互联网+政务服务"提效审批

2015年,中国首次提出"放管服"改革,"简政放权、放管结合、优化服务"协同推进、三管齐下。① 行政审批制度改革是推动简政放权的最直接要求,随着互联网技术管理模式和工具方法的日渐成熟,"互联网+政务服务"不断深化,行政审批从简化审批程序、缩短审批时间向不见面审批过渡,逐步成就中国行政审批制度改革的重大突破。

2018年,李克强总理所作的政府工作报告指出:"深入推进'互联网+政务服务',使更多事项在网上办理,必须到现场办的也要力争做到'只进一扇门''最多跑一次'。"② 大力推行"互联网+政务服务"正是深圳深化商事制度改革、落实"放管服"改革等方面的重要做法之一。2019年,深圳发布《深圳市深入推进审批服务便民化实施方案》,推行审批服务"马上办、网上办、就近办、一次办"。截至2020年11月,深圳市政务服务事项100%进驻网上办事平台,99.92%政务服务事项实现最多跑一次,94.05%行政许可事项实现零跑动办理,635个事项实现即来即办,510个事项实现全城通办。③ 深圳市"互联网+政务服务"助推审批提效主要措施及推进历程见图5-6。

(一)不见面审批

作为"放管服"改革落实的重要抓手,"不见面审批"是通过业务流程优化,进一步减材料、减环节、减时间,实现审批事项全流程网上申办、网上受理、网上审批、网上签发电子证照、线下快递送达纸质证照等审批结果,申请人和审批窗口工作人员不需要见

---

① 《李克强:深化简政放权放管结合优化服务 推进行政体制改革转职能提效能》,2016年5月22日,中国政府网(http://www.gov.cn/guowuyuan/2016-05/22/content_5075741.htm)。
② 《2018年政府工作报告》,参见http://www.china.com.cn/lianghui/news/2019-02/28/content_74505934.shtml。
③ 《标杆!深圳政务服务改革创新:推出"秒报秒批一体化"模式》,2020年11月12日,搜狐网(https://www.sohu.com/a/431354026_99919028)。

第五章 砥砺前行 持续深化

电子证照建设与共享应用

2020年
- 2020年10月，深圳印发《深圳市优化"一件事一次办"改革工作方案》

2019年
- 2019年10月起，深圳市推出18个"一件事一次办"场景式主题服务；10月1日起实施《深圳市政务服务容缺办理管理办法》
- 2019年5月，《深圳市深入推进审批服务便民化实施方案》出台，全面推行"一次办"，实现市、区级政务服务事项100%"最多跑一次"

2018年
- 2017年5月，印发《深圳市"互联网+政务服务"暨一门式一网式政府服务模式运行规则（试行）》，11月，深圳全面完成"一门式一网式"政府服务模式改革
- 2016年，深圳出台《深圳市推进互联网+政务服务暨一门式一网式政府服务模式改革实施方案》

"一件事一次办""最多跑一次""一门式一网式"

- 到2020年底审批服务"马上办、网上办、就近办、一次办"实现4个100%
- 2019年5月印发《深圳市深入推进审批服务便民化实施方案》，提出2020年政务服务事项实现100%网上可办
- 2019年1月"i深圳"发布，从"网上办"到"掌上办"
- 2018年9月，广东政务服务网深圳市网站上线
- 2018年6月底发布首批100个"不见面审批"服务事项清单；8月再推200项；后又推出300个"全城通办"事项

审批服务"一网通办""不见面审批"

- 2020年3月，打造"智慧秒批"服务品牌被列为"深圳营商环境：一号改革工程任务清单"的"十大智慧精准服务措施"之一
- 2019年5月，《深圳市深入推进审批服务便民化实施方案》明确推广政务服务"秒批"模式
- 2019年5月，全国首创推出申报端"秒报"（无感申办）服务模式
- 2018年11月，深圳市召开政务服务"秒批"新模式专家评审会，就《深圳市推广"秒批"（无人干预自动审批）模式工作方案》和《深圳市"秒批"（无人干预自动审批）服务实施标准化指引》征询意见和开展讨论

"秒报""秒批"

"放管服"改革 　　　　"互联网+政务服务"

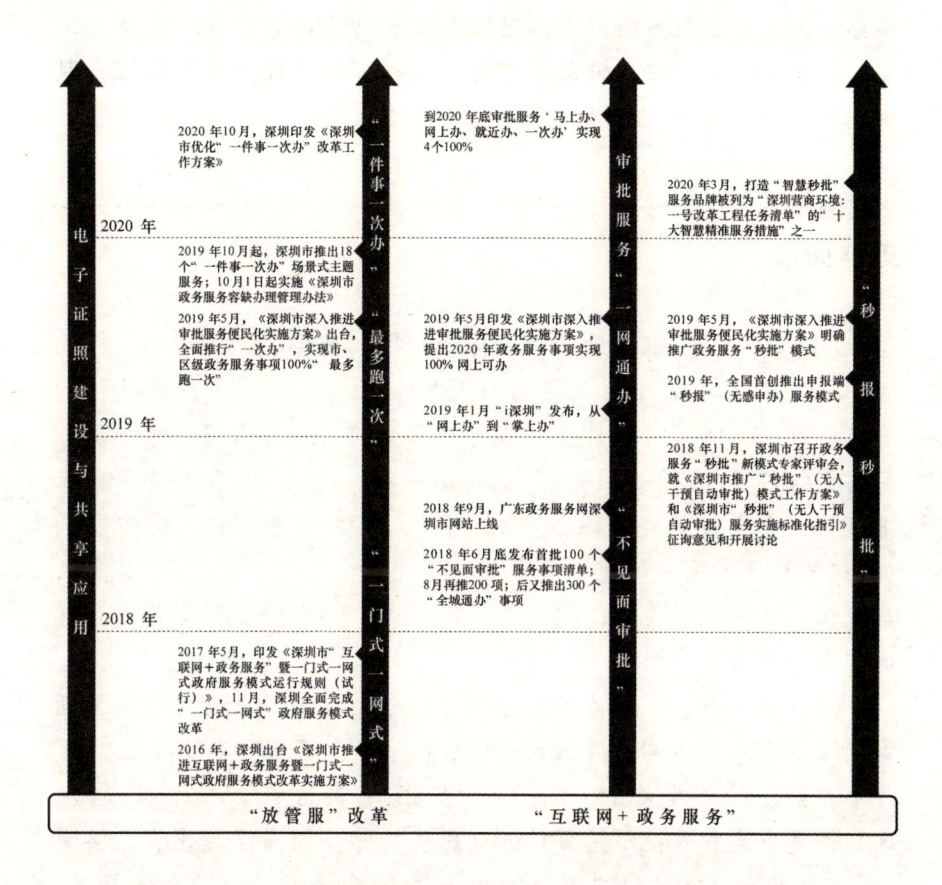

图5-6　深圳市"互联网+政务服务"助推审批提效主要措施及推进历程

面的审批服务模式。① 2018年6月底，深圳市在市场监管、人力资源保障、公安、交通运输、住房建设等领域，发布首批100个"不见面审批"服务事项清单。其中商事登记相关的包括名称核准，有限责任公司（含分公司）设立、变更登记，有限责任公司董事、监事、经理、章程、清算组成员备案，股份有限公司（含）设立、变更登记等。2018年8月，深圳市再推200项"不见面审批"事项，事项范围更广、覆盖部门更多，面向企业法人的有如出口退（免）

---

① 《深圳发布首批"不见面审批"清单》，2018年7月2日，中国政府网（http://www.gov.cn/zhengce/2018-07/02/content_5302916.htm）。

税预申报、变更税务登记等；之后，又推出300个"全城通办"事项，包含了公安户政、机动车业务、人社部门社保办理等领域，其中229项可跨区域、跨层级办理。①

延伸阅读

部分地区"不见面审批"剪影

2017年4月27日，江苏南京颁发全国首张"不见面审批"的营业执照。2018年中共中央、国务院印发《关于深入推进审批服务便民化的指导意见》，推广浙江"最多跑一次"、江苏"不见面审批"等六个省市的经验做法。2019年，中共中央、国务院印发的《长江三角洲区域一体化发展规划纲要》中，江苏"不见面审批"，与浙江"最多跑一次"、上海"一网通办"一并，被列为营商环境的"全国品牌"。

2017年6月，江苏省政府办公厅出台了《关于全省推行不见面审批（服务）改革实施方案》，全面推行的"不见面审批（服务）"改革。截至同年6月15日，江苏省13个设区市、96个县（市、区）改革方案和首批不见面审批（服务）事项清单全部出台，实现"不见面审批"方案和"不见面审批"清单（第一批）全省覆盖。省内过去企业盖厂房，立项规划等各种审批至少三年，通过推行"不见面审批""3550"改革，要求工业建设项目施工许可证50个工作日内完成，2017年底，97.9%的项目实现此目标。②

2017年7月，海南在全省范围内试点推行全流程互联网"不见面审批"改革；10月印发了《海南省推行全流程互联网"不见面审批"实施方案》，进一步深化"放管服"改革，提高政府服务效率和透明度，确定到2018年底，全省实现80%的审批服务事项

---

① 《深圳市再推200项"不见面审批"事项》，2018年8月20日，中国政府网（http://www.gov.cn/xinwen/2018-08/20/content_5315155.htm）。
② 《江苏：审批"不见面"办事"更方便"》，2018年6月13日，中国政府网（http://www.gov.cn/xinwen/2018-06/13/content_5298501.htm）。

"不见面审批"。中海南方石化文昌片区区域经理通过海南省政务服务中心网站提交了"危险化学品经营许可延期换证"申请，根据网上流程显示，从申请预审通过到开始受理，再到办结，全程不到3个小时，并在两天内收到了快递到家的审批结果。①

2017年8月，原上海市质量技术监督局推出工业产品生产许可证申报全程无纸化+审批文书档案电子化制度。企业申报后，经形式审查合格，由网上办事平台即时向企业推送《材料清单》《受理通知书》《行政许可决定书》等电子文书和电子证书。上海众志卫生用品有限公司提交延续申请四分钟后，工业产品生产许可证电子证书就通过网络"发到手"，成为上海首批获得工业产品生产许可"不见面审批"服务的企业；企业2006年首次申领许可证，十余年间，办证、延续的审批时间从起初的3个月缩短到4分钟，从"最少跑两趟"变为"足不出户"，申请材料从一小沓"缩水"到"三张纸"。"原本需要一个筹备组准备两周的申报材料，现在只需要一个人20分钟就可以在电脑上完成。"②

（二）审批服务"一网通办"

为了进一步深化"不见面审批"，深圳全面推行政务服务"一网通办"，实现行政审批服务事项"100%网上申报、100%网上审批"。2019年6月，深圳对照《关于深入推进审批服务便民化的指导意见》（厅字〔2018〕22号）和《广东省深入推进审批服务便民化工作方案》（粤府办〔2018〕51号），结合本市实际，印发《深圳市深入推进审批服务便民化实施方案》，提出"着力提升'互联网+政务服务'水平"，创新审批模式、推广容缺后补，在审批服务"马上办、网上办、就近办、一次办"方面实现4个100%。2020年，围绕"一网通办、智慧秒批、精准服务"印发了《深圳

---

① 《海南："不见面审批"让群众"不跑腿"》，2017年10月24日，中国政府网（http://www.gov.cn/xinwen/2017-10/24/content_5234180.htm）。
② 《上海工业产品生产许可发出首张"不见面审批"证书》，2018年1月5日，中国政府网（http://www.gov.cn/xinwen/2018-01/05/content_5253657.htm）。

市2020年优化营商环境改革重点任务清单》。

深圳依托"数字政府"建设，建起市、区、街道、社区四级通用公共服务综合信息系统，依托在线政务服务平台（广东政务服务网），实现"政务服务统一申请、统一受理、集中办理、统一反馈和全流程监督"①等功能。2019年1月，"深圳市统一政务服务App"——"i深圳"发布，推进"掌上政府、指尖服务、刷脸办事"建设，实现"一屏智享生活、一号走遍深圳"。深圳市级权限范围内的涉企经营许可事项从"网上办"到"掌上办"，已实现100%"一网通办"。②

延伸阅读

上海在全国率先推进"一网通办"，2018年10月正式上线上海政务"一网通办"总门户，当年围绕食品、药品、工程建设等重点领域，提供了"开食品店""开超市"等50多个复杂主题服务。截至2020年底，上海"一网通办"已累计推出357项改革举措，累计实名注册个人用户4415.9万，企业用户214.7万；已接入政务服务事项3071项，实现行政审批事项"全覆盖"，个人主页和企业专属网页累计访问34.3亿次，精准推送政策服务1.1亿次。2020年度日均访问1259.8万人次，其中日均办事17.3万件。2021年，上海市委办公厅、市政府办公厅印发《深化"一网通办"改革构建全方位服务体系的工作方案》，将拓展个人全生命周期和企业全发展周期的"一网通办"服务场景应用，实现从"可用"向"好用"、从"好用"向"爱用"、从"爱用"向"常用"的"三步走"。③

---

① 《推进"三融五跨"构建全国一体化"互联网+政务服务"技术和服务体系》，2017年2月7日，中国政府网（http://www.gov.cn/zhengce/2017-02/07/content_5166273.htm）。

② 《掌上政府、指尖服务、刷脸办事……深圳"秒批"改革让市民少跑腿》，2019年7月24日，读特网（https://www.dutenews.com/p/191178.html）。

③ 《上海："一网通办"打造全周期服务》，2021年3月13日，中国政府网（http://www.gov.cn/xinwen/2021-03/13/content_5592727.htm）。

（三）审批事项"秒报秒批"

深圳积极升级"不见面审批"，打造"秒批"政务服务品牌。2018年，深圳首推政务服务"秒批"改革，推动政务服务由"基于材料"的审批向"基于数据"的审批转变。[①] 2019年，《深圳市深入推进审批服务便民化实施方案》明确推广政务服务"秒批"模式。2020年3月，打造"智慧秒批"服务品牌被列为"深圳营商环境：一号改革工程任务清单"的"十大智慧精准服务措施"之一。深圳已在商事登记、人才引进、高龄津贴申请、网约车/出租车驾驶员证申办、民政、残联等260余项高频的堵点痛点领域实现了"秒批"，其中企业开办和经营许可方面推出70项"秒批"事项，实现24小时不关门，窗口重复人力工作大量减少，审批效率大幅提升，民众与市场主体体验快速、多渠道的优质服务。[②]

深圳不懈努力打造高效、便捷、优质的政务服务，在"秒批"基础上，2019年，全国首创推出申报端"秒报"（无感申办）服务模式。深圳统一政务服务App"i深圳"、广东政务服务网等统一业务办理平台具备快速身份认证功能，申报人通过刷脸认证、指纹识别等方式即可授权数据读取，实现自动填报。"秒报"在申报端由系统自动填充表单、自动推送材料，从而实现信息少填或免填、材料少交或不交，通过打通数据壁垒切实减轻申报负担，同时消除自由裁量做到公平公正。目前，深圳已实现至少240项"秒报"事项。[③]

深圳通过持续深化"秒报""秒批"等特色政务服务模式，加强登记、审批等相关数据资源的互信互认互用，有序推进"秒报秒批一体化"。[④]

[①] 甘霖、黄子芸：《营商环境不断优化的生动注脚》，《深圳特区报》2020年6月1日第1版。

[②] 《市民"解绊"企业"松绑"》，2020年9月11日，网易（https://www.163.com/dy/article/FM7P6JI4053469JX.html）。

[③] 《政务服务全国第一！深圳这样打造一流营商环境》，2020年10月23日，中工网（https://baijiahao.baidu.com/s?id=1681328758233653308&wfr=spider&for=pc）。

[④] 《深圳商事制度改革成效引领全国》，2020年10月22日，读创网（https://baijiahao.baidu.com/s?id=1681218784911524752&wfr=spider&for=pc）。

延伸阅读

部分涉企"智慧秒批"服务事项

2018年6月,深圳市人力资源和社会保障局在全国率先开展应届毕业生接收"秒批"改革。① 2018年11月,深圳市发展和改革委员会试运行企业投资项目备案"秒批",将原本承诺2个月完成的人工审批事项做到了6秒出证②;广东省深圳市迈迪加科技发展有限公司从递交申请到收到批复,仅用了6秒时间,600万元项目备案顺利出证。③ 2019年3月,个体工商户设立、注销登记实现"秒批"。2019年5月,深圳市上线食品经营许可"不见面审批"信息系统,大型连锁食品经营单位、零售药店、微小餐饮单位新办食品经营许可证,食品经营许可延续、补发、注销,共6项业务在该系统实现"秒批"。④ 2019年5月,社保登记、企业住房公积金登记纳入"开办企业一窗通"平台,实现"秒批"。2019年9月,试点企业设立"秒批"。2019年11月,深圳市交通运输局推出机动车维修经营备案智能"秒批"。⑤ 2020年3月,新办企业发票申请实现"秒批",通过"开办企业一窗通"平台进行发票需求勾选,一键点击即可实现票种核定、税控设备发行、发票发售"秒批"。⑥

---

① 《优化营商环境改革 | 深圳"秒批"改革让市民少跑腿》,2019年7月24日,澎湃在线(https://m.thepaper.cn/baijiahao_3992122)。
② 何雪峰:《政务服务提速 深圳试行"秒批"》,《南方日报》2018年11月23日第1版。
③ 《全市实现"秒批"事项40多个,市民连声称"快"》,2018年11月23日,深圳新闻网(http://www.sznews.com/news/content/2018-11/23/content_21233104.htm)。
④ 《深圳首推食品经营"申请人承诺制",实现"不见面审批"》,2019年5月7日,深圳新闻网(http://www.sznews.com/news/content/2019-05/07/content_21720775.htm)。
⑤ 《更便民!深圳推出机动车维修经营备案智能秒批服务》,2019年11月22日,深圳新闻网(http://www.sznews.com/news/content/2019-11/22/content_22651910.htm)。
⑥ 《深圳新办企业发票申请实现"秒批"》,2020年3月15日,人民网(http://sz.people.com.cn/n2/2020/0315/c202846-33877263.html)。

（四）一件事一次办

2016 年，深圳出台《深圳市推进互联网＋政务服务暨一门式一网式政府服务模式改革实施方案》（深府办〔2016〕24 号）。2017 年 5 月，印发《深圳市"互联网＋政务服务"暨一门式一网式政府服务模式运行规则（试行）》（深府办函〔2017〕85 号）。2017 年 11 月，深圳全面完成"一门式一网式"政府服务模式改革，按"应进必进"的要求，全市政务服务事项进驻各级行政服务大厅并实行综合受理，市民办事"只进一扇门、只找一个窗"。① 2019 年 5 月，《深圳市深入推进审批服务便民化实施方案》出台，全面推行"一次办"，力争实现市、区级政务服务事项 100%"最多跑一次"。同年 10 月起，深圳市推出 18 个"一件事一次办"场景式主题服务。

为解决因申请材料不全"多次跑"的问题，深圳市 2019 年 10 月 1 日起实施《深圳市政务服务容缺办理管理办法》，支撑"最多跑一次"改革向纵深推进。申请人在办理相关政务服务事项时，应提交的材料中，非主审要件暂有欠缺或存在瑕疵，政务服务综合受理窗口先予收件或审批部门先予受理，同时引入邮政快递寄送补齐补正材料和审批结果。此外，深圳大力推进申办材料免提交或免费复印专项工作。市民和企业在办理政务服务、便民服务、公共服务事项时，无须提交身份证、户口本等材料复印件，直接由受理部门读取身份信息后，从政务电子证照系统核验并调取信息进行使用。②

2020 年 10 月，深圳印发《深圳市优化"一件事一次办"改革工作方案》，打造更实用、更易用、更管用的"一件事一次办"。深圳全面梳理了主题服务清单，从企业开办、生产、经营、注销等全生命周期中的具体场景出发，涵盖工业、服务业、农业等全领域。截至 2020 年末，已推出"我要开药店""我要开小餐馆"等涉企高

---

① 《深圳法治政府建设持续领跑全国》，2019 年 8 月 9 日，人民网（http：//politics.people.com.cn/n1/2019/0809/c1001-31285389.html）。

② 李怡天：《容缺受理：办事不再"来回跑"》，《深圳特区报》2019 年 9 月 13 日第 3 版。

频主题服务超过 2000 个，高频"一件事一次办"服务 1700 余个。①
通过打破各审批系统的"数据壁垒"，实现信息互通、资源共享、
线上联办，企业办"一件事"只需一份指南、一次申报、一套材
料，实行一口受理、一口出证；申报过程中的填报项和申请材料实
行全面标准化，申报审批推行"秒报秒批一体化"，办理环节压减
60% 以上，审批时限压减 39% 以上，申请材料压减 46% 以上，表
单填报压减 28% 以上。② 审批结果既可在市内各政务服务大厅综合
窗口领取，也可通过广东政务服务网以电子形式取得，整个流程可
实现"不见面、零跑动、全自动"。③

例如"我要开药店"，以往需要单独申请办理企业营业执照、
食品经营许可证、药品经营许可证、医疗器械经营许可证等 4 个证
照，需要 44 个工作日，改革后只需一次申办、并联审批，30 个工
作日内可取得 4 个证照。又如"我要开小餐馆"，需要办理的企业
营业执照、食品经营许可证均已实现"全流程网上办理""不见面
审批""秒批"。食品经营许可证办理采用"告知承诺④ + 秒批"模
式，申请人在网上一次性提交材料后，无人工干预自动审批，几秒
钟内即可取得两个证照。

---

① 《一件事一次办！深圳政务服务改革让企业群众办事更便利》，2021 年 1 月 6 日，南方 Plus（http://static.nfapp.southcn.com/content/202101/06/c4567518.html?group_id=1）。
② 《破解"办照容易办证难"——深化营商环境改革为企业带来发展机遇》，2020 年 9 月 3 日，新华网客户端（https://baijiahao.baidu.com/s?id=167681077787 4208387&wfr=spider&for=pc）。
③ 《优化营商环境深圳样本 | 能办、好办、办得快！18 个事项可"一件事一次办"》，2020 年 6 月 28 日，深圳新闻网（http://www.sznews.com/news/content/2020-06/28/content_23289719.htm）。
④ 2016 年 8 月，深圳市依照《广东省食品药品监督管理局关于食品经营许可的实施细则（试行）》相关要求，出台了《关于微小餐饮单位和零售药店食品经营许可试行"申请人承诺制"的通知》，对微小餐饮单位和零售药店食品经营许可试行"申请人承诺制"；2019 年 6 月，根据市政务服务数据管理局《关于同意扩大大型连锁食品经营单位食品经营许可"申请人承诺制"试行范围的函》（深政数函〔2019〕569 号）、《深圳市市场和质量监管委关于大型连锁食品经营单位食品经营许可试行"申请人承诺制"的通知》（深市质〔2017〕243 号）要求，印发《关于扩大大型连锁食品经营单位食品经营许可"申请人承诺制"适用范围的通知》。

延伸阅读

浙江省2016年全面推进"最多跑一次"改革，2019年1月1日起施行《浙江省保障"最多跑一次"改革规定》，并站在办事人的角度界定"一件事"，梳理个人和企业全生命周期的政务事项目录，于2019年7月公布"最多跑一次""一件事"目录共47件，包括外贸企业证照联办、餐饮服务证照联办、住宿服务（暂不含民宿、农家乐）证照联办、商场超市证照联办、娱乐场所证照联办、网络预约出租汽车车辆营运证核发、临时用地审批等。以浙江纳晶科技股份有限公司为例，该公司于2017年6月取得衢州绿色产业集聚区内的45亩土地，拟投资3亿元建设年产150吨量子点胶水项目。在浙江省实施"最多跑一次"改革后，衢州推出施工图"多审合一"改革，以前要走遍安监、住建、消防、人防、气象等多部门和各种中介，提供几十斤重的图纸单独图审，改革后能在线提供图纸资料，有关部门在线反馈审查结论，节省至少一个月时间及3万多元的审查费用。①

（五）电子证照共享应用

深圳不断深化电子证照建设应用，全面推进政务服务"免证办"改革。2018年，深圳市印发《深圳市政务电子证照管理暂行办法》，在全国首次规定政务电子证照的定义和效力，明确电子证照与纸质证照具有同等效力，并陆续印发了《深圳市电子证照共享应用实施方案》《深圳市政务服务数据管理局关于依托全国一体化在线政务服务平台开展电子证照应用试点有关工作的函》和《深圳市政务服务数据管理局关于推广应用电子证照推进政务服务"免证办"的通知》等文件，大规模推进电子证照"主动化、智能化"共

---

① 《浙江："最多跑一次"改革持续提升企业"获得感"》，2019年7月10日，中国政府网（http://www.gov.cn/xinwen/2019-07/10/content_5407978.htm）。

享应用,同年12月在全国率先实现应用电子营业执照办理烟草专卖零售许可证。

2019年,市政务电子证照系统已与深圳市网上办事大厅联通,实现了审批受理时自动查询并验证证照材料,审批办结时同步生成电子证照,既有效减少了人工验证的差错率,又极大提升了审批服务的效率。[1] 同年5月,《深圳市深入推进审批服务便民化实施方案》设定了"2019年底前基本完成电子证照和电子印章全面应用"的目标。

截至2021年5月,深圳市电子证照管理系统包含600种电子证照目录(其中589种已开通发证服务),6880余个政务服务事项办事材料已建立和电子证照的关联关系。截至2021年3月底,深圳市本地签发电子证照6900余万张,其中有效电子证照约2600万张,累计使用电子证照1510余万次,其中政府部门依职能用证720万次。[2] 同时,在深圳市电子证照系统支持下,证照持有人可通过"i深圳"移动端查看自有电子证照,"i深圳"已累计上线至少75类电子证照,支持全市亮码、扫码办事以及用证授权。[3]

三 持续推进审批环节改革试点

2020年8月,深圳出台《深圳市市场监督管理局关于进一步优化营商环境更好服务市场主体的若干措施》,提出试点商事登记行政确认制改革、实施"一业一证"改革等创新举措。2020年9月,深圳推出政务服务信用审批试点改革。

(一)行政许可制改为行政确认制

深圳探索商事登记行政确认制改革,试点将商事登记行政许可制改革为行政确认制,即只要申请人申报的材料齐全,符合法定形式,登记机关就可以发放营业执照,赋予其从事一般经营项目的权

---

[1] 蔡青:《深圳全面推行电子证照共享》,《深圳特区报》2019年4月12日第1版。
[2] 《深圳一体化政务服务能力蝉联全国第一,企业和群众获得感持续增强》,2021年5月27日,深圳政府在线(http://www.sz.gov.cn/cn/zjsz/fwts_1_3/yxhjjc/content/post_8808923.html)。
[3] 《深圳大规模实现电子证照"主动化、智能化"共享应用75类电子证照亮码即办事》,《中国质量报》2021年3月25日第3版。

利。此项改革是对市场主体经营自主权的进一步强化，对投资者意愿的充分尊重，是对登记材料和流程的进一步简化，对商事登记改革的再度深化，促使市场准入管理模式更加开放、透明，持续优化市场准入环境。

（二）"一业一证"改革试点

深圳实施"一业一证"改革选定零售药店作为首批试点。2021年1月，深圳市市场监督管理局印发《关于药品、医疗器械零售业实施"一业一证"改革试点的通告》（深市监通告〔2021〕10号），探索在药品、医疗器械零售领域开展实施行业综合许可，实现"一证准营"。

延伸阅读

2020年，山东选择餐饮、药店、健身馆、培训机构等20个与人民群众生产生活密切相关的高频行业，在省级层面率先开展"一业一证"改革试点，将一个行业多个许可证件，合并为一张载明相关行政许可信息的行业综合许可证，实现了企业"拿证即开业"。通过编制《山东省"一业一证"改革行业综合许可工作规范》，明确这些行业的综合许可事项名称、适用范围、审批事项、实施依据、许可条件等，制定发布"一单、一图、一表、一书、一证"（即申请材料清单、许可流程图、许可申请表、许可承诺书、综合许可证书），规范全省"一业一证"改革行业综合许可工作。2020年，山东共发放20个行业综合许可证49910张，办事环节、申请材料、审批时间分别压减71%、80%、78%。[①]

[①]《全国首个！山东推进"一业一证"改革全行业全覆盖》，2021年3月18日，海报新闻（https://baijiahao.baidu.com/s?id=1694572603277574757&wfr=spider&for=pc）。

(三) 政务服务信用审批试点改革

2019年9月,《中共中央 国务院关于支持深圳建设中国特色社会主义先行示范区的意见》中,明确提出要优化政府管理和服务,而加强社会信用体系建设正是切入点之一。为进一步加强社会信用体系建设,发挥信用在"数字政府"改革建设中的基础性作用,推动政府职能转变、深化"放管服"改革工作,2020年9月,深圳在福田区率先开展政务服务信用审批试点改革,并发布《深圳市福田区政务服务信用审批实施办法》,致力营造便捷高效的法治化营商环境。

对于适用信用审批的事项,运用智慧科技手段,以信用减材料、减时限、减环节,对信用状况良好的申请人予以精简办事材料、简化办理流程、加快办理进度等便利服务。如针对审批材料不熟悉或忘带,导致审批暂时不予受理、跑多趟或耗时较长等问题,对信用良好的申请人或企业,只需要作出信用承诺,便可提前通过审批。

信用审批包括"信用+秒批""信用+容缺"和"信用+告知承诺"三种模式。[①] 其中,"信用+秒批"模式,通过优化流程、精简材料等方式,系统自动比对办理人员的信息,实现数据共享,无人工干预自动审批。"信用+容缺"模式,对缺少部分申请材料且符合容缺办理事项清单的企业或个人,通过签订《容缺受理承诺书》,并在约定期限内补齐补正相关材料,实现诚信申报、容缺受理。"信用+告知承诺"模式,在收到申请人签章的《告知承诺书》后,可当场作出行政审批决定,让拥有良好信用的企业和个人通过书面信用承诺享受即时办理。首批推出的信用审批清单含超60项"信用+承诺"服务,可现场减免材料151份,13个事项实现零材料即可办结;另有超45项区级事项可享"信用+秒批"服务,超300项可享"信用+容缺"服务。如原来办理"瓶装燃气供应站设立"事项时需要提供11种材料,采用信用审批方式办理如今仅需提供一张申请表即可。

同时,申请人履诺情况将纳入行政相对人的政务信用记录并应

[①] 《1份承诺书代替11项材料,深圳福田再增信用审批服务事项》,《南方都市报》2020年9月29日。

用于政务服务。如办事信誉良好的申请人，可享受行政服务大厅绿色通道及服务专员"一对一"的代帮办服务，办事流程"免预约、免排队"等。而通过监管核查发现被审批人履诺实际情况与承诺内容不符的，政务服务部门可要求其限期整改，逾期拒不整改或者整改后仍不符合条件的，将被依法撤销行政审批决定，被审批人的失信行为信息将被记入政务服务信用库黑名单，其3年内不能适用信用审批方式。① 政务服务信用审批新模式的建设，正是对国务院《关于加强和规范事中事后监管的指导意见》（国发〔2019〕18号）文件精神的具体落实，将更多行政资源从事前审批转移到事中事后监管，② 并进一步强化信用约束，助推守信联合激励和失信联合惩戒机制加速建立。

第四节　监管：信用为核放管并举

商事制度改革实现了商事主体的"宽进"，大大激发了创业创新热情，商事主体数量迅速增长的同时，在有限的行政资源条件下，传统巡查式、全覆盖的监管方式已经无法满足现实的监管要求，单纯依靠行政处罚等监管手段也已经不能适应改革发展的需要。

延伸阅读

案例1：虚假注册及非注册地经营问题

自商事登记改革以来，深圳市的商事主体登记呈爆发趋势，主体大量增长，营商便利、经营服务提升迅速但是事后监管未及时补充，虚假注册大量涌现，出现很多僵尸企业。虚假注册及未在注册

---

① 参见《深圳市福田区政务服务信用审批实施办法》。
② 《国务院关于加强和规范事中事后监管的指导意见》，2019年9月12日，中国政府网（http：//www.gov.cn/zhengce/content/ 2019 - 09/12/content_ 5429462. htm）。

地址经营的问题占用大量上门查验问询的精力；若此类问题被投诉举报，监管所执法人员无法找到被投诉企业，只能将其移入经营异常名录等其自行现身，由于大多数投诉只以调解的方式解决，投诉处置完成后被投诉企业再次消失，后续再受到投诉时又无法找到，如此往复，整个流程既耗时又致基层工作重复、增量。

案例2：网络经营者监管问题

网络主体受益于网络虚拟性及商事制度改革的红利，大量存在实际经营地址与注册地址不一的情况；全国各地从事网络经营的网店，也有很多把公司注册在深圳，用深圳的执照在淘宝等平台上申请网店，当这些网店出现消费纠纷，通过注册地址能找到对应网店的不足四成，若线上处理的技术化手段不成熟，则需要像普通实体店铺一样上门解决，导致"线上问题线下查、线上商家线下找"的矛盾，耗费大量人力。

而信用监管，以信用为约束引导各方力量参与合力打击违法者，相比传统监管方式方法，行政成本相对较低，更能适应商事主体大幅增加后事中事后监管的新趋势，正符合商事制度改革的方向。因此，深圳在商事制度改革的同时，积极探索以信用为核心的新型监管机制，有序推进放与管的紧密衔接与深度结合。

2013年，深圳以特区立法形式明确提出"信用监管"的理念，同年3月1日起实施的《深圳经济特区商事登记若干规定》规定了经营异常名录和商事主体年报等制度，并提出将有关商事登记行为"纳入信用监管体系"。据此，深圳在全国率先实行了经营异常名录制度、年度报告公示制度的信用监管手段。[①] 2014年，深圳市委、市政府印发了《关于制定实施商事登记制度改革后续监管办法的工作方案》（深委字〔2014〕20号），以"谁审批、谁监管，谁主管、谁监管"为原则，推进构建与商事制度改革相适应的事中事后监管体系。2015年9月，深圳出台《商事主体信用监管体系构建实施工

---

① 2014年出台的《企业信息公示暂行条例》（国务院令第654号）中规定的经营异常名录和年度报告制度，正是借鉴深圳的改革经验。

作方案》确立工作思路，率先形成以信息归集共享为基础、以信息公示为手段、以信用监管为核心的监管机制。2019年，党中央、国务院启动新一轮的机构改革，组建国家市场监督管理总局，设立信用监管司，把拟定信用监督管理的制度措施，组织开展信用监管作为重要职责；对应地方各级政府随之调整，深圳市市场监督管理局企业登记监管处①更名为企业信用监管处，职能对应国家市场监督管理总局信用监督管理司，构建商事主体信用监管体系成为商事制度改革后加强事中事后监管的方向和重点工作任务。

信用是市场经济运行的基础，健全社会信用体系是建设现代市场经济的必要条件。② 2021年4月，深圳起草并就《深圳经济特区社会信用条例（征求意见稿）》公开征求意见，拟通过特区信用条例立法，打造良好的市场信用环境；通过立法形式确保以信用为核心的新型市场监管体制顺利建成和有效实施，发挥信用体系推动经济发展转型升级的作用。③ 深圳市信用监管推行历程见图5-7。

深圳探索构建以信用为基础的监管新机制以来，逐步建立健全"经营异常名录""黑名单""联合奖惩"等监管方式与约束手段；建立随机抽取检查对象、随机选派执法检查人员的"双随机"抽查机制，推进监督检查制度化、规范化、程序化，提高监督检查的公平性和效能。借助大数据、人工智能等技术，着眼"点""线""面"和社会监管四个维度构建智慧市场监管新机制，采用更智能的监管手段，"向科技要效率，向智慧要效能"，④ 不断提升市场监管现代化水平。打造商事主体登记及许可审批信用信息公示平台，营造消费者、商家和监管部门的互动圈。在"点"上实施"双随机、一公开"监管，"线"上实施重点监管，"面"上实施跨部门

---

① 2014年5月，深圳市组建市场和质量监督管理委员会及所属市市场监督管理局（市质量管理局、市知识产权局）、市食品药品监督管理局。根据三定方案，原企业登记监管处更名为企业信用监管处，新增了"组织构建商事主体信用监管体系"的重要职能。

② 参见《中共中央关于完善社会主义市场经济体制若干问题的决定》。

③ 《〈深圳经济特区社会信用条例（征求意见稿）〉起草说明》，参见 http://amr.sz.gov.cn/xxgk/qt/tzgg/content/post_8690021.html。

④ 易东等：《向科技要效率 向智慧要效能》，《深圳特区报》2020年1月3日第9版。

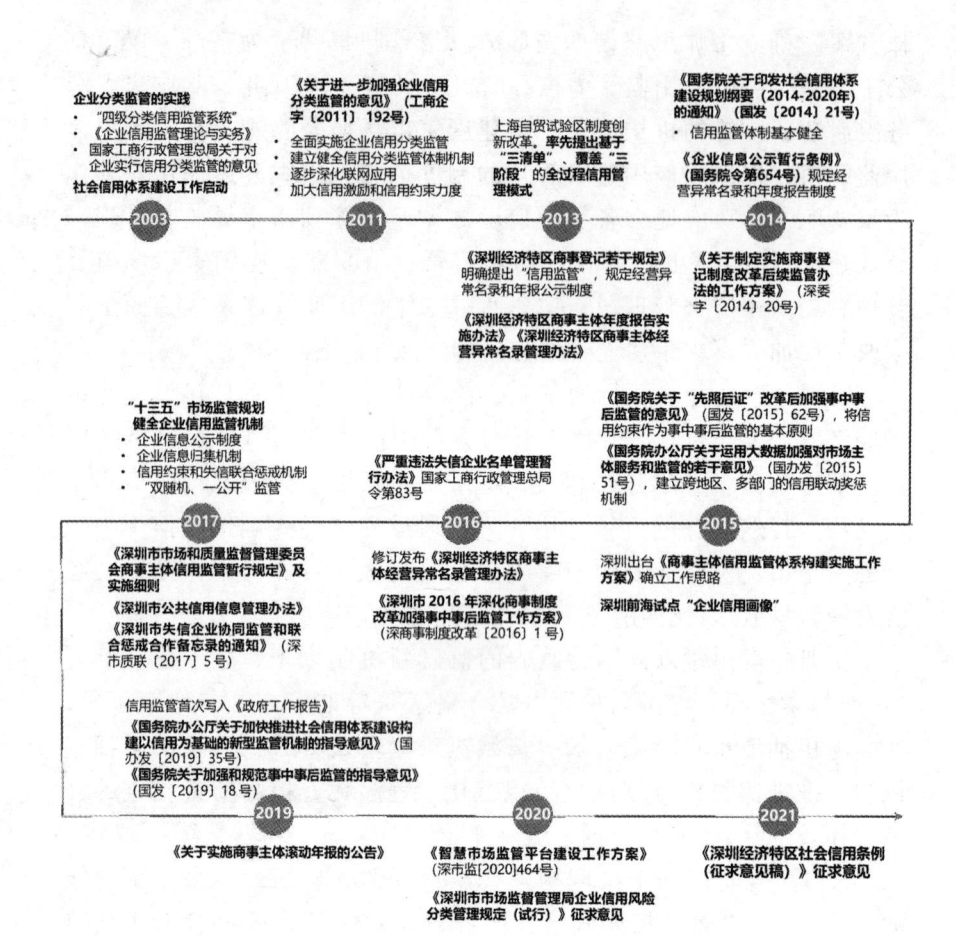

图 5-7 全国及深圳市信用监管推行历程概要

2003
企业分类监管的实践
- "四级分类信用监管系统"
- 《企业信用监管理论与实务》
- 国家工商行政管理总局关于对企业实行信用分类监管的意见

社会信用体系建设工作启动

2011
《关于进一步加强企业信用分类监管的意见》（工商企字〔2011〕192号）
- 全面实施企业信用分类监管
- 建立健全信用分类监管体制机制
- 逐步深化联网应用
- 加大信用激励和信用约束力度

2013
上海自贸试验区制度创新改革，率先提出基于"三清单"、覆盖"三阶段"的全过程信用管理模式

《深圳经济特区商事登记若干规定》明确提出"信用监管"，规定经营异常名录和年报公示制度

《深圳经济特区商事主体年度报告实施办法》《深圳经济特区商事主体经营异常名录管理办法》

2014
《国务院关于印发社会信用体系建设规划纲要（2014-2020年）的通知》（国发〔2014〕21号）
- 信用监管体制基本健全

《企业信息公示暂行条例》（国务院令第654号）规定经营异常名录和年报报告制度

《关于制定实施商事登记制度改革后续监管办法的工作方案》（深委字〔2014〕20号）

2015
《国务院关于"先照后证"改革后加强事中事后监管的意见》（国发〔2015〕62号），将信用约束作为事中事后监管的基本原则

《国务院办公厅关于运用大数据加强对市场主体服务和监管的若干意见》（国办发〔2015〕51号），建立跨地区、多部门的信用联动奖惩机制

"十三五"市场监管规划
健全企业信用监管机制
- 企业信息公示制度
- 企业信息归集机制
- 信用约束和失信联合惩戒机制
- "双随机、一公开"监管

2016
《严重违法失信企业名单管理暂行办法》国家工商行政管理总局令第83号

修订发布《深圳经济特区商事主体经营异常名录管理办法》

《深圳市2016年深化商事制度改革加强事中事后监管工作方案》（深商事制度改革〔2016〕1号）

深圳出台《商事主体信用监管体系构建实施工作方案》确立工作思路

深圳前海试点"企业信用画像"

2017
《深圳市市场和质量监督管理委员会商事主体信用监管暂行规定》及实施细则

《深圳市公共信用信息管理办法》

《深圳市失信企业协同监管和联合惩戒合作备忘录的通知》（深市质联〔2017〕5号）

2019
信用监管首次写入《政府工作报告》

《国务院办公厅关于加快推进社会信用体系建设构建以信用为基础的新型监管机制的指导意见》（国办发〔2019〕35号）

《国务院关于加强和规范事中事后监管的指导意见》（国发〔2019〕18号）

《关于实施商事主体滚动年报的公告》

2020
《智慧市场监管平台建设工作方案》（深市监〔2020〕464号）

《深圳市市场监督管理局企业信用风险分类管理规定（试行）》征求意见

2021
《深圳经济特区社会信用条例（征求意见稿）》征求意见

协同监管，同时发挥社会监督作用，着力构建"企业自治、社会监督、政府监管"的商事主体社会共治格局，切实加强事中事后监管，持续优化营商环境。2017年起深圳稳居中国城市营商环境指数全国前三。

一 增强信用约束，构建监管新格局

深圳市的商事制度改革启动较早，涉及面广、影响力大、见成效快，配套的经营异常名录、年报、信用信息公示等相关工作机制运行良好。2014年10月1日，国务院《企业信息公示暂行条例》

颁布实施，在全国建立了企业信息公示制度、经营异常名录制度、年报制度、公示信息抽查制度等加强事中事后监管的改革措施，提出了全国企业信用信息公示系统的建设、数据的共享和信用约束等方面的问题，有力推动了信用监管领域的进一步探索。深圳通过应用统一地址库、采用商事登记实名核身等措施手段，首先保障包括登记信息在内的企业信用信息本身的真实性；再以信用信息为基础，依托共享平台，深圳推进落实联合奖惩、协同监管机制。2019年，深圳探索实行商事主体滚动年报制度，重构了商事主体年报及相关制度；此外，通过试点"企业信用画像"、创设"深圳信用"二维码等不断丰富信用手段。

（一）经营异常名录管理升级

深圳在全国率先实行了经营异常名录制度、年度报告公示制度的信用监管手段。2013年3月4日，深圳制定出台《深圳经济特区商事主体经营异常名录管理办法》（深市监规〔2013〕5号），规定经营异常名录载入和移出的规则，同时规定了对载入经营异常名录的商事主体，在没有移出经营异常名录之前，不得办理相关商事登记的信用约束措施。9月20日，深圳将首批通过地址无法联系的商事主体载入经营异常名录。2014年8月19日，原国家工商行政管理总局出台《企业经营异常名录管理暂行办法》《企业公示信息抽查暂行办法》《农民专业合作社年度报告公示暂行办法》和《个体工商户年度报告暂行办法》，初步建立了国家层面的商事制度法规体系。2015年12月3日，《广东省商事登记条例》出台。

2016年12月22日，深圳修订发布《深圳经济特区商事主体经营异常名录管理办法》，对经营异常名录管理制度进行完善，建立与全国其他地方相统一、相衔接、规范有序的商事制度。修订的主要内容：一是对企业和个体工商户进行了区分。二是扩大载入经营异常名录的情形，从原两种增至四种：1）不按时提交年度报告的；2）通过登记的住所或者经营场所无法联系的；3）未在市场监督管理部门依照《企业信息公示暂行条例》第十条规定责令的期限内公示有关企业信息的；4）公示企业信息隐瞒真实情况、弄虚作假的。三是增加载入经营异常名录后的信用约束规定，包括申请办理登记和备案事项受限，进入严重违法企业名单和永久载入经营异常名录等。四是增加载入经营异常名录后的异议处理及救济途径等相关规定。此外，将载入经营异常名录或标记为经营异常状态决定之前的告知公告时间，由原来的 30 天缩短为 10 天，以减少别有用心商事主体投机的空间，如通过频繁变更注册地躲避被载入经营异常名录等。①

为起到信用约束作用，商事主体被载入经营异常名录、标记为经营异常状态的，会通过深圳市市场监督管理部门门户网站、深圳信用网和全国企业信用信息公示系统（广东）向社会公示。如企业被载入经营异常名录、严重违法企业名单和个体工商户被标记为经营异常状态，在相关违法情形未改正前申请变更登记或备案的，商事登记机关不予受理。按照《严重违法失信企业名单管理暂行办法》（国家工商行政管理总局令第 83 号）的规定，被列入经营异常名录满 3 年仍未履行相关义务的，列入严重违法失信企业名单管理。列入严重违法失信企业名单的企业，将被市场监管部门列为重点监督管理对象。被列入经营异常名录届满 3 年仍未履行相关义务而被列入严重违法失信企业名单的企业的法定代表人、负责人，3 年内不得担任其他企业的法定代表人、负责人，不能被授予相关荣誉称号。严重违法失信企业名单信息与其他政府部门互联共享，实施联合惩戒。

~~~~~~~~~~~~~~~~~~

延伸阅读

截至 2020 年底，全国经营异常名录实有企业 664.86 万户，严重违法失信企业名单实有企业 98.24 万户。国家市场监督管理总局参与签署了 45 个联合惩戒备忘录，涉及税收征管、上市公司、法院执行等众多领域；配合最高人民法院限制"老赖"担任公司各类职

---

① 《〈深圳经济特区商事主体经营异常名录管理办法〉修订内容解读》，参见 http://amr.sz.gov.cn/xxgk/qt/ztlm/ssdjzc/zcjd_ss/content/post_1942173.html。

务 54.35 万人次,失信联合惩戒的成效日益显现。① 深圳认真落实企业的信用信息公示和严重违法失信企业名单制度,截止到 2019 年 6 月共有 56210 家企业被列入严重违法失信企业名单并对社会公示,累计对 19377 家商事主体实施了风险预警。②

(二)"多报合一" + "滚动年报"

商事主体年度报告制度是事中事后监管的重要内容,年度报告的依法报送及公示,对于政府部门,可以掌握商事主体的经营状况和存活状态,并作为政府决策的佐证和依据。对于社会公众和交易相对人,可以通过了解商事主体的信用情况,减少信息不对称,保障市场公平与交易安全;对于商事主体本身,可以自行定期检视经营合规性,通过树立诚信并加强自律,不断提高主体意识、提升内部治理能力。③

2013 年 3 月,深圳制定出台《深圳经济特区商事主体年度报告实施办法》(深市监规〔2013〕6 号),规定了商事主体全流程网上提交年报并公示。但报送年报的时间统一为每年的 1 月 1 日至 6 月 30 日,"扎堆"报送现象非常突出,从而引发显现三方面问题:一是商事主体的"从众心理"被强化;二是商事主体数量的持续快速增长导致年报系统拥堵越发明显;三是年报量大集中而行政资源难以有效分配。④ 因此,时间"一刀切"的年报报送模式已不能适应商事制度改革后的市场环境。

于是,深圳推动开展商事主体年报改革。2018 年,深圳在全国率先实现所得税年度纳税申报和商事主体年报的"多报合一",即

---

① 《市场监管总局:全国严重违法失信企业名单实有 98.24 万户》,2021 年 3 月 14 日,央视新闻客户端(https://china.huanqiu.com/article/42IzkEyUJYG)。
② 《深圳开发建设信用联合奖惩系统 归集全国黑名单红名单信息及奖惩措施》,2019 年 6 月 4 日,深圳新闻网(http://www.sznews.com/news/content/2019-06/04/content_22108047.htm)。
③ 《深圳试点商事主体滚动年报》,2019 年 5 月 6 日,中国质量新闻网(https://www.cqn.com.cn/zgzlb/content/2019-05/06/content_7076017.htm)。
④ 《商事主体不用扎堆报送年报了》,《深圳商报》2019 年 4 月 19 日第 5 版。

商事主体通过深圳市电子税务局报送所得税年度纳税申报后,税务部门根据商事主体授权将年报数据共享给市场监管部门,市场监管部门接收到相关数据后对年报申报结果予以认可,商事主体无须另行向市场监管部门报送年报。①"多报合一"提升了年报数据的质量管控,减轻了企业填报的负担,也缓解了基层执法人员催报的工作压力。2019年通过"多报合一"方式报送年报企业占比61.6%,深圳年报率在全省的排名创历年最好成绩。

2019年,深圳发布《深圳市市场监督管理局关于实施商事主体滚动年报的公告》(深市监公告〔2019〕6号),试点"滚动年报"。具体围绕"探索简便易行的滚动年报方式、建立健全年报公示常态长效机制、探索试行配套的信用监管制度"推出了十项措施②,建立了市场监管联系人制度,企业通过实名认证在提交年度报告时设置市场联系人,有效解决监管联系不上企业问题。此项改革从各个方面重构了商事主体年报及相关制度,不断优化年报质量。

商事主体年报改革后的主要特点可用如下四个词概括。③

一是常态,即年报工作常态化。滚动年报报送规定自成立周年之日起两个月内提交上一自然年的年度报告,由于各商事主体的成立时间不一,其年报的报送时间即分散到了全年,有利于市场监管部门合理配置行政资源,对年报工作进行"精细化"管理,以精准优质的服务促高质高效的监管。

二是专人,即年报人员专人化。改革后,商事主体需要设置专门的市场监管联系人负责年报及相关业务,且市场监管联系人信息也需要及时更新,保证商事主体与市场监管部门之间的联系。市场监管部门提供"精准"的服务、发送提示信息,引导商事主体更好地履行年报及相关法律义务,提高年报质量的同时保障主体权益。

---

① 《深圳实现年度纳税申报与商事主体"多报合一"》,2018年5月15日,中国质量新闻网(https://www.cqn.com.cn/zgzlb/content/2018-05/15/content_5786955.htm)。

② 何泳:《深圳实施商事主体滚动年报改革》,《深圳特区报》2019年4月19日第4版。

③ 广东市场监管:《深圳改为滚动年报!重点来了,今年年报怎么报?》,2019年5月27日,南方Plus(http://static.nfapp.southcn.com/content/201905/27/c2266511.html)。

延伸阅读

中国香港公司秘书制度与内地商事登记管理联系人制度

中国香港《公司条例》第 154 条规定，每个公司必须设 1 名公司秘书，可由董事兼任。香港公司秘书由特许秘书公会监管。公司秘书需要在香港公司注册处备案，发生变化应及时通知公司注册处。公司秘书可以是自然人也可以是法人团体，但是上市公司的秘书必须是自然人。自然人通常居于香港就可以担任公司秘书，无须具有香港永久居民身份，法人团体必须在香港设有注册办事处或营业地点。[①] 公司秘书负有确保公司运作符合《公司条例》要求的责任，如有公司未遵从条例的规定，其可被检控，一经定罪，可被处以罚款及监禁。根据香港《刑事罪行条例》，公司秘书如果存在虚假行为，可能面临罚款乃至 14 年刑罚的处罚。而在内地，虽然《深圳经济特区商事登记若干规定》修订后以法规形式对商事登记管理联系人制度进行了固化，但国家法律法规层面还缺少商事登记管理联系人制度的明确规定；且对于商事登记中的各类违法行为，大多停留在对公司进行责令改正、罚款、吊销营业执照等行政处罚，追及个人责任也仅限于对法定代表人的信用限制，威慑力有限。

三是便捷，即年报操作便捷化。改革前，年报系统登录时需验证"一号一码"，"一号"即法定代表人（负责人）身份证号，"一码"为经办人手机短信验证码；改革后，仅需验证市场监管联系人手机短信验证码，同时提供官方网站、官方微信等多种年报渠道，使年报报送更加便捷。此外，深圳探索自行填报和数据共享相结合的年报填报方式，如股权变更、资产、社保等信息在年报报送时通

---

① 范碧亭：《内地与香港公司治理法律制度比较》，硕士学位论文，上海师范大学，2007 年，第 13 页。

过共享获取，简化填报内容。

四是同源，即年报数据同源化。改革后，以"一数一源"为原则，政府部门间共享年报相关数据，更多信息从"源头"获取，实现数据同源，减少由商事主体自行填报的项目或内容，减轻填报压力，提高填报效率，年报数据的质量亦有保障，避免同一填报项目对应多条不同数据等问题。

(三) 迈向信用联合奖惩大格局

商事制度改革后，与"宽进"相适应的"严管"非一个部门单打独斗，而需要多部门协同，形成监管合力。深圳一方面通过《商事主体信用监管暂行规定》，有效整合市场监管部门内各项监管制度，使各业务部门相互有效衔接，形成商事登记、质量、广告、食品、药械化、市场建设、知识产权、网络交易、特种设备等各监管职能全覆盖的信用信息归集共享和协同联动机制；另一方面建立跨部门、跨领域的协同监管和联合惩戒机制，原深圳市市场和质量监督管理委员会会同中共深圳市委宣传部、深圳市发展和改革委员会、原深圳市经济贸易和信息化委员会、深圳市中级人民法院、深圳市教育局等28个部门联合实施《深圳市失信企业协同监管和联合惩戒合作备忘录》，基于现有法律法规共整合形成三大类共33项具体措施，对联合惩戒的范围、对象、措施及责任部门等予以明确，也对跨部门协同监管、开展联合惩戒的实施方式、信息反馈机制等进行规定。① 在"中转站"深圳市电子政务资源信息共享平台的支撑下，各政府部门互通共享信息并施行联合惩戒，② 不仅是加强事中事后监管、深化商事制度改革的有力手段，也是加快商事主体信用监管体系及社会信用体系建设的重要举措。

深圳进一步推进"守信畅行 失信难行"大格局③，实施信用联合奖惩，并实现联合奖惩清单化、自动化。深圳开发建设全市联

---

① 刘获：《经营异常名录制度的实践与应用》，2017年9月28日，中国市场监管新闻网 (http://www.cmrnn.com.cn/flfg/content/2017-09/28/content_100988.html)。

② 刘晓萍：《深圳市深化"放管服"改革激发市场主体活力的调研报告》，《中国物价》2019年第4期。

③ 何泳：《深圳率先构建信用信息应用体系 为各类企业营造公平竞争环境》，《深圳特区报》2019年12月25日第1版。

合奖惩系统,截止到 2020 年末,已归集并整理了国家联合奖惩备忘录和深圳市联合奖惩备忘录 50 多个,合计超过 1400 个奖惩事项,归集了严重违法失信企业 4 万余家,黑名单企业 2 万余家,红名单企业 12 万余家。① 将红黑名单和奖惩规则自动嵌入各政府部门的审批、监管、服务等业务工作流程,实现失信/守信对象在系统中的自动对应、自动识别、自动推送、自动反馈。在首批 83 项重点事项中试点应用,对红名单企业实施了 700 余次试点激励事项。在个体户注册、人才引进等"秒批"创新举措中,自动拦截"黑名单"主体,不得享受"秒批"红利。累计对列入经营异常名录的商事主体实施限制超过 25 万次;对严重失信企业实施限制至少 29 万次,除限制登记或备案,严重失信企业还可能被限制取得政府性资金支持、暂停审批科技项目、认证机构暂停或者撤销相关认证证书等。②

同时,实现信用惩戒向自然人延伸,把商事主体违法违规与负责人、董事、监事、高管及股东进行关联评价,相关违法违规情况在个人公共信用查询报告中予以呈现。如有关部门对被吊销营业执照、列入经营异常名录或严重违法失信名单的企业及其法代定表人(负责人),根据《失信企业协同监管和联合惩戒合作备忘录》(发改财金〔2015〕2045 号),可在法定期限内限制其担任相关企业法定代表人、董事、监事、高级管理人员,限制其从事相关行业的生产、经营活动等惩戒措施。③ 对重大税收违法案件当事人实施限制取得政府供应土地、依法禁止参加政府采购活动、依法依规限制政府性资金支持及限制出境等惩戒措施。④ 在实施企业"秒批"和商

---

① 《深圳法治政府建设巡礼 5:构建"政府+市场"征信体系新格局》,2020 年 11 月 10 日,读创网(https://baijiahao.baidu.com/s?id=1682946089954736063&wfr=spider&for=pc)。
② 《深圳率先构建信用信息应用体系 为各类企业营造公平竞争环境》,《深圳特区报》2019 年 12 月 25 日第 1 版。
③ 《失信企业协同监管和联合惩戒合作备忘录》(发改财金〔2015〕2045 号),参见 http://www.csrc.gov.cn/pub/newsite/flb/flvcxjs/cxjslhjcbwl/201805/P020180530692198462438.pdf。
④ 《关于对重大税收违法案件当事人实施联合惩戒措施的合作备忘录》(发改财金〔2014〕3062 号),参见 http://www.csrc.gov.cn/pub/gansu/xxfw/gfxwj/201511/t20151130_287415.htm。

事登记时,查询使用"老赖"等自然人"黑名单"库,累计限制"老赖"担任企业法定代表人、高管超过1.3万次①,助力市、区两级法院成功执结了一大批"钉子案",效果显著。2019年深圳注销企业大幅增长,如当年7月注销企业较2018年同比增长293.6%,由此从侧面反映全市信用联合奖惩机制发挥成效,部分失信企业通过注销合法退出市场,消除信用约束对个人产生的不良影响。

延伸阅读

联合惩戒案例②

案例1:未年报导致电商业务经营受限

林女士2013年注册了一家电子产品商行,在华强北电子市场经营。随着电子商务的兴起,华强北实体店受到不小的冲击。林女士了解到很多同行做起了网购业务,她也在2017年加入电商平台。谁知经营刚有起色,林女士就接到电商平台的通知,告知其商行被标记为经营异常状态,停止其网购业务。2017年11月2日,林女士来到原深圳市市场和质量监督管理委员会福田局企业信用监管科了解情况,工作人员登录国家企业信用信息公示系统查询,发现该商行因为没有申报2016年度年报被标记为经营异常状态。原来,林女士领取营业执照后,一直是华强北电子市场开办方代为申报年报。因年报系统越发完善,操作简便,2017年起市场要求各经营商户自行申报年报。在年报期间,林女士虽然收到过市场监管部门发出的年报宣传单和信息提醒,但由于不重视,忽略了年报事宜。

案例2:进入黑名单提高信用额度被拒

赵女士到银行申请提高信用卡透支额度,结果被银行工作人员

---

① 《深圳信用网今年查询量过亿 助力构建"信用+"生态圈》,2019年11月5日,中国报道网(http://cxzg.chinareports.org.cn/ztch/2019/1105/15656.html)。

② 刘荻、卢爱霞等:《进入严重违法失信企业名单后果很严重》,《中国市场监管报》2018年6月21日(http://www.cmrnn.com.cn/content/2018-06/21/content_107996.html)。

告知，她进入了失信黑名单，申请受影响不能批，需要到市场监管部门解决。于是赵女士与其丈夫来到原深圳市市场和质量监督管理委员会宝安局企业监管科，在工作人员提醒下，夫妻俩想起几年前他们办过一家公司，赵女士任法定代表人。公司小本经营，搬了几个地方，生意都不见起色，又因嫌麻烦没去办理过注册地址变更。最后公司经营不下去，停业后也未办理公司注销手续。且公司更是从未进行年报申报，列入经营异常名录满3年，一直没有申请移出，因此进入了严重违法失信企业名单。

案例3：因受行政处罚致公司上市搁浅

梁先生是一家电子科技公司的董事长，其公司在启动上市的过程中发现一个行政处罚，于是来到原深圳市市场和质量监督管理委员会光明局企业信用监管科了解情况。经查询，其公司2016年5月20日擅自动用一台被封停的存在事故隐患的货梯，光明局于2016年6月25日对其公司做出罚款10万元并注销该货梯使用登记证书的行政处罚决定。公司擅自动用存在事故隐患封停货梯的违法行为，属情节严重的情形，是《证券法》第五十条第一款第（四）项"公司最近三年无重大违法行为"规定所指的重大违法行为。按照上述规定，即便该公司上市进展一切顺利，最快也要等到此次行政处罚届满3年后才能上市。

二　跨部门联合"双随机"，探索"大市场"监管

随着商事主体数量急速增加，而监管人力物力受限，在确定监管对象时有必要进行科学安排。深圳围绕《国务院办公厅关于推广随机抽查规范事中事后监管的通知》（国办发〔2015〕58号）等通知文件精神，积极探索推进"双随机、一公开"监管方式改革，进一步贯彻落实简政放权、放管结合、优化服务，推行历程如图5-8所示。

2016年，原深圳市市场和质量监督管理委员会以企业信用监管领域作为试点，在企业营业执照使用、商事主体登记（备案）、年报信息公示、企业即时信息公示等监管方面对3.2万户商事主体率

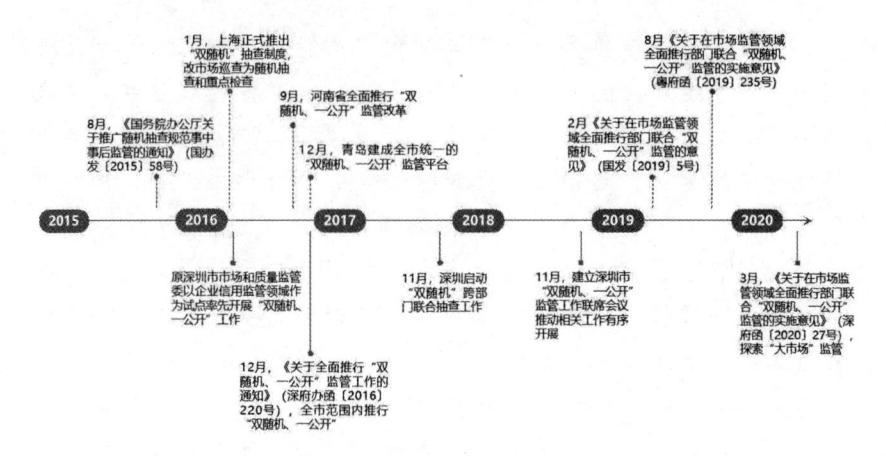

图 5-8 全国及深圳市"双随机、一公开"监管主要推行历程

先开展"双随机、一公开"工作;在试点成熟的基础上逐步推开,截至 2017 年 12 月,全委 21 个业务条线 41 个抽查事项全部实行"双随机、一公开"监管。2016 年 12 月,深圳市政府印发了《关于全面推行"双随机、一公开"监管工作的通知》(深府办函〔2016〕220 号),在全市范围内推行"双随机、一公开"监管新模式,2018 年建立深圳市"双随机、一公开"监管工作联席会议推动相关工作有序开展,至 2019 年已实现"双随机、一公开"现场监管全覆盖、常态化。①

延伸阅读

深圳市于 2017 年启动"双随机"跨部门联合抽查工作。原深圳市市场和质量监督管理委员会作为全市"双随机、一公开"监管工作的牵头部门,起草、制定和印发《深圳市全面推行"双随机、一公开"监管工作实施方案》《深圳市 2017 年"双随机"跨部门联合抽查工作实施方案》《关于开展深圳市 2017 年"双随机"跨部门

---

① 《深圳率先探索"大市场"监管理念 全市推行 27 部门联合"双随机、一公开"监管新模式》,《中国质量报》2020 年 3 月 18 日第 2 版。

联合抽查工作的通知》等，并于当年11月14日组织人居环境委、交通运输委、卫生计生委、教育局、公安局、民政局、文体旅游局、安监局、城管局等部门召开工作动员会，明确工作目标、参与部门、抽查时间、抽查对象、抽查内容、抽查人员、职责分工、联合检查组等具体事项。在11月14日至11月17日期间开展联合抽查，由各参与部门在全市从事食品药品、环保、交通运输、教育、旅馆业经营的5类特殊行业和重点区域的市场主体库内随机抽取20家抽查对象，在10个参与部门执法人员库中随机抽取50名检查人员，根据交叉监管职能匹配成食药、环保、交通运输、教育、旅馆业5个联合检查组，对抽查对象的年度报告信息和具体经营行为共23大类170余项的检查事项进行一次性联合检查，并在检查结束后对检查信息和抽查结果进行归集和公示。①

2019年2月，国务院颁布《关于在市场监管领域全面推行部门联合"双随机、一公开"监管的意见》（国发〔2019〕5号），提出"在市场监管领域健全以'双随机、一公开'监管为基本手段、以重点监管为补充、以信用监管为基础的新型监管机制"。同年8月，广东省政府就此提出实施意见（粤府函〔2019〕235号）。2020年3月，深圳市政府印发《关于在市场监管领域全面推行部门联合"双随机、一公开"监管的实施意见》（深府函〔2020〕27号），全面实施"双随机、一公开"联合监管，在市场监管中探索社会主义市场经济的"大市场"监管理念。

一是建设全市统一的"双随机、一公开"监管平台，所有抽查检查均在市级平台内统一抽取，将全市39个执法部门的2000多项监管执法事项全部纳入监管平台②；二是统一编制全覆盖的随机抽查事项清单并及时公开，原则上清单之外不设一般监管领域的其他

---

① 《深圳市2017年"双随机"跨部门联合抽查工作正式启动》，2017年12月13日，深圳直通车财网（http://www.0755zcgs.com/article/681.html）。
② 吉喆等：《全力推动"数字政府"建设 营造公平透明法治化营商环境》，《财经界》2021年第7期。

行政检查事项。制定全市统一的市场监管领域随机抽查检查记录表，检查人员在平台中按照业务规则勾选检查事项，自动生成检查记录表；三是统一建立健全随机抽查"两库"，即"随机抽查检查对象名录库"与"检查人员名录库"。全市统筹制定年度抽查计划，抽查采取差异化分类监管措施，根据市场主体的风险等级、信用水平等科学确定抽查比例、频次和被抽查概率。[1] 随机抽查数据信息通过市级平台统一汇总、统一归集、统一公示，实现数据信息互联互通，检查过程、结果阳光透明，最大限度地规范监管行为，减轻企业负担。

"双随机、一公开"是"在监管过程中随机抽取检查对象，随机选派执法检查人员，将抽查情况及查处结果及时向社会公开"的一种监管方式[2]，是国务院持续深化"放管服"改革，加快政府职能转变，推进政府治理体系和治理能力现代化[3]，优化营商环境的重要举措。在此监管模式下，各级相关部门遵循"谁审批、谁监管，谁主管、谁监管"原则，通过"五个一"即"一平台、一清单、一张表、一汇集、一公开"机制，规范各行政部门的内部监管行为。通过"联合检查日"监管新模式，规范全市部门联合抽查检查，实现"进一次门，查多项事"，既保证必要的抽查覆盖面，又切实减少对企业正常经营活动的干扰。

～～～～～～～～～～～～～～～～～～～～～～～～～～

延伸阅读

2016年1月，上海正式推出"双随机"抽查制度，改市场巡查为随机抽查和重点检查，实行"抽取、检查两分离"的综合执法随

---

[1] 参见国务院《关于在市场监管领域全面推行部门联合"双随机、一公开"监管的意见》（国发〔2019〕5号）。
[2] 魏礼群：《建设服务型政府——中国行政体制改革40年》，广东经济出版社2017年版。
[3] 《中共大同市委十五届十次全体会议暨市委经济工作会议召开》，2021年1月13日，黄河新闻网（http://dt.sxgov.cn/content/2021-01/13/content_10361022.htm）。

机抽查监管制度。① 2016 年 9 月，青岛市启动建设全市统一的"双随机、一公开"监管平台，12 月正式建成，并在原青岛市工商行政管理局、黄岛区食品药品监管局开展了运行试点；2017 年 9 月 5 日正式启动，成为全国首个涵盖面广、自动化程度高、监管力度大的"双随机、一公开"监管平台。② 2016 年 9 月，河南省全面推行"双随机、一公开"监管改革，要求当年县级以上政府部门都要拿出"一单、两库、一细则"（即建立随机抽查事项清单、检查对象名录库和执法检查人员名录库，制定随机抽查工作细则），随机抽查事项要达到本部门市场监管执法事项的 70% 以上、其他行政执法事项的 50% 以上。③ 2016 年 11 月，江西省加快推进"双随机、一公开"监管工作，按照省政府 2016 年推进"放管服"改革工作方案要求，加快进度、全力推进，抓紧建立完善"一单、两库、一细则"；加快建立配套保障机制，实施联动监管，探索分类分级监管，逐步实现智能监管，保障"双随机、一公开"有效实施。④

三 数据驱动智慧化监管，政府数字化转型

市场主体数量爆发式增长，加之当今电子商务的快速发展、移动互联网与工商业的深度结合，催生新产业、新业态和新商业模式，靠人工机械式的巡查、普查和眼见为实，难以跟上商事制度改革的步伐，因此，迫切需要向信息化要监管力量，向大数据分析要监管效能。2017 年 12 月 8 日，习近平总书记在中共中央政治局第二次集体学习时强调："要运用大数据提升国家治理现代化水平。"深圳依托"新型智慧城市""数字政府"建设工作，在大数据监管、

---

① 《要检查先摇号，上海推出双随机抽查打造"阳光执法"》，2016 年 1 月 17 日，中国政府网（http://www.gov.cn/xinwen/2016-01/17/content_5033600.htm）。
② 《青岛市正式启动"双随机、一公开"监管平台 多项创新举措走在全国前列》，2017 年 9 月 6 日，鲁网（http://qingdao.sdnews.com.cn/xwzx/201709/t20170906_2290434.htm）。
③ 《河南省全面推行"双随机、一公开"监管改革》，2016 年 9 月 30 日，中国政府网（http://www.gov.cn/xinwen/2016-09/30/content_5113935.htm）。
④ 《江西：加快推进"双随机、一公开"监管工作》，2016 年 11 月 2 日，中国政府网（http://www.gov.cn/xinwen/2016-11/02/content_5127546.htm）。

智慧监管上不断探索创新，确立"制度＋科技＋责任"的总体思路，加强智慧市场监管顶层设计和统筹管理，以统一的智慧监管技术平台为载体，运用云计算、大数据、人工智能等现代技术，在智慧监管领域探索"巡查网、检测网、执法网"三网融合的新型机制，并按"统一信息接收、统一信息处置、统一任务分派、统一信息反馈、统一数据分析、统一通报考核"的模式运作，如图5-9所示。

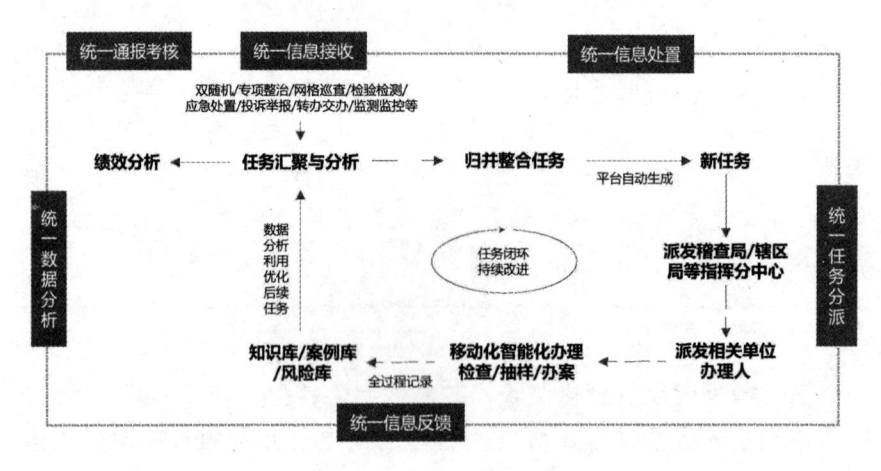

图5-9 深圳市智慧市场监管模式运作闭环

（一）构建统一的智慧监管技术平台

深圳制定了《智慧市场监管平台建设总体方案》、《大数据中心建设工作方案》（深市监〔2019〕806号）及《智慧市场监管平台建设工作方案》（深市监〔2020〕464号）等工作方案，重点建设"一平台、两中心、三张网、四板块"，构建"大平台支持、大市场融合、大数据慧治、大信用共管、大服务惠民"的智慧市场监管体系①，推进市场监管的智慧化升级。

其中，一平台，即"智慧市场监管"平台，各业务部门应用系统通过平台打通流程，实现业务联动与系统融合。各单位及工作人

---

① 《市场监管要为高质量发展作出更大贡献》，《中国质量报》2019年3月29日第1版。

员通过平台接收任务，推进工作，开展业务分析等。两中心，支撑平台的运行，数据中心集成各业务部门履职过程中采集、接入、产生的所有数据及从上级部门、其他政府部门、社会组织和企事业单位归集来的相关数据，为平台运作提供可靠数据资源；智能指挥中心作为直接连接基层工作人员的指挥中枢，统筹分派全局各类工作任务，集中调配全局的执法、监管资源。通过"巡查网""检测网"和"执法网"三张网实施巡查监管与稽查执法分离，整合集中全监管业务统一开展分拨处理，改变原各业务条线独自分派任务、各行其是的工作模式。四板块则结合应用场景分为智慧政务、智慧监管、智慧服务和智慧应用。

为支撑智慧化升级，软件上，通过为监管人员开发支持多设备登录的工作和监管平台，打造"人机合一"工作模式。建立企业数字综合档案，围绕商事主体，实现质量、标准、知识产权、食品、药品、特种设备等各类业务数据的关联，基于对数据价值的充分挖掘利用，施行"数字监管"。硬件上，通过为监管人员配置移动终端、执法记录仪等现代化智能设备，实现"随时随地"办公。值此，深圳在市场监管领域进入"智能化时代"，实现了"智能化分析研判、监控保障、应急值守、调度指挥和任务自动处置"。[1]

延伸阅读

2016年3月，宝安区石岩街道率先探索"一格多元、一元多岗、一岗多能"的巡办分离创新模式。依托智慧宝安管控中心信息平台（"智慧宝安"系统）和445个社区核心网络，组建巡查办理队伍，巡查员分为综合、专业和机动三类，实行统一着装、人机绑定，分片区管理，责任落实到每个采集人。基于巡办分离原则，巡查员发现问题并利用手持PDA等移动工具上传后，经"智慧宝安"系统分拨到相应的部门及办理人员来解决并相应进行督查，当前已

---

[1] 《提高政治站位 勇当改革先锋》，《中国质量报》2019年8月20日第4版。

实现了100%线上分拨。① "智慧宝安"系统确保事件上传、分拨、处置、反馈的闭环式链条严密、无缝,实现"全流程智慧管理,全过程数字化记录、全痕迹电子化跟踪、全流程信息化查办",做到"人过留迹、事过留痕";并按日、周、月等周期对各项任务进行定期的统计上报,开展专题分析等。②

(二) 基于"大数据"的精准智慧监管

依托"智慧市场监管"平台及大屏可视化、风险预警、模型分析等功能模块,深圳开展多维监测分析预警、实现大数据辅助决策,实施基于大数据的精准监管和智慧监管。智能指挥中心与设立于全市11个辖区、N个直属单位和事业单位、78个监管所的指挥分中心和指挥节点,共同构成"1+11+N+78"四级联动的智慧监管指挥系统,通过"大数据分析+大屏幕显示+各级数据实时传输",即可实现市场监管"一图全面感知、一键可知全局、一体运行联动"的智能化、高效率运作。③

开发可视化大屏。深圳开发"商事信用信息全视通可视化大屏",一屏尽览全市商事主体登记及信用监管、信用信息数据等实时、动态情况;且具有信用信息与地理信息集成的功能,能够直观展示商事登记与GDP增长的正相关关系、可视化呈现信用监管成果、服务领导决策,已入选"纪念改革开放40周年——大潮起珠江"展览作为改革开放成果展示。

建立市场监管风险预警机制。深圳从违法违规源头着手,实行高质量监管,一是建立风险分析模型,涉及商事登记、监管、检测等异常分析以及严重违法失信、举报投诉、司法移送、舆情等风险分析;二是建设商事登记事项办理从严审查机制,打破数据孤岛和

---

① 李意:《宝安石岩探索"三个一"巡办分离创新模式》,《深圳特区报》2016年3月30日第8版。
② 《制度+科技+责任:中国新型智慧城市治理的宝安模式》,《宝安日报》2017年10月11日第2版。
③ 《提高政治站位 勇当改革先锋》,《中国质量报》2019年8月20日第4版。

业务壁垒，共享市场监管信息，对11种异常情形进行精准研判，对符合条件的异常商事主体，在办理商事登记和相关事项时实行从严审核、不予办理"秒批"业务等。① 例如，恶意注册过公司名称、以不正当手段取得登记的、地址问题被列入经营异常名录3次还要变更地址等情形。截至2019年12月31日，已累计对21950家商事主体实施风险预警，通过风险预判、提前处置，有效拦截一部分虚假登记等违法违规行为发生。同时，还能通过运用风险预警模块分析发现虚假登记的线索，2020年6月，通过预警系统联合公安成功办理一起私刻公章、伪造政府公文的虚假登记代理案件，现场抓获涉案嫌疑人8名，缴获虚假公章79枚。

监管执法工作智能化。如，在企业公示信息抽查工作方面，深圳市探索与信用信息相结合，依托数据分析精准筛选信用风险较高的商事主体作为抽查对象，先后重点开展前海企业信用分级抽查（2017年），互联网金融企业抽查（2018年），类金融、商业保理、涉嫌虚假登记、税务海关黑名单企业抽查（2019年）等，重点覆盖面不断拓展。

在企业信用风险分类管理试点工作方面，深圳市市场监督管理局与邓白氏等国际专业信用管理服务机构合作，从5大评价维度、6个等级构建行业分类和风险分级指标体系。大力推行"信用+"应用体系，在双随机抽查、审批等场景中广泛应用。2020年，深圳市以企业信用风险分级分类为基础，开展差异化抽查工作，基于6.5亿项涉企数据，定向抽查共计4万余户企业，从中识别出疑似"空壳公司"17766家。② 草拟了《深圳市市场监督管理局企业信用风险分类管理规定（试行）》（征求意见稿）并于2020年12月公开征求意见。

在药品安全监管工作方面，深圳依托药品不良反应信息区域预警系统，应用大数据等技术对全市各区实施动态监管，及时识别药品聚集性风险信号，对药品伤害事件等实现可视化预警并科学、高效处置；依托药店药师在岗实时监控平台，基于视频监控、人脸识

---

① 石珍、杨海军：《构建商事信用监管体系的若干思考》，《特区实践与理论》2020年第5期。

② 何泳：《归集诚信红黑名单信息 构建联合奖惩应用机制》，《深圳特区报》2020年9月23日第4版。

别等设备及技术手段,实现执业药师在岗情况实时监管,严控药店药师弄虚作假。①

在网络交易监管工作方面,深圳直接采用"以网管网"的监管模式,构建"一网一库两平台三中心"监管体系,网监任务以数据为驱动,通过数据关联分析,确定网络监测频率和范围。依托网络监测中心,实现全网违法线索收取、识别、云上存证固证等。2018年至2020年,共完成深圳网站主体数据有效入库84万条,共监测网络交易经营信息328万条次,整理下发涉嫌违法线索2924条,线索有效率达90%以上。

在投诉举报处置工作方面,深圳针对消费投诉举报体量大、职业投诉举报数量多、网络投诉举报持续增长等问题,于2020年9月23日开展大市场投诉举报调解处置中心(宝安)试点,② 同年11月正式在深圳市市场监督管理局宝安监管局正式上线试用深圳大市场投诉在线调解系统,初步实现全程在线处置投诉。通过全面优化投诉举报处置工作流程,完善前端筛查及在线纠纷解决(ODR)机制等,超六成投诉举报工单可由前端进行前期处置(包括全部涉网投诉举报工单),有效提高投诉举报处置效率、减少市场监管基层工作压力。

在网络知识产权行政执法保护工作方面,深圳于2016年9月上线"云上稽查"互联网执法平台,是全国首个真正实现行政执法、取证全流程证据固化见证的云执法证据记录平台。基于"云上稽查"平台逐步构建起了"云途"(网络数据证据固化在线提取系统)及"鸿蒙云台"(网络知识产权保护高效联动平台)两大网络线上协同云台,有力支撑了市场监管领域的网络监管执法。③

此外,深圳以信息化手段打造信用信息征管用一体化管理应用平台,基于强大的公共信用信息数据库,应用大数据、云计算、物联网、移动互联网、H5、机器学习等先进及新兴技术,推出企信惠

---

① 《提高政治站位 勇当改革先锋》,《中国质量报》2019年8月20日第4版。
② 《深圳市市场监管局宝安监管局创新性开展大市场投诉举报调解处置试点初见成效》,2021年3月3日,中国质量新闻网(https://www.cqn.com.cn/zgzlb/content/2021-03/03/content_8670074.htm)。
③ 汤钦棕:《深圳:互联互通 实现互联网执法"云上稽查"》,《中国市场监管研究》2020年第9期。

项目①，开展企业族谱关联分析、企业信用画像等创新应用，不断完善智慧市场监管体系。

延伸阅读

企信惠项目。2016年启动，包含八大功能：主体信用信息查询、广告优惠券推送、产商品信用信息查询、网站网店展示、消费者在线投诉、留言评论、商区定位导航和移动支付。通过此平台，消费者可搜索周边商户，查询其信用信息、与其互动交流、对其经营服务进行评价及投诉等；商户可与消费者交流反馈，响应投诉，查询自身信用和消费者评价等，并利用大数据分析了解消费者的消费习惯与特点，适时改变营销策略；监管部门可通过大数据分析投诉举报信息，辅助执法人员及时发现并关注投诉举报热点和商品消费焦点，增强产商品质量抽检和监管执法的精准性。②

企业信用画像。自2015年以来，深圳积极开展"企业信用画像"商事主体信用评价研究，依托深圳信用网数据资源，集中分析了104项信息指标，从"经营、风险、关联、贡献、鼓励"五个维度，完成对全市2046065家商事主体（不包含个体工商户）数据清洗以及法人股东高管和纳税报表等信息关联，建立数学模型、抽取数据并完成评级工作。2015年在前海蛇口自贸片区试点，对在片区内注册登记的3.5万多家企业进行画像评价，该评价已试点应用于全市企业年报抽查中，已与多家银行研究探讨，开发面向中小微企业的纯信用"深信贷"，解决中小微企业融资难融资贵问题。③

---

① 深圳市人民政府：《深圳市率先推进信用信息共享平台和信用门户网站一体化建设》，《计算机与网络》2018年第2期。
② 《深圳启动"企信惠"项目》，《中国质量报》2016年8月29日第7版。
③ 《深圳信用网今年查询量过亿 助力构建"信用+"生态圈》，2019年11月5日，中国报道网（http://cxzg.chinareports.org.cn/ztch/2019/1105/15656.html）。

四 社会协同共治，任重而道远

如今社会共治的理念深入人心，不再将政府作为治理体系中唯一的主体，而是调动各方力量共同参与、共同治理、共担责任、共建共享。商事制度改革的诸多举措正体现了还权于市场、还权于企业的简政放权理念，同时建立商事登记和审批监管互动工作机制，加强政府部门之间、政府与商事主体、政府与社会公众的衔接，目的就是推动形成企业自治、行业自律和公众监督的社会共治格局。然而，由于长期形成的政府在社会治理体系中占据主导地位以及社会中普遍存在浓厚的管治与被管治的思想，企业自治和行业自律的有效发挥空间受限；作为社会共治核心主体的行业组织和中介机构发育尚不健全，在社会治理工作中参与不足；消费者的自我维权意识和市民的公共意识逐渐觉醒但依然不强，同时以投诉举报或信访为主的公众监督渠道还稍显单一。总体而言，社会共治理念在市场监管领域中的推进运用还有一段长路要走。

（一）以信息公示衔接社会公众

商事制度改革以前，大部分许可审批为前置审批。商事主体取得了营业执照，登记了相关经营项目信息，即视为已取得了许可审批证件，因此，社会公众只需查阅营业执照即可判断商事主体是否具有从事相关许可经营项目的资格。商事制度改革以后，大部分许可审批改为后置，商事主体在取得许可审批证件以前，就可以取得营业执照并备案相关许可经营项目，由此可能给社会公众认知带来混淆。

为了使社会公众及时获知商事主体的相关情况，保障市场经济有序运行，深圳市建立商事主体登记及许可审批信用信息公示平台（以下简称"商事主体信用信息公示平台"），于 2013 年 12 月底正式上线运行，有效归集各部门的商事主体登记、许可审批和监管信息，在全国首次实现商事主体登记许可和监管信用信息跨部门跨层级共享、互动和公示。[1]

---

[1]《深圳："互联网+市场监管"实现治理方式新突破》，2017 年 2 月 24 日，深圳市市场监督管理局网站（http://amr.sz.gov.cn/xxgk/qt/ztlm/sszdgg/ss_ggjy/content/post_1924689.html）。

延伸阅读

商事主体登记及许可审批信用信息公示平台建设历程

构建完善平台需要经过诸多环节，涉及需求调研、功能设计、经费立项、采购招标、组织开发、部门协调等，整个过程耗时较长。而深圳市创全国之先启动商事制度改革，急需为全国提供特区经验，平台的推行无法等至其开发完全。对此，当时的商事登记机关——深圳市市场和质量监督管理委员会利用本部门资源，快速搭建了深圳市商事主体登记及许可审批信用信息公示临时平台，于2013年3月1日上线运行，与商事制度改革的实施保持同步。临时平台简化了功能，主要实现了对商事主体注册登记信息、经营异常名录信息的公示，确保注册登记和经营异常名录管理工作的正常开展。到2013年12月底，由原深圳市经济贸易和信息化委员会牵头承建的深圳市商事主体登记及许可审批信用信息公示平台才正式上线。为保障平台有序运行，市商事登记制度改革领导小组制定了《深圳市商事主体登记及许可审批信用信息公示平台管理办法》，主要明确了相关单位的职责定位和具体分工；规范了商事主体信用信息的公示、共享、使用及管理等有关操作；提出政府各职能部门应当充分利用平台信用信息，形成信息共享、监管互动的工作局面，以及建立本部门商事主体信用约束机制的相关规定等，由深圳市政府办公厅于2014年7月16日转发各部门执行。

"商事主体信用信息公示平台"打通了市、区、街道三级的信息共享与数据传输渠道，通过"一网、一微、一端"，既强化了对商事主体的信用监管，也有效加强了政府部门与社会公众的衔接。其中，一网（深圳信用网）作为华南最大的企业信用数据库，已归集全市70余家单位、500余万商事主体（含注、吊销）的登记、认证、监管、案件、处罚、表彰、纳税及信贷等信息数据超过7亿项；

一微（企业信用查询服务）内嵌于微信、支付宝"城市服务平台"和银联云闪付等移动服务平台；一端（"信用深圳"App、深信App、i深圳App等）除可查询企业信用外，兼具商家评价、投诉举报、定位导航等更多功能服务。①深圳结合广大用户移动端的使用习惯，打造"互联网＋信用"体系，打通线上线下，建立全生态全渠道查询披露体系，实现窗口打印公共信用信息查询报告（书面）以及在线多途径查询信用信息，查询入口包括但不限于深圳信用网PC端、微信（公众号、小程序、城市服务等）、支付宝（城市服务等）、手机App、银联云闪付、企信惠、"深圳信用"二维码等。②

延伸阅读

深圳信用网，2002年11月5日开通上线，是国内最早的信用网站。2017年，深圳把信用网纳入全市"市场监管体系和信用体系建设"平台全新改造升级，建成信用深圳2.0版。深圳信用网集成了信用动态、红黑名单、双公示、企业信用信息报告自动生成打印及在线校验、异议处理、信用承诺等面向社会查询的功能，设置了深圳标准、行业协会等专栏。同时，深圳信用网还集成商事主体年报、外资企业年报及第三方合作机构数据的报送入口，实现了各部门信用信息统一归集、一网披露。2017年11月，"深圳信用网"获得首届全国信用信息共享平台和信用门户网站一体化建设"示范性平台网站"奖。2018年7月，"深圳信用网"获得广东省首届信用平台和网站观摩会第一名；同年，根据深圳信用网近15年来的工作情况总结报送的"信用深圳智慧管理平台"荣膺首届"互联网＋文

---

① 刘晓萍：《深圳市深化"放管服"改革 激发市场主体活力的调研报告》，《中国物价》2019年第4期。

② 深圳市人民政府：《深圳市率先推进信用信息共享平台和信用门户网站一体化建设》，《计算机与网络》2018年第2期。

明"深圳优秀创新案例奖。①

深信App于2018年12月在华为应用市场、应用宝、360及苹果应用商店上线,作为国内首个将商事信用、产品质量信用和政务服务相结合的手机应用,可一键查询全市商事主体各类信息、18万条产品相关信息,自动生成信用报告,实名认证后自动关联个人名下商事主体,为商事企业、社会公众和监管部门提供更权威、更精准、更全面的信用服务。深信App分为公众版和监管版。公众版集成了企业查一查、产品扫一扫、我的深信等功能;监管版集成了更多大数据应用,可以快速搜索查询企业信息、扫描条形码查询产品信息、查询个人名下企业等。深信App于2019年4月获全国信用App观摩第三名(海选320个,预赛40个,决赛8个)预赛第一,纳入全国政府类示范推广项目。②

i深圳App于2019年1月11日正式对外发布,汇聚了政务服务、公共服务和便民服务资源,实现移动端指尖办事。已进驻1个中直单位、39个市级单位、10个区政府的7696项服务以及55类电子证照和电子证明,全市95%以上个人事项和70%以上法人事项已实现掌上办理。该App依托平安BCID区块链、市民服务AskBob等技术,推出了秒批服务、无感申办、区块链电子证照、千人千面、AI智能客服等创新模块。如2019年12月,"i深圳"打造全国首创区块链电子卡证平台,实现证照汇聚、一码通行;截至2020年8月,区块链电子证照应用平台已支持50类电子证照上链、线下大厅扫码授权用证办事、线上授权他人查证。③

企信惠于2016年8月启动。基于物联网技术及预置商户实体店内的先进蓝牙芯片,结合手机微信"摇一摇"功能,整合商家真实主体信息、产商品质量信息、信用记录、消费评价等数据并推送至消费者,实现消费者、商家、市场监管部门三方的信息互通、互

---

① 《深圳信用网今年查询量过亿 助力构建"信用+"生态圈》,2019年11月5日,中国报道网(http://cxzg.chinareports.org.cn/ztch/2019/1105/15656.html)。
② 曹威、苏波、赵歆等:《深圳:构建统一的商事信用平台 探索信用监管新模式》,《中国市场监管研究》2020年第9期。
③ 《平安集团:平安智慧城市建设助力打造"深圳样本"》,2020年8月26日,南方PLUS(http://static.nfapp.southcn.com/content/202008/26/c3947895.html)。

评,解决信息不对称以及由此带来的诚信问题。消费者可以搜索周边商家,查询信用信息、评价经营服务、向消委会投诉等;商家借此平台实现"电子亮照",推广产品、优化服务;市场监管部门进行移动监管、现场执法,提升市场诚信水平,让失信商家无藏身之所,推动城市经济发展,最终实现社会共治、互利互惠。①

"深圳信用"二维码。2015年7月,深圳市在全国率先实施"多证合一、一照一码"登记制度改革。深圳市推行公司、合伙企业、个人独资企业、各类分支机构采用"多证合一、一照一码"的登记模式,只发放记载统一社会信用代码的营业执照,同时特别增加了"深圳信用"二维码(该二维码的图案中心不仅印制了商事登记机关的标志,同时也写有"深圳信用"四个字),公众只要扫描此二维码,就可以了解商事主体的详细信息,该信息与企业信用登记信息联网,并保持动态更新。②

"商事主体信用信息公示平台"免费为社会公众提供商事主体登记、年报、监管、信用等信息记录查询及企业信用信息报告生成、打印、校验等服务,行政许可和行政处罚公示率达100%,企业信用信息披露制度与商事制度充分衔接、紧密联合,作用于落实强化信用监管,推动实施覆盖全社会的守信激励和失信惩戒机制。社会公众通过查阅商事主体的有关信息,增强交易安全,同时也对商事主体形成社会监督,为深圳不断深化商事制度改革和加强事中事后监管提供强有力的支撑,为市场治理现代化和社会信用体系的建设完善夯实基础。③

---

① 《深圳启动"企信惠"项目》,《中国质量报》2016年8月29日第7版。
② 《深圳市实施"多证合一、一照一码"等三项改革试点项目新闻发布会》,2015年7月1日,深圳政府在线(http://www.sz.gov.cn/cn/xxgk/xwfyr/wqhg/20150701/)。
③ 刘晓萍:《深圳市深化"放管服"改革 激发市场主体活力的调研报告》,《中国物价》2019年第4期。

延伸阅读

"互联网+"企业档案查询改革

1993年,深圳最先破局,根据企业查商号、律师打官司的需求,在全国最先向社会公开档案信息,提供企业档案资料查询服务;

2000年,启动档案电子化扫描工作,实现档案电子化管理;

2002—2003年,市企业信用信息中心挂牌成立,成为全市唯一合法披露企业公共信用信息的管理机构;同期深圳信用网上线,新增了企业信息查询途径;

2015年,时逢深圳证券交易市场创业板和小三板上市节点,企业档案打印需求激增,深圳与时俱进实现"互联网+企业登记档案查询",企业可直接于电脑端查询档案;

2018年,3月上线"人脸识别"查档功能;

2019年,8月实现自然人股东和法定代表人手机查档。10月,《深圳市公共信用中心企业公共信用信息查询报告格式规范(试行)》正式实施,新版企业公共信用信息查询报告上线,可通过深圳信用网获取。

深圳市企业公共信用信息查询报告是2017年出台的《深圳市公共信用信息管理办法》的配套制度之一,然而旧版报告存在信息分类不客观、显示不全、更新不及时、数据关联关系不充分等问题,如某知名地产公司仅有总公司信息,多个分公司违法案件有7宗,其中最严重的一次被市市场监督管理局处罚了21万,但报告却只字未提,使报告实用价值大打折扣;新版报告则有效解决了上述问题,并根据实际推出基础版、合规版和完整版三个版本,推动企业信用信息在企业上市融资、评优评先、参与招投标、申请子女入学等场合切实发挥作用并体现价值。[①] 新版报告启用1个月内,基础版下载4428份,合规版3196份,完整版3660份,日均下载量约800份。

[①]《2019版企业公共信用报告推出》,《深圳特区报》2019年10月5日第6版。

(二)"政府+市场"征信体系

企业信用呈动态变化,对企业信用的实时展示或对可能的失信行为进行预警,有助于政府监控监管和企业自身信用的维护。信用服务机构,尤其是专业的大数据征信公司,能通过大数据技术实时抓取数据并及时分析,例如当政府信用公示平台或新闻媒体平台等最新发布一家企业的正面或负面信息时就能实时捕捉,即时通过数据模型对该企业的信用状况进行重新评估并同步更新其信用信息,实现企业征信实时化与智能化,助力建立完善市场主体诚信档案,健全信用监管机制,推进信用联合奖惩运作,支撑优化营商环境。

2018年,《国家发展改革委办公厅关于充分发挥信用服务机构作用 加快推进社会信用体系建设的通知》(发改办财金〔2018〕190号)出台,表示信用服务机构作为社会信用体系建设的重要力量,有助于市场化信用服务与公共性信用服务的相互补充,有利于提高行政效率,推动"放管服"改革,构建以信用为核心的新型市场监管体制。

深圳在国内较早开展社会信用体系建设,市委、市政府高度重视,自2001年开始即全面启动,当年出台《深圳市个人信用征信及信用评级管理办法》,成为全国首个为个人信用立法的城市。2002年,陆续出台《深圳市企业信用征信和评估管理办法》等企业信用相关法规。2017年,深圳首部综合性信用法规《深圳市公共信用信息管理办法》出台,规范公共信用信息的征集、披露和使用活动,增加公共信用跨区域合作交流机制。2018年,深圳市发展和改革委员会牵头汇总全市各部门信用信息应用清单,同时研究制定公共信用信息查询、信用报告格式、异议处理数据管理、信用档案、安全管理、绩效考核等10个配套制度。[①] 2019年,深圳印发《深圳市电子商务经营者第三方信用评价与应用暂行办法》,持续在信用评价方面进行探索和实践。

针对信用建设中"征信难"的问题,深圳从法律层面予以解决,通过出台相关法规,在征信方面对征信机构的法定职责、征信

[①] 石珍、杨海军:《构建商事信用监管体系的若干思考》,《特区实践与理论》2020年第5期。

范围等进行明确，对相关政府职能部门赋予提供信息的法定义务；各部门报送的信用信息情况，由征信机构依据法规代行绩效考核，保证信息质量，做到完整、准确和及时，规范企业征信体系。与此同时，深圳着力发挥市场机制与企业活力，推动"征信机构企业化、应用市场化、行业产业化、产业集聚化"，促进信用市场发展与征信建设，推进"政府+市场"征信体系逐渐完善。①

深圳在社会信用体系建设与事中事后监管中积极发挥信用服务机构作用。2001年，深圳市政府委托鹏元资信公司开始筹建深圳市个人信用征信系统，并独立进行市场化运作，在全国开创个人征信建设"深圳模式"；鹏元资信公司独立开发的拥有知识产权的"深圳市个人信用征信系统"和"深圳市贷款企业信用评级系统"等有力推动了全市社会征信体系的建设。2015年，腾讯征信、前海征信、鹏元征信获得人民银行批准，在全国首批批准个人征信试点的8家公司中占据3席，深圳市个人征信建设体系不断建设完善。② 2018年，全国第一家具有个人征信业务经营许可的市场化公司百行征信落户深圳。2018年10月，深圳鹏元征信、信联征信、微众税银和中证信用入选国家"首批参与综合信用服务机构试点工作机构"（26家）。

作为专业第三方征信机构的信联征信也受深圳市发展和改革委员会与深圳市公共信用中心邀请，对超过7000家深圳市失信主体/单位进行诚信建设专项信用评估工作，提供可具化的分析依据，帮助了解企业具体情况，助力政府采取针对性的信用管理教育措施。信联征信依托"商户信用可视化平台""信用风险监测系统"等建立的动态信用管理机制③，已成为协助政府监管提效、优化市场环境、防范信用风险的重要力量。

---

① 《深圳法治政府建设巡礼5：构建"政府+市场"征信体系新格局》，2020年11月10日，读创网（https://baijiahao.baidu.com/s? id = 1682946089954736063&wfr = spider&for = pc）。
② 《深圳已建成全国领先的社会征信体系》，《中国质量报》2020年11月27日第2版。
③ 《荆州发改委到访信联征信，共同探讨信用建设落地》，2019年9月5日，美通社（https://bai jiahao. baidu. com/s? id = 1643822855599649489&wfr = spider&for = pc）。

五　深化信用手段，坚持监管创新

2019年，《国务院办公厅关于加快推进社会信用体系建设 构建以信用为基础的新型监管机制的指导意见》（国办发〔2019〕35号）指出"围绕信用承诺、信用修复、失信联合惩戒、信用大数据开发利用等重点工作，组织开展信用建设和信用监管试点示范"。而深圳早前已小范围试行"申请人承诺制"并推广，逐步建立推行信用承诺制度、探索建立信用修复机制；深圳市委、市政府带领各区在贯彻落实国家文件精神的同时，满腔热血，积极创新，如宝安、龙岗等依托经济大区、产业大区的条件基础，先后在辖区范围内试点先行监管新模式，为加强事中事后监管、深化"放管服"改革献策献力。

（一）深化信用为基础的监管手段

1. 信用承诺

2016年，深圳开始在食品药品领域试点"申请人承诺制"，8月10日起先对全市微小餐饮单位和零售药店食品经营许可试行，2017年6月26日扩至大型连锁企业食品经营许可，经专家评审并符合条件的可免予现场核查，2018年7月进一步扩大适用范围，大型连锁企业的"申请人承诺制"申请门槛从下属门店数量须达到50家以上降至30家以上，实现对食品经营许可流程的进一步优化，加大无证食品经营疏导力度。[①]

2017年，深圳市人民政府关于印发《深圳市贯彻落实守信联合激励和失信联合惩戒制度实施方案的通知》（深府〔2017〕57号），推行信用承诺制度；同年12月，深圳市住房和建设局对市内参与建设工程招标投标活动的招标人、招标代理机构、投标人，推行事前诚信承诺制度。2020年2月，《深圳市开展"证照分离"改革全覆盖试点实施方案》出台，对22个部门的61项审批事项实行告知承诺。2020年9月，深圳市人力资源和社会保障局印发《政务服务信

[①] 《深圳首推食品经营"申请人承诺制"，实现"不见面审批"》，2019年5月7日，深圳新闻网（http://www.sznews.com/news/content/2019-05/07/content_21720775.htm）。

用承诺管理办法》，在全市先行应用"信用审批"新模式。通过"申请人事前自主承诺、审批人员事后监管、虚假申报撤销审批决定并列入失信惩戒名单"，实现业务申请"即办即得可追溯"。①

2. 信用修复

早在2017年，国家发改委、中国人民银行就印发了《关于加强和规范守信联合激励和失信联合惩戒对象名单管理工作的指导意见》，其中第六部分提出"构建自主自新的信用修复机制"，允许"黑名单"主体自我纠错和主动自新，由"黑名单"认定部门参考失信主体的信用修复行为，将其从"黑名单"中删除。② 2019年，国家发展改革委办公厅印发《进一步完善"信用中国"网站及地方信用门户网站行政处罚信息信用修复机制》（发改办财金〔2019〕527号）的通知，国家可针对行政处罚信息、失信行为等不良信息进行修复，修复处理方式主要为在规定的最短期限后撤下公示信息，但特别严重失信主体行为，在公示期间不予修复。2021年5月，国家《信用修复管理办法》也已正式公开征求意见，拟对信用修复制度进行完善和创新。

当前，信用中国及广东/深圳等地方信用门户网站，均已创建信用修复链接，页面内提供操作指引、不可修复情况以及信用修复需要准备的材料等，方便快捷企业进行信用修复。2019年7月2日，深圳鹏元征信入选全国第一批，也是华南地区唯一可承担信用修复专题培训任务的机构；深圳信联征信、微众税银入选国家第一批可为信用修复申请人出具信用报告的机构。现这些机构也陆陆续续开办了信用修复培训班，支撑失信企业完成信用修复，帮助企业重新塑造信用。③

---

① 《"信用审批"，容缺跑出服务加速度》，2020年9月9日，中工网（http://society.workercn.cn/32851/202009/09/200909073135300.shtml）。
② 史福厚：《信用修复要着眼于"环境重塑"》，《小康》2019年第7期。
③ 《深圳法治政府建设巡礼5：构建"政府+市场"征信体系新格局》，2020年11月10日，读创网（https://baijiahao.baidu.com/s?id=1682946089954736063&wfr=spider&for=pc）。

延伸阅读

浙江、江苏、河南等地，对信用修复制度进行了有益的探索。比如，浙江省发展和改革委员会出台了《浙江省公共信用修复管理暂行办法》，包括总则、信用修复的条件、信用修复的程序、履行责任和附则五章共十七条内容，自2019年2月1日起正式施行，成为由地方出台的第一部专门针对信用修复的管理办法。据统计，截至2021年3月，各地已累计修复严重违法失信企业名单信息44万余条、经营异常名录信息881万余条、行政处罚信息超过104万条，支持企业主动纠错、重塑信用。①

（二）积极探索试点监管新模式

1. 深入推进网格化协同监管

深圳依托全市统一地址库，运用块数据技术建立区网格化管理系统，与智慧市场监管系统信息共享，积极推进网格化协同监管②，加强对无照经营和虚构地址登记等违法行为的发现和打击力度。

深圳市地方标准《社会管理要素统一地址规范》（SZDB/Z 281-2017）于2018年印发施行，统一地址涵盖了从市、区、街道到社区、基础网格，再到建筑物、房屋等各管理层级的空间地理信息，管理应用时可根据实际精细需求，按不同层级形成融合人、事、物等社会管理要素的"块数据"，服务基层开展"块治理"；同时规范了基础网格和工作网格的关系，支撑实现不同网格之间的联动和协同，建立责任到网格、责任到人的管理和服务体系。③

---

① 《市场监管总局：全国严重违法失信企业名单实有98.24万户》，2021年3月14日，澎湃网（https://m.thepaper.cn/baijiahao_11705797）。

② 《查处冒用他人身份信息办理登记行为，深圳是这样做的……》，《中国市场监管报》2019年3月19日。

③ 《深圳全国首创〈社会管理要素统一地址规范〉 每栋楼每套房都有了"身份证"》，《大众标准化》2018年第1期。

深圳在市统一地址库建设的基础上，正构建以"块数据"为内核的"一基五柱、百平台、千应用"社会治理智能化支撑体系，探索创新社会治理模式，推进社会治理现代化。宝安区作为市统一地址库的首批试点，在应对虚假地址注册和监管难题上为全市提供了"宝安经验"。每一栋建筑物房屋都被赋予了唯一的"身份证"，通过关联身份证号码、统一社会信用代码、房屋编码、手机号码、事件编码，建立人口、法人、房屋、通信、事件"五码关联"的块数据库，并联通公安、教育、计生、市场监管、税务、劳动社保、民政等市直部门的业务数据，智能支撑提升社会治理的科学化、智能化、精准化水平。①

宝安区已利用"块数据"试点开展商事主体审批、监管、服务和信用一体化应用，在该区新登记的商事主体信息会实时推送给一线网格员，由其进行落地经营核实和"有照无证"经营核实；对于异常的商事主体，也给予其足够的缓冲时间，如90天内三次上门若均查无实处或无法联系，将会把相关信息推送给市场监管、安全生产、消防等部门进行联合执法。自2018年9月试点以来，一年内已累计发现和查处地址异常商事主体12898家、无证经营商事主体2138家，新模式收效良好。②

2. 联动推进警监共管新模式③

为预防和严管楼宇经济违法犯罪活动，深圳市市场监督管理局龙岗监管局龙城监管所（以下简称"龙城监管所"）深入分析楼宇经济的特点，联合辖区派出所、物业管理公司推行"警监共管"新模式，通过"扫楼行动"和大数据监管，大力整顿与规范各类商事主体。

该模式通过"三个联动"推进。一是科所联动，发挥市场监管

---

① 《深圳创新社会治理体系 营造共建共治共享格局》，《深圳特区报》2019年2月28日第5版。
② 杨丽萍、郑景喜：《全市统一地址库试点应用准确率达100%》，《深圳特区报》2019年3月5日。
③ 《龙城市监所积极推进"警监共管"新模式 整顿规范各类商事主体》，2019年11月26日，龙岗政府在线（http://www.lg.gov.cn/bmzz/fxh/jcxx/content/post_6948798.html）。

作用。龙城监管所联合业务科室，推进商事主体事中事后的严管工作。注册科从源头上防控风险企业，对在商业楼宇内同一地址已被注册五家以上商事主体再次在该地址注册的，或商事主体被列入三次以上异常再次申请变更地址的，一律从严审核；企管科以物业管理单位为抓手，落实推进异常名录管理和年报宣传工作；龙城监管所落实"双随机、一公开"监管工作，检查企业年报和即时信息的真实性、及时性，并加强经营异常名录管理，通过"扫楼行动"严防严打商业楼宇内商事主体的违法行为。

二是警监联动，发挥共同管控作用。首先利用高层楼宇信息采集系统和社区警务 App 经侦管控模块，及时采集商事主体的基础信息强化管理，包括商业楼宇内实际运营的公司情况及其企业法人、股东和相关工作人员信息等，例如 2018 年 10 月，新城派出所针对正中时代广场的 327 家商事主体（不含秘书公司），采集从业人员信息 1379 人；进而依据深融系统分析结果，重点纳管"管控类""关注类"商事主体，对其中 4 家管控类、15 家关注类公司上门清查，18 家公司主动搬离；同时将警务前移，设立"防范涉众型金融犯罪警务工作点"，由社区队长负责"扫楼行动"、信息采集等工作。

三是物管联动，发挥企业主体作用。《龙城街道商业楼宇内商事主体监管工作制度》已推广至全街道 4 个派出所辖区的 49 栋商业楼宇。各商业楼宇管理公司对入驻企业的实际情况进行排查登记，建立商事主体台账并向龙城监管所报备。龙城监管所根据台账，将所有不在登记地址经营的商事主体载入经营异常名录；并按季度推送新注册的商事主体名单，由各物业公司核实、更新商事主体台账，发现疑似风险企业、虚假注册及违法犯罪线索时，及时反馈至相关部门核查。同时敦促物业单位从租赁审核、装修检查、客户拜访、数据清洗等方面，加强对入驻企业的全流程全方位管理，严防高风险企业的入驻和企业违法行为。

延伸阅读

龙城街道推行"警监共管"以来，一是集中清理经营异常商事主体，2018年4月至12月，龙城监管所经集中清理，新增列入异常名录的商事主体9940家；在"扫楼行动"中，先后有40多家"心虚"企业，主动搬离。二是大幅提升年报率，2018年，龙城辖区应年报企业38461家，至年报截止日共年报32989家，年报率为85.77%；剔除异常主体后年报率为100%，两项指标均创辖区历年年报率新高。三是有力提升监管工作效能，2018年，龙城监管所共处理投诉3363宗，办理案件474宗，罚没519.78万元，罚没额创历史新高，在全市各监管所中排名第一；"警监共管"行动中向区扫黑除恶办移送线索2条，重点查办9宗罚没款10万元以上的典型案件。四是有效防控类金融企业风险，2018年警情发案减少，龙城辖区商业楼宇发生诈骗类警情27宗，同比下降47.1%；警方成功破获"共享生活"集资诈骗、"5·11"诈骗及"7·03"非法经营案等案件。

2019年初，龙岗监管局组建扫楼机器人模型研发建设团队，并建立"警监共管""警金共管"类金融企业联动机制，共享全区注册商事主体登记信息，在全区高层楼宇安装深融平台基础信息系统。扫楼机器人模型对人员情况、企业背景、违规行为、网站App、网络风险、警情案件、资金特征等维度共26项指标设定伤害值，自动对类金融企业进行打分，分值越低的企业风险越高，按不同分值将企业分为提醒关注类、训诫震慑类和打击类，根据模型对企业的画像，生成精准的检查指令单，指导社区民警开展工作。①

---

① 《颤抖吧，写字楼里的骗子们!》，2020年9月10日，深圳公安网站（https://baijiahao.baidu.com/s?id=1677442461587785184&wfr=spider&for=pc）。

延伸阅读

扫楼机器人模型—利用大数据分析精准打击

"某知时代"诈骗团伙通过低价课程吸引中小企业主上课,凭借包装好的假冒"成功企业家"身份,在课堂上诱导听课的企业主签订高额《企业服务合同》实施诈骗。2020年5月20日,龙岗警方500余名警力兵分六路展开统一收网行动,打掉此诈骗团伙,并在现场控制嫌疑人252名。该案也是龙岗警方推行扫楼机器人模型以来,侦办的一种新型案件类型。在2019年12月举行的广东省公安厅"砺剑2019——广东公安经侦部门实战练兵大比武"中,扫楼机器人模型代表深圳市公安局勇夺全省第一名。

3. 探索实施全生命周期闭环监管①

2020年下半年,针对基层普遍反映投诉举报数量大、增速快、处理难、责任重等突出问题,深圳市市场监督管理局组织多单位开展系列调研,创新提出深圳市大市场投诉举报调解处置中心建设工作思路。深圳市委市政府高度重视,深圳市市场监督管理局统一部署,印发《深圳市"大市场"投诉举报调解处置中心(宝安)试点工作方案》。2020年9月23日,深圳市市场监督管理局宝安监管局联合深圳市投诉举报中心、深圳市消费者委员会、深圳市众信电子商务交易保障促进中心等多个机构,以及该局下属10个监管所,共同成立"宝安专班",正式实施试点工作。

试点工作主要包括三项:一是扩大前端处置工作范围,将该局全部涉网投诉举报逐步由前端进行前期处置,并发挥前端效力,梳理2020年辖区重点投诉举报名单为科学研判提供数据支持,推动企业通过在线纠纷解决(ODR)机制在线解决纠纷等。二是建立

---

① 《深圳市市场监管局宝安监管局创新性开展大市场投诉举报调解处置试点初见成效》,2021年3月3日,中国质量新闻网(https://www.cqn.com.cn/zgzlb/content/2021-03/03/content_8670074.htm)。

"绿色通道＋在线调解＋政府监管"机制，推动消费维权举证便利化与消费投诉处理提效。宝安区首家企业在线纠纷解决服务中心，于 2020 年 9 月 30 日在盒马鲜生旗下门店挂牌成立。三是推动相关监管工作往市场监督管理局下属分所前置，2020 年 11 月该局 10 个监管所已全部纳入前端处置范围。

2020 年 9 月 23 日至 2021 年 2 月 4 日，该局累计前端处置投诉举报工单 2.22 万余件，占 10 个监管所同时间段工单总量的 62.37%。其中办结 1.53 万余件，占处置总量的 68.95%。经前端过滤后下发各监管所的工单仅剩 6895 件，极大缓解了监管所基层人员的处置压力。针对医药、餐饮等投诉举报重点行业企业，深圳市市场监督管理局宝安监管局将进行约谈。如 2020 年 10 月，深圳市市场监管局专班联合宝安专班约谈美团外卖和饿了么两大平台，此后宝安区涉及凉菜许可类的食品安全举报数量连续下降。

延伸阅读

大市场投诉举报调解处置中心（宝安）如何高效处理数量庞大的投诉举报？

一是梳理投诉举报调解处置工作的疑难点，形成建议、汇报、法律问题研究等，如出台了《法制业务工作指引——投诉举报处理专刊》等，标准式指引相关工作的开展；2020 年 11 月宝安启动"苗圃计划"，选拔出优秀干部组成调研组，对近年来深圳市特别是宝安区投诉举报数据进行全面整理归类，全面分析了 2017 年以来职业投诉人、重点投诉举报类型、投诉举报立案及结案等各类情况，深入挖掘投诉举报数据中隐藏的如企业合法合规经营、产品质量等问题。二是强化企业培训，通过印发《全国 12315 平台 ODR 企业投诉处理中心用户操作手册》《深圳市投诉举报处置平台用户操作手册》等，提升企业自主处理和解决投诉举报的能力；三是构建消费维权的绿色通道，引导消费者参加消费评价、消费体验和消费监督。同时开展强制性认证产品投诉举报集中处置专项整治行动、产品质量行动、食品专项行动等，印发《关于加强主动监管、消除质量安全隐患工作方案》等文件，强化执法力度。

~~~~~~

基于大市场投诉举报调解处置中心，宝安依托国家市场监督管理总局12315行政执法体系、宝安区"审批、服务、监管"一体化系统等，创新提出构建"全领域覆盖、全链条贯通、全生命周期"的"三个全"监管模式总体构想，推进落实包容审慎的监管机制。宝安专班下设综合组、许可组、监管组、稽查组，同步配合市层面构建市场监管执法新体系，加强许可服务、监管执法、稽查办案、消费维权等各环节衔接，形成清晰的组织架构和职责分工。在此基础上，还创造性提出探索建立许可信息共享的双告知、与后置许可部门对相关主体进行双向反馈和双向跟踪、"双随机"监管、信用和安全风险等级双评估、许可和行政处罚信息双公示、网络投诉集中处理和集中办案的双集中、公众诉求调解处置和立案查处的双处置"八个双"监管模式，实现对投诉举报事件的分级分类，强化对市场主体全生命周期闭环精准监管。

第五节　退出：灵活变通立异出新

随着商事制度改革的深化，商事主体的市场准入门槛大大降低，但是企业退出机制主要还是沿用过去的做法，按照《公司法》《公司登记管理条例》《合伙企业法》等法律法规，无论企业是否有债权债务、是否开业，注销都需要经过做出解散决议（决定）、成立清算组并备案、报纸公告、组织清算并出具报告、窗口提交注销申请等环节，企业注销程序复杂、成本高、时间长，且由于注销手续繁琐，经营者将经营不好的企业放任不管，退不出而成为"僵尸"企业，商事主体面临"出生容易，死亡难"的难题。

"僵尸企业""失联主体"等的产生，一方面占用着名称、商标等市场资源，占有了人力、土地、技术、资金等社会资源，且对国家统计数据的真实性也造成一定影响；另一方面，市场主体需要花费较多时间解决遗留问题，增加了创业成本和企业负担，扼制了市场活力，也抑制了主动退出的动力。同时，这类商事主体的负责人等人员也将受到信用惩戒，在经营名下其他商事主体时将面临问题。[①]

延伸阅读

"僵尸企业"示例1：在深圳市民政局办理了民办非企业登记的一位女士到市民中心行政服务大厅窗口领取登记证书，完成身份核对后，打照系统却提示她被纳入非正常纳税户，即进入税务系统黑名单，无法打印登记证书。因该申请人在2003年曾注册一家企业并担任法定代表人，而该企业由于疏于打理成为"僵尸企业"并被主管部门吊销，根据中国《公司法》及《企业法人登记管理条例》等相关规定，该企业的法定代表人不能担任其他企业或机构的法定代表人。

"僵尸企业"示例2：原来企业要注销《药品经营许可证》办理时限要20个工作日，若企业丢失或无法提供《药品经营许可证》原件的则需要更长时间。而中国药品零售连锁企业的下属门店大部分为加盟门店，若私人老板与药品零售连锁企业沟通存在滞后，则导致药品零售连锁企业无法注销。这样一来，不但导致该药店变成僵尸企业，还导致该地址不能再开办新的药店。[②]

为了简化企业退出流程，《国务院关于促进市场公平竞争 维护市场正常秩序的若干意见》（国发〔2014〕20号）明确提出："简化和完善企业注销流程，试行对个体工商户、未开业企业以及无债权债务企业实行简易注销程序。"破解企业"注销难"，清退"僵尸企业"等市场主体势在必行，化解产能过剩压力，推动资源优化配置。

[①]《首创商事主体除名制！这个城市为破解企业"退出难"放大招！》，2020年11月11日，澎湃网（https://m.thepaper.cn/baijiahao_9940098）。
[②]《"秒批"为智慧城市挂上加速挡》，《深圳商报》2018年11月26日第2版。

一 落实简易注销与注销便利化

（一）企业简易注销登记改革

2015年1月，原国家工商行政管理总局发布《关于开展企业简易注销改革试点的通知》（工商企注字〔2015〕2号），把深圳市列入全国首批四个试点省市之一。为简化企业注销登记流程，完善商事主体退出机制，深圳于2015年6月制定《深圳市企业简易注销登记规定》，并于当年7月1日起实施，有助于进一步优化营商环境，激发主体投资创业活力。

此次改革[①]一是简化企业注销流程。对于无债权债务内资有限责任公司、个人独资企业、合伙企业以及未开业企业，放宽注销登记的材料、程序、申请方式等条件，实行全流程网上登记模式。商事登记机关不再要求企业办理清算人员备案和提交清算报告。企业不需要在报纸上发布注销公告，提交材料信息后，经由商事登记机关通过商事主体登记及许可审批信用信息公示平台免费发布注销公告，公告期限为45天。

二是充分发挥企业自觉性。对于企业是否开业、有无债权债务等情况，商事登记机关不再进行审查和认定，由企业全体股东、投资人、合伙人对载明同意企业注销的决议（决定）、未开业及无债权债务的承诺书、注销特别声明等申请材料进行网上电子签名，实行自我诚信、自主负责。

三是构建多渠道救济途径。企业简易注销公告期间，利害关系人有异议的，可直接向企业提出或通过信息平台填写异议申请表向商事登记机关提出。商事登记机关接收异议后直接驳回企业注销申请，由当事人自行处理相关争议，被驳回企业不得再申请简易注销。利害关系人因企业提交虚假材料信息或者采取欺诈手段隐瞒重要事实取得简易注销登记，合法权益受到损害或者有实证证明企业注销前存在债务未清理的，可以向商事登记机关提交相关证据申请撤销注销登记。利害关系人还可以依据《公司法》《合伙企业法》《个人

[①]《部分地区企业简易注销改革实践与思考》，《中国工商报》2016年2月20日第3版。

独资企业法》等法律法规向股东、合伙人、投资人提起民事诉讼。

四是强化不当简易注销法律责任。企业提交虚假材料信息或者采取欺诈手段隐瞒重要事实取得简易注销登记的，商事登记机关依照相关法律法规进行查处，并可依法撤销注销登记，恢复企业主体资格，负有个人责任的法定代表人、股东、合伙人、投资人也将被纳入信用监管体系，接受信用惩戒。

延伸阅读

深圳市首例撤销企业简易注销登记行政检察监督案[①]

某诊所因使用未取得《医师资格证书》《医师执业证书》的非卫生技术人员开展医疗卫生技术活动、未按规定进行诊疗时间的公示，被卫生行政执法部门处以行政罚款后，在法定期限内既未申请复议亦未提起行政诉讼，经催告后仍拒不履行缴纳罚款义务。卫生行政执法部门依法向人民法院申请了强制执行。法院作出准予强制执行裁定后，该诊所利用简易注销网上办理的便利，向市场监管部门做出"无任何未清偿的债务"的特别声明，及"申请注销企业的债权债务已清理完毕，不涉及任何债权债务关系及其他纠纷"的承诺，顺利取得了核准注销登记。由于被执行人主体资格丧失，无法强制执行，行政罚款执收工作受阻。后经检察院审查，该诊所提交虚假申请材料，以欺骗手段取得注销登记，违背诚信原则，属于恶意注销以逃避行政处罚的行为，于是向市场监管部门发出检察建议书。市场监管部门采纳建议并立案调查后，撤销该诊所注销登记，恢复该诊所商事主体资格并将其载入严重违法失信企业名单。后检察院督促卫生行政执法部门继续向法院申请强制执行，并依法追加该诊所实际控制人为被执行人。

[①] 深圳市坪山区人民检察院：《深圳市首例撤销企业简易注销登记行政检察监督案》，2020年3月24日，https：//baijiahao.baidu.com/s? id =1662043624120957683 &wfr = spider&for = pc。

2016年12月26日,《工商总局关于全面推进企业简易注销登记改革的指导意见》出台,2017年3月1日全国全面实施企业简易注销。2018年,国家市场监督管理总局印发《关于开展进一步完善企业简易注销登记改革试点工作的通知》(国市监注〔2018〕237号),推动完善企业简易注销改革。深圳作为试点城市之一,不断完善和推进企业简易注销登记改革,包括全面拓展简易注销登记适用范围,实现企业类型全覆盖,全面简化简易注销申请材料,减材料、减时间、减成本;缩短企业简易注销公告时间,将网上公告时间由原来45天(自然日)压缩为20天(自然日),等等。同时,税务部门依照《关于进一步优化办理企业税务注销程序的通知》(税总发〔2018〕149号),也在致力优化税务注销环节,推动"承诺制"容缺办理,即"纳税人在办理税务注销时,若资料不齐,可在其作出承诺后,税务机关即时出具清税文书"。

简易注销改革,使企业足不出户即可办理注销登记,大大节省企业注销的办理时间成本和金钱开支;让无法继续经营的企业便利退出,减少合法退出市场的阻碍,有助于消除"僵尸"企业,反映更加真实和准确的市场数据。

(二)商事主体一般注销便利化

2019年,为进一步推进注销便利化,国家市场监督管理总局会同人力资源社会保障部、商务部、海关总署、税务总局制定出台《关于推进企业注销便利化工作的通知》(国市监注〔2019〕30号)。深圳推进商事主体一般注销便利化的做法主要有三个:创新个体工商户注销智慧"秒批",建立"企业注销一窗通"网上服务专区,推行企业一般注销全流程网上办理。

2018年8月,深圳市出台"数字政府"综合改革试点实施方案,同年11月发布《关于印发深圳市推广"秒批"模式工作方案的通知》(深府办〔2018〕22号)。基于辖区内个体工商户基数大、增速快,公众对政务服务改善的呼声日渐提升,龙岗区委、区政府主动联合深圳市市场监督管理局迅速研究出台《深圳市龙岗区实施商事登记"秒批"模式工作方案》，加快推进商事登记"秒批"改革。① 经过 4 个月的努力，2019 年 3 月龙岗区率先实现了个体工商户设立、注销"秒批"，4 月 18 日推广至光明区，7 月 19 日起在各区推开，在全市范围实现个体工商户注销"秒批"，个体户注销十几秒即可完成。

2019 年 4 月 29 日，深圳市市场监督管理局联合市税务局创设"注销企业一窗通"服务机制，上线"注销企业一窗通"系统。通过对社保、商务、市场监管、税务、海关等相关单位的注销流程、条件、时限以及材料等进行统一规范，企业在一个系统下即可完成全部注销在线申请，实现多个部门注销业务"一网通办"。

面对注销业务量与日俱增的现状，2020 年 1 月 27 日起，深圳市企业注册局取消休假，研究减少现场跑动的解决方案；针对到大厅提交材料的总业务量中约三分之一是有限公司一般注销业务的情况，率先从有限公司一般注销流程入手改革，局领导亲自牵头组织精干队伍加班加点，修缮材料清单、改造商事登记系统并确定业务规则，于 2 月 6 日上线"有限责任公司一般注销"网上全流程系统，攻克了"全程网上办"的业务难题。②

二 畅通破产企业退出机制

以往全国法院审结的破产案件平均审理周期为两三年，甚至长达十几年。对企业，司法破产程序耗时耗力；对法院，企业破产案件审理周期长、难度大、事务性工作繁重；对社会，破产程序延长一天，意味着待清偿财产的损耗和流失的风险就增加一分。③

深圳市中级人民法院作为全国第一批破产审判方式改革试点单位之一，积极探索推行小额破产案件简易审理程序、管理人援助资金制度、执行程序与破产程序衔接转换、司法程序和行政程序相互配套等

---

① 《全国首张智能"秒批"营业执照诞生！深圳个体户商事登记可即时审批通过》，2019 年 3 月 20 日，读特网（https：//www.dutenews.com/p/172630.html）。
② 《深圳率先实现注销公司"网上办"》，《深圳特区报》2020 年 2 月 14 日第 5 版。
③ 《与其"跑路"，不如申请破产保护》，2014 年 4 月 23 日，人民网（http：//finance.people.com.cn/n/2014/0423/c1004 - 24930301.html）。

措施，形成了一套行之有效的清理"僵尸"企业的审判模式。①

2016年8月，最高人民法院印发《关于在中级人民法院设立清算与破产审判庭的工作方案》，旨在推进供给侧结构性改革、依法处置"僵尸企业"。其中明确要求，直辖市应当至少明确一个中级人民法院设立清算与破产审判庭，省会城市、副省级城市所在地中级人民法院应当设立清算与破产审判庭。

2018年12月初，深圳市中级人民法院率先提出创新设立独立运作的破产法庭，从请示到批复、到正式落编仅用了1个月时间，2019年1月14日，深圳破产法庭正式揭牌成立。根据最高人民法院的批复，破产法庭管辖以下案件：一是深圳市辖区内地（市）级以上（含本级）工商行政管理机关核准登记公司（企业）的强制清算和破产案件；二是前述强制清算和破产案件的衍生诉讼案件；三是跨境破产案件；四是其他依法应当由其审理的案件。2020年7月，深圳市市场监督管理局联合深圳市中级人民法院等18个部门制定《关于完善破产工作府院联动协调机制的实施意见》，畅通破产企业退出机制。

延伸阅读

小额破产案件简易程序。为提升"僵尸"案件审判效率、确保审理质量，深圳市中级人民法院在现行法律框架内，通过固定审理模式、适用最短限期、采取便捷方式创设简易破产程序，并明确了简易程序适用范围：债务人不属于国有企业，且财产价值总额不超过100万元；债务人的主要财产、账册、重要文件等灭失，或者债务人人员下落不明，未发现存在巨额财产下落不明情形；债权债务关系简单，不存在重大维稳隐患。以上条件满足一项即可适用简易程序。

创新管理人援助资金制度。深圳出台《破产案件管理人工作规范》，保证管理人依法公正高效履行职责，确保破产审判工作顺利进行。为解决无财产企业破产案件管理人费用问题，深圳市中级人

---

① 《深圳率先解决破产企业注销难题》，《法制日报》2016年6月16日。

民法院建立管理人援助资金制度，专门制定《破产案件管理人援助资金管理和使用办法》，规定了资金的申领、审批、标准和核销。

促进执行案件转破产程序。自2017年1月最高人民法院出台《关于执行案件移送破产审查若干问题的指导意见》以来，深圳市中级人民法院组建专门执转破团队，出台《关于执行案件移送破产审查的操作指引（试行）》；破产审判部门与执行部门协调配合，通过规范移送、程序简并，实现简案快审。2017年深圳两级法院共移送执转破案件103件，中止执行案件11703件。其中，破产立案受理93件，适用简易破产程序审理86件，已经宣告破产和终结破产程序案件30件，共终结执行案件5870宗，平均审理期限不到三个月，每审结一件执转破案件平均消化196件执行积案。既解决了执行不能案件的退出问题，又解决了破产案件受理难问题。

司法与行政配合。破产程序终结后，破产企业作为民事法律主体的资格即告终止，在法律意义上已经"死亡"。由于无法注销或注销不及时，破产企业在向社会公开的登记信息中依然存在，不利于市场对企业实际状况的判断，影响市场秩序。为解决这一问题，深圳市中级人民法院通过司法建议的形式提出，破产程序终结后工商行政管理部门应当配合注销企业。其后，又与深圳市市场监督管理局确定，注销企业需要提供破产管理人签署的公司注销登记申请书、破产管理人签署的指定代表或者共同委托代理人的证明、人民法院的指定管理人决定书等7项文件，在全国率先解决破产企业注销的问题，为清理"僵尸"企业并使其彻底退出市场畅通渠道。①

三 清退清零国有"僵尸企业"

对"僵尸企业"实行清退是中国结构性改革任务的重要突破口。根据2016年中国人民大学的《中国僵尸企业研究报告》，国有和集体企业中"僵尸企业"的比例最高。国资系统众多的"僵尸企业"，一方面积淀了大量的国有资产，另一方面存在潜在的法律风

---

① 《深圳率先解决破产企业注销难题》，《法制日报》2016年6月16日。

险，同时也不利于营商环境的提升。2019年7月16日，国家发展和改革委员会、最高人民法院、国家工业和信息化部等13部门联合印发《加快完善市场主体退出制度改革方案》，提出推动国有"僵尸企业"破产退出，对符合破产等退出条件的国有企业，各相关方不得以任何方式阻碍其退出，防止形成"僵尸企业"。

2016年，广东省印发《关于全省国有企业出清重组"僵尸企业"促进国资结构优化的指导意见》（粤府〔2016〕29号），设定三年目标，推动全省国有"僵尸企业"出清重组。当年广东淘汰出清2385家国有"僵尸企业"，处置39家非国有规模以上工业"僵尸企业"，关停重组1730家国有企业。①

深圳在广东省人民政府国有资产监督管理委员会、原深圳市市场和质量监督管理委员会、深圳市人民政府国有资产监督管理委员会的指导下，开启国有"僵尸企业"清理工作，依据《广东省国有"僵尸企业"出清重组标准的认定意见》《深圳市市属国有"僵尸企业"办理注销指导意见》《深圳市国有"僵尸企业"处置工作会议会议纪要》（以下简称《会议纪要》）等文件要求，制订出清方案。

根据粤府〔2016〕29号文及《会议纪要》，国有"僵尸企业"分为关停企业和特困企业。关停企业，即已完全处于关闭或停业状态、职工已安置或仍有部分留守人员、营业执照被吊销的企业，以及"三无"企业（无人员、无资产、无场地）。特困企业，即满足下列条件之一的企业：资产负债率超过85%且连续亏损3年以上，主要靠政府补贴或银行续贷等方式维持生产经营，连续三年欠薪、欠税、欠息、欠费，生产经营困难造成停产半年以上或半停产1年以上。关停企业按照"两个一批"加快出清，即兼并重组一批、关闭破产一批；特困企业按"四个一批"加快重组，即兼并重组盘活一批、资本运营做实一批、创新发展提升一批、关闭破产退出一批。

深圳市清理关停企业主要达成三个目标：一是企业退出市场，

---

① 《广东2016年淘汰逾2300家国有"僵尸企业"》，2017年1月24日，深圳市人民政府国有资产监督管理委员会网站（http://gzw.sz.gov.cn/zwgk/gyqyxxgk/gycqjyqk/cqgl/content/post_4613342.html）。

市政府和银行不再为其输血,不再占用市场资源,企业员工全部得到妥善安置;二是企业不再列入市国资监管机构正常经营企业监管范围;三是企业不再列入国家出资企业合并报表范围,账销案存。处置特困企业,深圳坚持"兼并重组为主,破产退出为辅"的基本原则,在市国企改革政策和广东省指导意见基础上,制定符合本市现状的特困企业脱困标准,如,资产负债率降至70%以下,或低于同行业正常经营企业资产负债率水平,呈现良好市场预期;构建新的体制机制,形成新的商业模式和盈利能力,实现扭亏为盈;通过产权转让、关闭破产等方式实现国有股东退出;依法解决欠薪、欠税、欠息等问题,不再依靠政府补贴或银行续贷等方式存续,恢复正常生产,并进入稳定生产经营阶段,等等。[1]

结合国资国企综合改革,深圳滚动推进"处僵治困",开展国有"僵尸企业"银行账户清查、推动国有"僵尸企业"税务注销、落实市属"僵尸企业"工商注销等工作。2017年底,实现国有"僵尸企业"全部清零,累计出清170家,提前完成省政府下达的工作任务。2020年8月11日,深圳市政府组织国资国企专场新闻发布会,公布"市国资委直接监管企业30家,拥有上市公司30家及多家战略参股企业,整个深圳国资无一家亏损,无一家僵尸企业"。[2]

四 首创除名制和依职权注销

截至2020年6月底,深圳全市商事主体信息系统记载的"失联商事主体"和"僵尸商事主体"[3] 共计126万家,这些商事主体的存在既增加了市场交易成本、威胁着市场交易安全,也降低了市场监管与政府治理效能。为此,深圳通过立法创设除名和依职权注销

---

[1] 陈旭:《清理"僵尸企业"与国企改革研究》,硕士学位论文,华中师范大学,2017年12月,第22—23页。

[2] 《深圳市国资委主任:深圳国资没有一家僵尸企业》,2020年8月11日,凤凰网(https://finance.ifeng.com/c/7yqRAo1IRxX)。

[3] "失联商事主体",即因无法联系被列入经营异常名录满两年且近两年未申报纳税的商事主体。"僵尸商事主体",包括被依法吊销营业执照、撤销设立登记或者责令关闭等,但一直未依法履行注销手续的商事主体。

制度。注销从原来只能由商事主体自主申请,到现在市场监管部门也可以依法、依职权,主动作为。①

一方面,深圳创设除名制度,规定对商事主体被列入经营异常名录或者被标记为经营异常状态满两年,且近两年未申报纳税的,商事登记机关可以将其除名,商事主体被除名后经营资格消灭但主体资格保留,仍需办理清算、注销手续。该制度可起到双重作用:一是倒逼隐蔽活动的失联商事主体恢复正常活动状态,并将其纳入日常监管范围;二是将实际无经营且已事实"死亡"的商事主体,纳入市场退出程序。②

另一方面,深圳创设依职权注销制度,对"依法被吊销营业执照""依法被责令关闭""依法被撤销设立登记"或者"依法被除名"的商事主体六个月内仍未办理申请注销登记的,商事登记机关可以依职权将其注销,至此该商事主体资格消灭并完成市场退出程序;但对于可能出现直接影响债权债务清理问题的商事主体不适用此制度。如企业被商事登记机关依职权注销后,发现有未清理完结的债权债务的,利害关系人可以向法院和仲裁机构提起诉讼或仲裁,凭两部门的生效法律文书或者其他证据材料,向商事登记机关申请撤销依职权注销决定。

截至2021年10月,深圳市市场监督管理局已对全市530余家市场主体做出除名决定并依职权注销80余家企业。③

五 允许特殊情形代位注销

新修订的《深圳经济特区商事登记若干规定》参照国家市场监督管理总局有关企业注销专项指引,创设性地允许代位注销,规定

---

① 深视新闻:《深圳"一号改革工程"取得重要进展,民营、外资企业再获重大利好!》,2021年11月6日,新浪网(https://k.sina.cn/article_6321540324_178cb0ce402700sktw.html?mod=r&r=0)。

② 《深圳修订商事登记若干规定破解企业注销难:"失联企业"和"僵尸企业"将有强制退出机制》,2020年8月24日,读特网(https://www.dutenews.com/shen/p/794522.html)。

③ 《深圳清除"僵尸"企业!首创企业除名 全市目前累计共有商事主体370多万户》,2021年10月12日,读特网(https://www.dutenews.com/p/5840796.html)。

因商事主体已经注销导致其分支机构或者其出资的企业无法办理相关登记的，可以由该已经注销商事主体的继受主体或者投资主体代为办理；因非商事主体已经撤销或者注销导致其管理或者出资的企业无法办理相关登记的，可以由该已撤销或者注销非商事主体的继受主体或者上级主管单位代为办理。①

六 创设商事主体歇业登记制

2020年因新冠肺炎疫情暴发，部分商事主体经营活动受阻暂时无法开展，而情况好转后重新经营。针对这类在短期内面临经营困难，但仍有较强的经营能力的商事主体，深圳借鉴中国香港"不活动公司"制度，在国内率先试行企业"休眠"制度，并首创性规定，商事主体需要暂停经营，可以向商事登记机关办理歇业登记，其主体资格依然保留，恢复经营只需办理终止歇业登记即可。申请"歇业"的商事主体，仍应当履行相关义务及接受相关监管，但可以申报零纳税、社保减免等，相关配套规定将陆续制定出台。通过助力这类商事主体存续并低成本度过经营困难时期，防止市场主体总量大幅波动，维持市场与经济发展稳定。②

---

① 《深圳经济特区商事登记若干规定》解读，2020年11月12日，深圳市人大常委会，（http：//www.szrd.gov.cn/szrd_zlda/szrd_zlda_flfg/flfg_szfg/content/post_685910.html）。

② 深视新闻：《深圳"一号改革工程"取得重要进展，民营、外资企业再获重大利好！》，2021年11月6日，新浪网（https：//k.sina.cn/article_6321540324_178cb0ce402700sktw.html？mod=r&r=0）。

第六章 改革成效 异彩纷呈

第一节 持续激发创业创新热情,稳就业稳增长

一 两个"100万"的对比

2013年3月1日,深圳正式拉开商事制度改革的大幕,改革带来最明显的成效就是通过降低市场准入门槛,提升商事登记便利度,持续释放市场活力,激发大众创新创业热情,商事主体登记量增幅显著。如图6-1所示,实施改革前(截至2013年2月底),深圳市商事主体总量仅为99.4万户,不足100万户。深圳市商事制度改革实施后的首个星期内,全市新增商事主体数量达6000户,较2012年同期增长39.4%,且到第十天受理时间截止时,商事主体存量数突破100万户大关。[1]

改革第二年年底,深圳商事主体总量跃居全国第一,2015年8月商事主体总量达到200万户,即改革30个月新增商事主体数量超百万。深圳市商事主体总量突破第一个100万户,深圳用了30余年;突破第二个100万户,仅仅用了不到两年半的时间。这一串反映深圳商事主体总量和增量的突破性数据虽然无法直接显示一个地区经济发展的总体实力,但是侧面反映出创业者来深投资创业的热情和对深圳具有较大发展潜力的预期,以及深圳这座城市带给创业者的巨大吸引力和良好的营商环境。[2]

---

[1] 《深圳商事主体总量突破100万户大关》,2013年3月12日,中国新闻网(http://www.chinanews.com/df/2013/03-12/4637424.shtml)。

[2] 李佳佳:《商事主体337万户!深圳商事制度改革进展排名全国第一》,《深圳商报》2020年7月9日。

商事主体数量：万

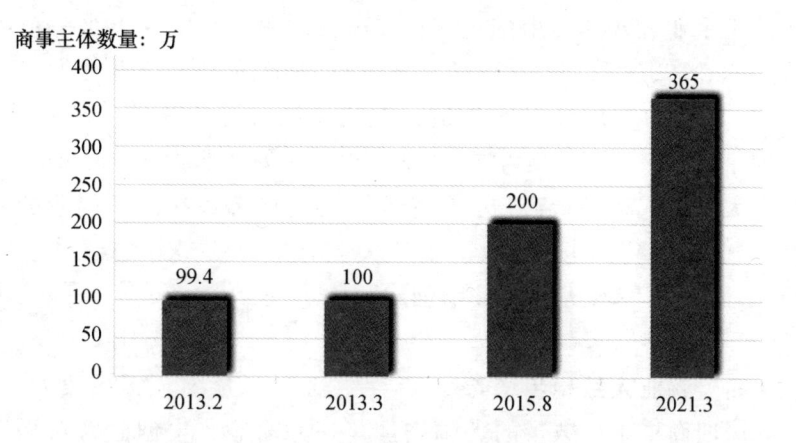

```
400 ┤                                    365
350 ┤                                    ■
300 ┤
250 ┤
200 ┤                      200
    │                       ■
150 ┤
100 ┤   99.4      100
 50 ┤    ■         ■
  0 ┴────────────────────────────────────────
      2013.2    2013.3   2015.8    2021.3
```

图 6 - 1　2013—2021 年商事主体总量变化图

二　创业密度全国"七连冠"

数据显示，截至 2021 年 1 月底，全市累计共有商事主体 361.4 万户，同比增长 9.6%，其中企业 228.7 万户，个体户 132.7 万户。以深圳市统计部门公布的 2020 年深圳市常住人口总数 1756.01 万人来计算创业密度，全市每千人拥有商事主体 205.8 户，拥有企业 130.2 户，自 2014 年起，深圳创业密度取得全国"七连冠"，已发展成为名副其实的"创业之都"。

截至 2021 年 12 月底，深圳商事主体总量从改革前的不足 100 万户猛增至 380 余万户，深圳的商事主体总量较改革前增长超过 200%。

三　"六个 90%"，企业成为创新主力军

深圳的商事制度改革不仅大大提升了商事主体总量和创业密度，而且有效激发了商事主体的创新活力。深圳拥有的高等学府和科研机构虽然不是全国最多最集中的，却是国家创新型城市，这很大程度上是由于在深圳发展的企业充分释放了创新活力。深圳有"六个 90%"创新密码。据统计，深圳 90% 以上的研发机构设立在企业、90% 以上的研发人员集中在企业、90% 以上的研发资金来源于企业、90% 以上的创新型企业是本土企业、90% 以上的职务发明专利

来源于企业、90%以上的重大科技项目发明专利出自于龙头企业。①这"六个90%",也正是深圳旺盛的创新活力的动力之源。小到"接地气"的实用性发明创造,大到上天入海的高精尖科技成果,深圳企业均有涉足。诞生在深圳的知名科创企业大疆,目前已是全球最大的无人机制造商,其创始人汪涛回忆选择在深圳创业的原因时提到,选择深圳,因为这里"大概有世界上最好的硬件创新环境",这里"宽容失败,鼓励创新"。

四 就业人数稳步增长

深圳商事主体数量的大幅增加,一方面显示出创业者对深圳营商环境的充分肯定;另一方面数量位居全国大中城市首位的商事主体总量以及活跃的市场主体也成为促进深圳经济走上快车道的基础和动力,在稳定就业稳增长方面做出了巨大贡献。

2020年11月,《中国质量报》报道:深圳商事主体数量连续多年全国城市第一,企业整体活跃度为86.3%,处于高度活跃的企业数量占全部存量企业的10.6%。即便是在2020年上半年遭受新冠肺炎疫情的冲击,深圳市新登记商事主体量仍保持增长,新增商事主体23.72万家,同比增长1.4%,其中新增企业15.11万家,同比增长15.07%,展现出企业强大的抗风险能力。② 同时,深圳GDP增长率先由负转正,成为全国首个"转正"的一线城市。

深圳企业的高增长率和高活跃度,为求职者就业带来了更多机会,在高质量稳就业方面成效显著。据深圳特区报新闻App"读特"报道,深圳就业规模持续稳定扩大,2020年11月就业规模达1218.06万人,同比上升4.0%,为历史新高;城镇新增就业15.64万人,提前完成全年目标;城镇登记失业率2.49%,低于年度3%的控制目标;异地务工人员参保规模979.96万人,超过2019年同期水平。

---

① 中国(深圳)综合开发研究院课题组:《深圳经济特区40年探索现代化道路的经验总结》,《特区经济》2020年第8期。
② 许创业、傅江平:《深圳商事主体数量连续多年全国城市第一》,《中国质量报》2020年11月3日第1版。

第二节　加快推动产业优化升级，促进经济发展

一　助推经济稳步发展

深圳商事制度改革不仅充分尊重市场主体的自主经营权，释放创新创业热情，更不断提升政府服务水平，调动社会资本的积极性，在稳增长、调结构、促发展方面起着巨大推动作用。

商事制度改革以来，深圳市产业结构不断优化升级，第一、二产业占比逐步减少，第三产业占比不断提高。改革前，深圳市第三产业占比刚超过八成。根据2015年11月的统计数据，改革实施两年多后，深圳市第三产业比重不断加大，在新设立企业中占比超九成。此外，从行业结构看，现代服务业增长迅速，占比四成，新设立企业数量排名前五位的行业（分别为批发零售业、商务服务业、计算机服务和软件业、制造业以及居民服务业）占企业总量的八成。从主体类型看，企业的增速和存量数均已超过了个体工商户，深圳市企业和个体户的占比分别为52%和48%，当时全国只有深圳和北京、上海、厦门四个大中城市企业占的比例超过个体户所占比例。[①]

根据对商事主体股东及职工人数抽样调查的平均数据估算，改革两年多来深圳至少吸纳了384万人就业。同时，结合深圳税务部门和社保部门的数据，改革后办理税务登记的新增纳税人数、缴纳社会医疗保险人数均与商事登记数据保持同步增长，这表明商事制度改革为深圳经济社会发展增添了源源不断的新动能，促进了经济社会稳定发展。[②]

随着深圳商事制度改革的不断深化，近年来第三产业的新设商事主体数量和增加值占所有产业的比例逐渐增加，产业结构不断优

[①] 周文丽、倪鑫：《改革30个月新增百万创业大军》，《深圳特区报》2015年10月30日。

[②] 解冰：《商事登记制度改革 最大限度释放市场活力》，《深圳商报》2016年11月25日。

化,成为助推经济发展的稳定器。据深圳市企业注册局数据显示,截至2020年底,深圳市全年新设立商事主体以第三产业为主,且新设外资企业、内资企业和个体工商户中第三产业占比均超过90%。据深圳市统计局发布的2021年深圳经济"年报"数据显示,2021年,深圳地区生产总值30664.85亿元,排名全国第三,同比上升6.7%,其中第三产业增加值和同比增速均大于第一产业和第二产业,分别为19299.67亿元,增长7.8%,第一、二、三产业增加值比例为0.1∶37.0∶62.9。

二 战略新兴产业成经济增长主力军

据统计,商事制度改革之前三年(2009—2012年),深圳战略性新兴产业处于发展的起步阶段,产业增加值从2265.64亿元提高到3982.44亿元,年均增长20.5%,占GDP比重提升至29.9%,产业类别从互联网产业、生物产业、新能源产业扩展到文化创意产业、新材料产业和新一代信息技术产业。

党的十八大以来,深圳全面推进商事制度改革,深入贯彻落实"放管服"改革政策,产业结构持续优化升级。2013年到2017年期间,深圳战略性新兴产业范围进一步扩大,产业类别从6个增加到11个,且产业增加值占全市GDP比重逐年提高(见图6-2),实现新的跨越。其中,2015年新增节能环保产业,2016年新增生命健康产业、海洋产业、可穿戴设备和智能装备、航空航天以及机器人产业。2017年,深圳战略性新兴产业增加值总量突破9000亿元,占全市GDP比重提高到40.9%,成为深圳产业升级的主力军和经济发展的新动力。到2019年,深圳战略性新兴产业增加值突破万亿元大关,达10155.51亿元,比上年增长8.8%,占全市GDP比重37.7%。[①]

2020年以来,疫情持续冲击全球经济,对中国经济影响显而易见。令人欣喜的是,深圳战略性新兴产业的主体数量持续增长,以大数据、5G技术、人工智能技术等为支撑的智能经济蓬勃发展。据

---

① 深圳市统计局:《战略性新兴产业引领新经济》,《深圳特区报》2018年12月6日。

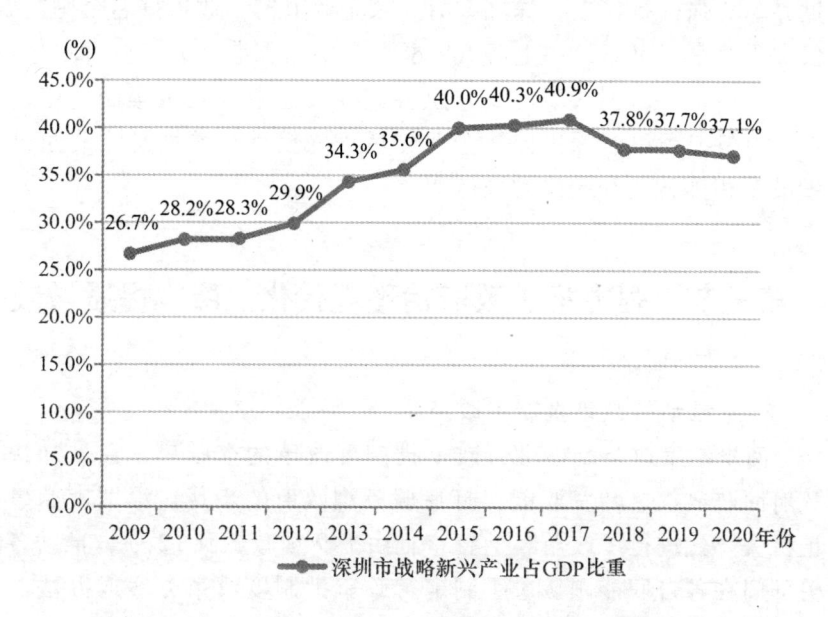

图 6-2　2009—2020 年深圳市战略新兴产业占 GDP 比重

深圳市企业注册局数据显示，2020 年，深圳全年新设立"战略性新兴产业"企业达 3.87 万家，同比上涨 33.2%。2021 年 1 月，深圳新设立"战略性新兴产业"企业 4485 家，同比上涨 41.4%。其中排名前三的产业分别为新一代信息技术、数字经济和高端装备制造。作为反映经济活力和发展潜力的重要指标，新设企业数量不降反增，表明疫情并未改变深圳经济长期向好的基本面。

三　世界 500 强企业数量居全国第四

高质量的企业对于加快一个地区产业结构调整、提高国际竞争力和推动经济高质量发展有着巨大的引领和带动作用。世界 500 强企业的数量和排名在一定程度上可以反映一个地区的经济发展水平。2013 年以前，深圳仅有中国平安、华为、招商银行三家企业上榜世界 500 强企业，数量排全国各大城市第五位（包括港澳台地区）。在深圳商事制度改革持续深化的背景下，深圳培育出了众多在国际舞台上具有影响力的知名企业。截至 2021 年，在《财富》

世界500强排行榜上，深圳共有8家企业上榜，数量排名全国第四，仅次于北京（60家）、上海（9家）和中国香港（9家）。商事制度改革8年来，深圳共新增5家世界500强企业，正威集团、中国恒大、万科、腾讯、深投控等企业先后进入榜单，深圳是除北京外增量最多和排名上升最快的城市。①

第三节　强力推进政府治理现代化，降本提质增效

一　推动行政审批制度改革

商事制度改革是推进行政审批制度改革的突破口，大大加快了政府简政放权、转变职能、打造服务型政府的步伐。深圳市商事登记机关率先进行了改革，前置审批由149项减少到12项，推动各相关部门在各自职能领域着手制定行政审批制度改革方案或办法。深圳市各政府部门对于可取消项目、可改为后置审批项目、可简化要求项目、可委托给第三方机构的项目等都提出了各自的改革目标，在进一步减少申请材料、简化办事流程、提升服务水平等方面迈出了第一步。各部门都在审批监管制度改革上做出不同程度的探索和尝试，如取消网吧审批的改革。改革前，网吧的许可审批部门为文化主管部门，由于审批条件、审批标准要求较高，造成审批难，全市实际上有大量的网吧处于无照无证经营状态。改革后，全市新登记设立网吧共8000多家，原深圳市文体旅游局面临新的审批和监管责任，主动研究方案，向相关上级部门汇报沟通，克服执法力量严重不足、执法手段欠缺的困难，试点取消网吧的行政许可审批，同时强化网吧市场行业后续监督机制，工作重心从许可审批转向了后续监管。再如针对会计师事务所的"先照后证"改革，原深圳市财政委员会积极主动地对审批事项进行了深入调研论证，制订了会计师事务所"先照后证"改革的实施方案，进一步减少了商事主体

---

① 曾静娇、王冰、张佳俊：《数说深圳40年：每10人就有1个老板 世界500强从0到8逆袭》，2020年8月26日，21世纪经济报道（https://ishare.ifeng.com/c/s/7zF6iM480eG）。

登记的前置审批事项。

随着改革的不断深入，企业开办审批时间不断提速，从改革前的多个工作日压缩到几十秒以内，企业办理投资项目备案事项，从提交申请到收到批复，仅花费不到10秒。2018年，深圳在全国率先推出政务服务"秒批"改革，通过信息共享、自动核验、智能比对，推动政务服务由"基于材料"的审批向"基于数据"的审批转变。在"秒批"模式下，审批全过程几乎没有人为干预，从而最大限度减少了办公时间限制及个人客观因素导致的审批结果差异等问题的产生。截至2020年6月，深圳实现"秒批"事项212个。2020年，深圳还融合"秒报""秒批"改革经验成果，推出"秒报秒批一体化"政务服务新模式，实现全流程不见面、零跑动、全自动的政务服务，实现即报即批、即批即得。截至2020年7月31日，全市共有26347户企业通过"秒批"系统成功办理设立登记，21786户个体工商户通过"秒批"系统成功办理设立登记，35157户个体工商户通过"秒批"系统办理注销登记，获取营业执照时间降低95%，充分体现了"深圳速度"。①

二 促进政府管理理念和职能转变

商事制度改革促使政府相关部门加快转变管理理念，从过去"重审批、轻监管""只审批、不监管"或者是只监管已经审批的部分，转变为"谁审批、谁监管，谁主管、谁监管"和行业监管相结合的新型监管理念。许可审批部门开始主动思考一系列审批和监管的问题，例如，为什么要审批？审批条件、审批程序设置是否合理？审批的效果是否达到了预期目标？监管的目的是什么？监管内容的确定是否合理？如何实施有效监管？监管的责任主体是否能够对应监管对象，不留下监管真空？深圳市商事制度改革通过立法的方式，确定了审批和监管相统一的原则，明确各行政主体对商事主体的审批和监管职责，完善商事主体监管机制。全市各相关部门在后续监管机制构建中也做出了进一步改革和创新，更加注重信用监

---

① 《深圳持续发力营商环境改革 助推经济高质量发展》，《深圳特区报》2020年6月19日（http://www.sznews.com/news/content/2020-06/19/content_23265841.htm）。

管、联合监管。原深圳市经济贸易和信息化委员会、原深圳市市场和质量监督管理委员会同各有关单位建设了全市统一的商事主体登记及许可审批信用信息公示平台,通过共享许可审批信息,实现跨部门联动监管。

实施商事制度改革,是落实"放管服"改革、加快转变政府职能、创建服务型政府的重要举措。转变政府职能、创建服务型政府的本质,就是要实现由政府本位、官本位和计划本位体制向社会本位、民本位和市场本位体制转变。① 改革后实行商事主体资格登记与许可经营资格审批相分离,将"先证后照"改为"先照后证",明确划分了商事登记机关与行政许可审批部门之间的监管职责,对行政审批制度改革形成倒逼机制,促进政府职能转变。再如将年检制改为年报制、主动向社会公示商事主体信息、经营范围改为备案事项、通过优化业务流程提高注册便利化等,都充分体现了向服务型政府的转化。

三 降低行政成本,提升行政效能

深圳推行的"多证合一"改革创新了"互联网+"登记模式,打破了部门的职能界限,充分利用信息化手段,合并多项商事主体登记审批事项、大大提升了行政审批效率,避免了多个审批部门在受理、审核、存档等方面的重复劳动,降低了商事登记机关和相关审批部门的人力、物力、场地等行政成本,进一步提升行政效能。据统计,深圳实施"多证合一"改革以来,公安部门印章审批工作量减少80%,相关审批人员减少60%;税务部门受理人员由200人减少到27人,受理窗口由200个精简到7个;采用电子档案每年节省纸张约2800万张,节省档案库房约600平方米。②

此外,管理无照经营的成本降低。由于改革后办理商事登记门槛大幅降低,经营者积极主动申办营业执照的热情高涨,无照经营现象大幅减少。数据显示,改革实施一周年时,原深圳市市场和质

---

① 黄爱学:《我国商事登记制度的改革、创新与发展——评深圳和珠海商事登记立法》,《法治研究》2013年第11期。
② 胡畔:《"五证合一"凸显三大利好》,《中国经济时报》2016年10月20日。

量监督管理委员会查处的无证（此处的"证"仅指由原深圳市市场和质量监督管理委员会负责的行政许可，如食品许可，不包括其他部门负责的行政许可）无照经营案件3524宗，同比下降了62.6%，结案率达99%。

四 推进政府治理体系和治理能力现代化

"宽进"之后，如何"严管"是深圳商事制度改革进入"严管"深水区后亟须解决的问题。近年来，深圳市市场监督管理局综合运用大数据、云计算、人工智能等先进技术，不断加强"智慧市场监管"建设，用科技手段赋能政府治理体系和治理能力现代化。

2018年10月，深圳市市场监督管理局以"制度+科技+责任"为总体思路，着力构建点、线、面和社会监督"四位一体"智慧监管新机制，探索建设智慧市场监管新平台，并成立全国市场监管系统首个智能指挥中心。

目前，深圳市已建设起"1234"架构模式的智慧市场监管体系，切实保障智慧监管工作顺利实施。"1234"是指1个平台、2个中心、3张业务网和4个智慧功能板块，其中1个平台是指智慧市场监管平台，是市场监管部门所有应用系统的统一载体，是"业务、技术、标准、管理"四个一体化的基础和保障。2个中心大数据中心和智能指挥中心：大数据中心对全部业务数据和交互数据进行归集、梳理、分析和运用，为监管和服务提供可靠数据支撑；智能指挥中心是指"1+10+74+N"的局、分局、监管所三级智能指挥体系，具有分析研判、监控保障、任务处置、调度指挥、应急值守五大功能。3张业务网是指以核心监管事项为主线，以现代信息技术为手段，形成巡查、检测、执法三大业务网，三网联动，实现"大市场"业务融会贯通。4个智慧功能板块包括政务、服务、监管、应用，其中智慧监管是指以监管对象为中心，梳理、整合、优化商事登记、检验检测、监督检查、稽查执法等各类监管业务，创新监管模式，实现对商事主体全流程、全生命周期监管。

通过加强智慧市场监管建设，市场监管部门能够快速锁定监管对象，科学判定监管内容，规划协调行政资源，进一步提高监管水平；同时能够将监管结果转变成数据信息，与其他政府部门、社会企业实现信息交互，充分发挥市场监管大数据的重要作用，为推进市场监管体系和治理能力现代化打下良好基础。

第四节　有效优化营商环境，助力高质量发展

营商环境是建设社会主体市场经济体系、推动经济社会高质量发展的基础，是一个地区政务环境、市场环境、法治环境、社会环境等方面的综合体现。"水美则鱼肥，土沃则稻香。"良好的营商环境是生产力，优化营商环境就是解放生产力。率先在全国推出商事制度改革的深圳，持续深化商事制度改革，推出了"多证合一、一照一码""开办企业一窗通""深港通、深澳通"等一系列措施，压缩企业开办时间，提高商事登记便利度，不断优化营商环境。

一　提升企业开办便利度

自 2013 年 3 月 1 日深圳率先实施商事制度改革以来，深圳的企业开办便利度一直位居全省乃至全国前列。广东省社科院、省工商局共同发布的 2016 年度、2017 年度以及 2018 年度《广东各市开办企业便利度评估报告》显示，深圳在全省 21 个地级以上市企业开办便利度排名中，连续三年位列全省第一。

商事制度改革之初，原深圳市市场和质量监督管理委员会采取多项措施，减少商事登记申请材料，简化审批流程，提高商事登记效率。如实施注册资本认缴制、住所登记制度改革、推行"即来即办"等相关措施，降低市场主体准入门槛、减少办事环节、提高办事效率，真正意义上实现了企业开办便利化。2013 年 8 月实现申请受理后 1 个工作日内颁发营业执照，有一半的辖区分局窗口实现了"1 小时发照"。

随后，深圳充分利用现代信息技术与"互联网+"优势，率先推出全流程网上商事登记，"多证合一、一照一码""开办企业一窗通""深港通、深澳通"跨境商事登记等服务新模式，大大提升了

商事登记便利度。深圳企业开办便利度连续多年排名全省第一。实施全流程网上商事登记之初,已有95%以上设立登记、80%以上变更业务实现全程网上办理。服务方式从窗口转移到了网上,进一步提高了登记便利化水平,审核效率提高100%以上。"多证合一、一照一码"后,申请人从原来需要跑五个部门、花一至两个月时间,改为网上一次申请一至三个工作日即可办结,办事便利性大大提高,降低了营商成本。① 2018年10月,原深圳市市场和质量监督管理委员会实施了"开办企业一窗通"新模式,申请人可在一个窗口一次性完成企业开办从商事登记到刻章备案、税务登记等的必经程序,企业开办整体时间压缩至4个工作日内,并可预约银行开户。比广东省商事登记相关工作要求快1天,比国务院相关指导要求时间快4.5天。2020年5月,深圳市市场监督管理局联合国家税务总局深圳市税务局、市政务服务数据管理局、市公安局、市人力资源和社会保障局、市住房和建设局推出"开办企业一窗通"3.0版本,将开办企业整合至"一个环节",开办时间压缩至"一天以内",大大提升了深圳市企业开办便利度和效率。

作为特区中的特区,前海片区的商事登记便利度更是成绩卓著,在前海试点的一系列商事制度改革举措先后在全市,乃至全国范围内复制推广。如前海率先推行注册资本认缴制,比深圳全市推广该项措施早2年,比全国推广早3年;2015年5月,在全国率先实现外资企业商务备案与商事登记"一口办理",香港投资者从申请到最终领取到营业执照与备案回执仅需两日,为全国最快。2015年7月1日,在全国率先实现企业名称自主申报以及发出全国首张"多证合一、一照一码"营业执照;2016年10月,在全市率先推行"证照分离"改革试点,并于2018年向全市推广复制;2019年4月以来,在全国率先推出"深港通注册易""深澳通注册易"服务,实现前海港澳资企业注册零跑动;2019年9月,企业登记"秒批"率先在前海试点,将企业设立审批时限由一天大幅压缩至几十秒内,同步建立"秒批"质检系统和"登管联动"机制,实现企业开

---

① 周文丽、倪鑫:《改革30个月新增百万创业大军》,《深圳特区报》2015年11月22日。

办效率和质量"双提升"。①

此外,"住所托管"也是前海商事制度改革的一大特色。"住所托管"服务是在前海合作区建设初期,由于缺乏注册和办公场所,为符合前海产业发展定位、拟在前海设立但暂不具备办公场所的企业提供注册登记必需的住所托管服务。如在前海合作区建设初期,为了解决部分企业缺乏办公场所的问题,深圳市前海管理局局属公司全资的深圳市前海商务秘书有限公司为企业免费提供了"住所托管"服务。2018年底,前海已从建区之初的一片滩涂变成了高楼林立,已建成可作为前海注册地址的办公楼有了许多,包括前海深港创新中心、西部物流中心、海运中心等,以这些建成的办公场地作为企业住所的企业均无须办理地址托管,可直接以住所申报承诺制办理商事登记。截至2021年6月底,前海住所托管的企业数量已有11.7万余家,进一步提升开办企业便利度,优化营商环境,激发了前海的市场活力。

二 增强企业获得感

除了企业开办便利度不断提升,在深圳开办企业的获得感和体验感也持续增强。为了提升开办企业体验感,深圳市各区行政服务大厅纷纷推出各种人性化便利措施,配备业务精通、服务热情、责任心强的专业帮办导办团,做好现场引导服务工作,指导、帮助申请人在现场申请开办企业相关业务。各区还结合区域特点,推出富有人文特色的开业大礼包。以深圳南山区为例,专门为前来开办新企业的办事人员设计出独具南山特色、文艺气息浓郁的南山"创业包","创业包"里面涵盖方便企业携带的印章、证照,让企业从设立开始就感受到政府服务的用心和温暖。②

2021年5月,《省级政府和重点城市一体化政务服务能力(政务服务"好差评")调查评估报告(2021)》发布。《报告》显示,

---

① 张智伟、李来和:《前海率先试点企业登记"秒批"》,《深圳特区报》2019年9月20日。

② 蒋偲:《深圳市市场监督管理局对标国际一流 打造多张营商环境改革"新名片"》,《广州日报》2020年8月21日。

广东在省级政府一体化政务服务能力评估中以95.38的总体指数继续位居全国第一，而深圳在重点城市一体化政务服务能力评估中以96.81的总体指数再次蝉联首位，这也是深圳连续三年斩获佳绩，标志着深圳市一体化政务服务水平不断提升，企业在线办事获得感、体验感持续增强。①

三 优化城市投资环境

2021年3月23日，国内领先的商业查询平台天眼查发布《新发展十年——中国城市投资环境发展报告》（以下简称《报告》）。《报告》基于天眼查收录的2.3亿家社会实体信息、300多种维度的公开数据，通过梳理2011—2020年10年间，28个新兴行业的企业增长和投资等相关数据，洞察10年间资本的流向与城市投资环境的变化。②

《报告》显示，深圳投资活跃度位居全国首位，显现出深圳强劲的资本活力和良好的营商环境。分析指出，城市的投资环境与当地的经济实力、市场规模、人才资源、营商环境等多方面因素有关。天眼查数据显示，36个城市企业产生的对外投资和获得投资的数量呈现明显的正相关性，资本的流出地往往也会成为资本青睐的流向地。

与此同时，作为中小企业以及新兴产业聚集的城市，创业、创新已经成为深圳的代名词，人工智能和硬件行业在深圳迅猛发展，吸引了大批投资者青睐。2011—2020年，深圳在人工智能和硬件行业的企业数量位居36个重点城市之首。天眼查数据显示，深圳人工智能相关企业数量从2011年的2000家增加至2020年的6.7万余家，年均增长超6000家，涌现出了一批行业顶尖企业。

如今，《深圳建设中国特色社会主义先行示范区综合改革试点实施方案（2020—2025年）》已正式印发，深圳对于如何深化商事

---

① 《深圳一体化政务服务能力蝉联全国第一，企业和群众获得感持续增强》，2021年5月21日，南方PLUS客户端。

② 天眼查数字研究院：《中国城市投资环境发展报告》，2021年3月23日，https://news.tianyancha.com/ll_jgy83ie4zn.html。

制度改革、怎样扩大开放，靠什么打造市场化法治化国际化营商环境，有了更加清晰的方向。

第五节 有力推动法治创新，促进诚信社会建设

在许多深圳创业者心中，市场化、法治化已成为深圳最显著的城市特色，是他们投资深圳、扎根深圳、取得成功的最重要因素。

一 推动国家层面立法

深圳坚持"以法制引领改革，以改革促进法治"，2013年3月全国首部商事登记地方性法规《深圳经济特区商事登记若干规定》正式实施，为商事制度改革做好顶层设计，确保了改革在法治轨道上有序进行。2013年11月12日，党的十八届三中全会通过《中共中央关于全面深化改革若干重大问题的决定》，明确提出"推进工商注册制度便利化，削减资质认定项目，由先证后照改为先照后证，把注册资本实缴登记制逐步改为认缴登记制"。2014年2月7日，国务院印发《注册资本登记制度改革方案》，其改革思路与深圳的改革高度一致。

2014年6月，深圳率先实施的"三证合一"写入了国务院《关于促进市场公平竞争 维护市场正常秩序的若干意见》里，并在全国部署推进。深圳的改革实践和立法经验也为2014年3月1日国家对《公司法》《公司登记管理条例》的修订提供了丰富的可借鉴经验。此外，全国人大根据公司法的修改对刑法相关条款进行了新的解释，内容与深圳的改革高度一致，体现了深圳改革的前瞻性以及作为改革试验田的引领示范作用。[①]

二 完善信用法制体系

深圳围绕市场监管的重点领域和关键环节，完善信用法制建设。

---

① 周文丽、倪鑫：《改革30个月新增百万创业大军》，《深圳特区报》2015年10月30日。

2013年3月率先建立经营异常名录制度和年报制度并出台配套管理办法，创新信用监管制度；编制《企业守信激励和失信惩戒实施办法》，进一步明确规定信用信息分类、奖惩措施及其实施主体等内容，切实加强信用奖惩行为的规范性、权威性和公信力。同时健全信用奖惩配套制度，陆续出台《深圳市商事主体信用信息公示办法》《深圳市市场和质量监督管理委员会商事主体信用监管暂行规定》《深圳市失信企业协同监管和联合惩戒合作备忘录》等一系列信用制度建设专项文件，着力围绕与人民群众日常生活和切身利益密切相关的重点领域，规范信用信息征集和应用，为开展信用监管提供政策支撑，推动形成系统性、全方位的信用法制体系。

三　推动信息平台建设和信用信息共享

2013年12月30日，深圳首次将"信息公示"为核心的信用监管理念引入全市统一的商事主体登记及许可审批信用信息公示平台。该平台有效归集各部门的商事主体登记、许可审批和监管信息，在全国首次实现商事主体登记许可和监管信用信息跨部门跨层级共享、互动和公示。在国家层面，国务院于2014年2月7日印发《注册资本登记制度改革方案》，提出构建市场主体信用信息公示体系。

之后，深圳市又开发全业务、全流程、无纸化网上商事登记系统、商事主体年报系统等，利用信息化技术全面推进深圳商事制度改革工作；推进企业信用信息系统升级改造，可与原国家工商行政管理总局联网，实时共享查询全国企业注册登记等信息，进一步优化提升服务功能；建设前海企业信用信息平台，为相关部门及社会公众提供前海企业信用信息公示、查询、互动等信用服务，进一步加强对前海合作区内企业信息的跟踪，增强对企业的监管力度；构建覆盖市场监管、法院、公安、城管、环保等部门的深圳信用网，已公示食品黑名单等失信警示信息650多万条，让失信者在社会的监督下寸步难行；建设"深圳商事信用与事中事后智慧监管系统"，上线公众版"深信App"，实现各区、各部门、社会公众对商事主体信用信息"一站式"查询，"一处失信，处处受限"的信用监管效果逐步显现，市场主体诚信经营意识进一步增强。

第六节 纵横推广应用，带动更多领域改革创新

一 推进其他领域"多证合一"登记模式改革

（一）率先推行社会组织"多证合一"

2015年7月，深圳发出全国首张商事主体"多证合一、一照一码"新版营业执照。这张营业执照包括营业执照、组织机构代码证、税务登记证、刻章许可证、社保登记证"五证"的功能。2016年，深圳市社会组织在参考商事主体登记改革成功经验的基础上，也在全国率先推行社会组织"多证合一、一证一码"登记新模式改革。从6月1日起，深圳向社会团体、民办非企业单位和基金会等社会组织发放记载统一社会信用代码的法人登记证书，不再发放社会组织的组织机构代码证、税务登记证、社保登记证和刻章许可证。

在商事主体"多证合一、一照一码"改革过程中，组织机构代码管理部门承担了系统集成、信息交换、数据校核和打证发证等工作，已经与各部门建立了良好的工作机制。因此，深圳社会组织"多证合一、一证一码"改革工作能够快速实施，很大程度上得益于前期商事主体实施过程中积累的优势。

深圳是中国社会组织最为活跃的城市之一，截至改革前，深圳市社会组织总数已突破万家，并且连续三年平均增长20%以上。在社会组织中推行"多证合一、一证一码"登记模式，有助于提高社会组织信用信息的数字化管理水平，破解政府部门间"信息孤岛"问题，进一步促进社会组织信用信息的交换共享，积极构建褒扬诚信、惩戒失信的社会信用体系。社会公众可通过社会组织信用信息公示系统检索社会组织唯一的统一社会信用代码，准确获取对应的社会组织的信用信息，满足社会公众对社会组织信用信息的查询需求，同时实现信用监管的智慧化和便利化。在社会组织违法违规和失信惩戒机制的逐渐健全完善后，可真正意义上实现"一处违法，处处受限"，促进了社会信用体系建设。

(二) 率先推行机关事业单位"多证合一"

继社会组织推行"多证合一、一证一码"改革两个月之后，2016年8月1日，深圳在全国率先推行机关、直管群团和事业单位"多证合一、一证一码"改革，再次跨出简政放权"一大步"。机关、直管群团和事业单位"多证合一、一证一码"改革指将机关和直管群团统一社会信用代码证书及事业单位法人证书、组织机构代码证、税务登记证、刻章许可证、住房公积金登记证和社保登记证等多种证照，由多部门分别审批改为"一表申请、一门受理、一次审核、信息互认、一证一码、档案共享"的管理模式，对机关、群团只发放《统一社会信用代码证书》，对事业单位只发放《事业单位法人证书》。《统一社会信用代码证书》为机关、直管群团唯一的身份标识，《事业单位法人证书》为事业单位唯一的身份标识，所加载的统一社会信用代码作为终身不变的法定身份识别码，具备改革前各类证照的全部功能，实际上实现了"六证合一"，深圳市相关部门不再发放组织机构代码证、税务登记证、刻章许可证、住房公积金登记证和社保登记证。①

改革后，实现了申请单位一次申办、一个部门受理审核、多个部门信息互认、一个窗口发放证书的创新模式，大幅提升行政审批效率，避免机关、直管群团和事业单位经办人员往返各部门办理证件之苦，减轻了申请单位负担，也避免了多个审批部门的重复劳动；加强政府深度合作，通过实施"多证合一、一照一码"制度，制定统一的信息标准和传输方案，可以改造升级各相关业务信息系统和共享平台，实现了机关、直管群团和事业单位基本信息的高效采集、有效归集，政府相关部门对此可以充分运用，有助于各部门更好地履行职责，提升政府自身的管理水平。同时，社会公众可以统一社会信用代码为索引，查询获取机关、直管群团和事业单位的基本信息、信用信息，保障公众的知情权和监督权。

---

① 吴蕾：《率先推行"多证合一、一证一码"改革》，《深圳商报》2016年8月1日。

二 带动社会组织监管制度改革

(一) 带动社会组织建立异常名录制度

深圳市商事主体异常名录制度的建立带动了深圳市社会组织的异常名录制度的建立。深圳市社会组织管理局相关负责人表示，在实行社会组织"宽进"的同时，尤其在当时中国社会组织管理制度不够完善的背景下，有必要借鉴商事主体异常名录制度，建立社会组织异常名录制度，以规范及加强社会组织监管，促进社会组织诚信建设。①

2016年9月14日，深圳市民政局印发《深圳市社会组织活动异常名录管理办法》，该办法明确了社会组织被载入活动异常名录的6种情况、被载入活动异常永久名录的2种情况，以及被列入异常名录的社会组织要承担相应的后果。该办法出台后，行事不够规范或有违法行为的社会组织或将被列入"黑名单"，社会组织监管制度进一步完善，也进一步促使社会组织重视并加强自身建设、提高其公信力及参与社会建设的能力。

(二) 带动社会组织实行年报制度

2016年12月12日，深圳市民政局印发《深圳市社会组织年度工作报告管理办法》，将社会组织的"年度工作检查"（简称"年检"）制度改为"年度工作报告"（简称"年报"）制度，该办法明确社会组织年报实行网上提交、接收和存档，市民政部门不再审核报告内容，而是建立年报抽查制度对社会组织提交的年报进行抽查监督，并配合活动异常名录制度，加强事中事后监管。深圳社会组织年报制度的实施，进一步促进社会组织监管方式转变和社会组织信用管理体系建设。2019年4月3日，在深圳市社会组织年度报告改革工作经验的基础上，广东省民政厅出台《广东省民政厅关于社会组织年度工作报告的实施办法（试行）》，在全省范围内建立社会组织年度报告制度，推进社会组织管理制度改革。

---

① 傅江平：《深圳建立社会组织活动异常名录制度》，《中国质量报》2016年11月4日。

第七章　回顾过往　展望未来

为释放经济发展活力，在"天赋商权"和"自发秩序"等理念指引下，深圳发扬敢为人先的精神，立足基本国情，兼顾"秩序、自由、安全、效率"，在全国率先进行了商事制度改革，极大地降低了制度性交易成本，激发了创业热情，新设企业井喷，改革成效显著。不过在改革进程中，也出现了一些新的问题，有些已解决，有些仍待解决，这都需要站在更高起点上，进一步汲取经验，展望未来，更好地推动改革深化。

第一节　改革历程的回顾思考

深圳自2013年3月1日正式开始实施商事制度改革以来，虽短短数年，却探索出诸多在全国可复制可推广的经验。

一　累足成步——商事制度改革的经验回顾

（一）坚持党的领导是商事制度改革得以推动的根本保证

商事制度改革是对商事登记和后续监管的根本性变革，既涉及全国层面的制度设计，也涉及各相关部门的业务调整和对接，有的还甚至会牺牲一些局部利益，这都需要各层面、各部门的理解和支持，需要坚持和加强党的领导，以强大组织动员能力为商事制度改革注入强大动力，以强大制度建设能力为商事制度改革提供制度保障。

深圳商事制度改革之所以成功，这与各级党委的坚强领导和支持分不开。早在2012年，时任广东省委书记汪洋就与原国家工商行政管理总局周伯华局长等领导达成商事制度改革的共识,随后原国家工商行政管理总局印发文件支持在深圳等地开展商事制度改革试点。自此,深圳商事制度改革驶入了快车道。作为改革先行区的深圳,市委、市政府对商事制度改革更是悉心指导,相关市领导在各类改革部署会、协调会上往往是率先表态、鼎力支持,减少了不少改革阻力,使得注册资金"认缴制""前置审批改后置审批"等阻力较大的改革举措得以通过。深圳市市场监管局的历任领导班子也是以"功成不必在我"的精神境界和"功成必定有我"的历史担当①,全力以赴,不断开拓进取。作为具体执行部门的深圳市企业注册局,历任领导无不亲力亲为,以自我革命的勇气推动改革创新,一旦发现问题,第一时间研究解决,确保组织到位、统筹到位、分工到位、责任到位,把各项措施落到实处,务求取得实效。其他相关部门的领导也给予了积极回应和支持。

正是各级党委的高度重视和大力支持,才打破以审批代监管的"路径依赖",推动了商事制度改革在深圳落地实施和纵深突破,出台了全国首个商事主体审批权责清单,实现"清单以外无审批",将前置审批从69项大幅削减到11项,减幅居全国之首,对"准营"项目实行取消审批、审批改备案等改革举措,推动"照后减证",让"简审批、强监管"逐步成为共识,加快了政府职能的深刻转变。

(二)敢闯敢试,大胆创新,重视示范效应

改革创新是深圳的灵魂和基因,深圳经济特区自第一天诞生起就被赋予厚望,去闯别人没有闯过的盲区、去走别人从未走过的道路。正是凭着敢闯敢试和勇于创新的精神②,深圳才能率先在全国进行商事制度改革。

改革前,面对延续了数十年的带有强大惯性和浓厚计划经济色彩的"重审批轻监管"商事登记做法,企业办事人员普遍感受到营

---

① 《以"功成不必在我"的精神境界和"功成必定有我"的历史担当 把中国特色自由贸易港的伟大事业奋力推向前进》,2020年6月12日,人民网(http://hi.people.com.cn/n2/2020/0612/c228872-34081295.html)。

② 刘虹辰:《福田区改革八大亮点巡礼》,《深圳商报》,2021年1月7日。

业执照的"办照难"。由于企业登记门槛高、办事手续烦琐，一些企业找中介代为办理，催生了一支乱象丛生的中介队伍。这些中介为了争夺客户、谋取不当利益，有的故意曲解政策法规或作出虚假承诺，加剧了商事登记的难度；有的诱导或协助企业办事人员提交虚假材料骗取工商登记，恶意挤占登记号源或抢注企业名称，扰乱正常登记秩序；更有甚者还"围猎"窗口人员，引发了窗口腐败和廉政问题。而且随着办证量的增加，中介人员的各类违规行为越发猖獗，普通群众的办照难度也越来越大。

如何破除这种"少数人最佳选择并非团体最佳选择"的"囚徒困境"，没有敢担当的闯将精神难以成功，因为触动利益往往比触及灵魂还难，正如俗话所说的万事开头难。为了解开这一越缠越大的死结，深圳没有裹足不前，而是反思如何破局。恰逢此时，深圳已启动了大部制改革（原工商、质监和知识产权三局合并），叠加经济特区敢闯敢干、敢放弃审批权力的改革探路精神，"天时、地利、人和"逐渐具备，遂以极大的勇气去触碰雷区。

为扩大改革成效，深圳还十分重视创新示范效应，先在局部地区和局部领域进行改革试点，成功之后向全市推广。例如为推行新的"证照分离"改革，于2016年10月25日发布《中国（广东）自贸区深圳前海蛇口片区"证照分离"改革实施方案》①，试点成功后向全市推广。为遏制注册地址虚假问题，先在宝安区进行统一地址库的首批试点，将注册登记的商事主体信息实时推送给一线网格员进行落地经营情况核实②，为全市提供应对虚假地址注册和监管难题方面的"宝安经验"。再如2018年，深圳在全国率先推出政务服务"秒批"改革，发布了《关于印发深圳市推广"秒批"模式工作方案的通知》。为做好"秒批"改革，深圳先在宝安、光明、前海试点自然人有限公司设立"秒批"，之后在商事登记、社保登记、

---

① 《前海蛇口片区召开〈中国（广东）自由贸易试验区深圳前海蛇口片区"证照分离"改革实施方案〉发布会》，2016年10月27日，中国（广东）自由贸易试验区官网（http：//ftz.gd.gov.cn/dtyw/content/post_917355.html#zhuyao）。

② 《虚假地址注册公司不灵了！深圳试点区地址准确率达100%》，2019年3月5日，深圳新闻网（http：//www.sznews.com/news/content/2019－03/05/content_21448232.htm）。

公积金登记等事项推行"秒批"服务,并逐步拓展实现企业开办全链条"秒批",同时推广到全市。

深圳不仅注重自身的改革示范效应,还大胆进行制度创新和商事登记业务模式创新,积极为全国商事制度改革积累经验。在全国商事登记统一立法尚未出台,而现行商事登记法规难以适应市场经济发展的情况下,深圳充分借鉴发达国家或地区成熟的商事登记制度或模式,凡有利于经济发展、有利于企业运营、有利于提高效率的制度或办法都可"为我所用",最终构建既与深圳地区特点相契合、又与国际商事登记惯例相适应的新商事登记制度[①],从而为全国商事制度改革做好基础性准备工作,让商事制度改革的效应影响国内其他城市,进而推动国家层面的立法,发挥深圳改革试验田先行先试的示范作用。

(三)尊重"以市场作为资源配置的基础性方式和主要手段"的发展规律

从改革伊始,深圳就以追求卓越的理念,注重对标国内外先进标杆,尊重"以市场作为资源配置的基础性方式和主要手段"的发展规律,"凡是市场主体能自主决定、市场竞争机制能有效调节的审批事项,政府可退出;凡是可以采用事后监管和间接管理方式的事项,一律不设前置审批"。一是改革传统商事登记制度管得过多过死的方式,放宽住所和注册资本限制,由市场自行调节,发挥市场的场地资源和资本资源的配置作用。二是提倡社会和企业自我管理,还权于企业和公民,放开对一般经营项目的营业准入限制,允许商人自由从事一般经营项目。三是理顺营业准入部门与商事登记机关的职能,做到权责分明,提高政府整体效能,改"先证后照"为"先照后证",营业准入登记与商事登记不再"挂钩";扭转"重审批轻监管""少审批少监管"等不正确的工作倾向,逐渐形成"放宽登记条件、赋予市场主体普遍的经营权,通过信息公开降低交易成本,通过信用评价预判风险,通过联合惩戒增加失信成本,从而支撑政府职能转变,强化市场主体自律、社会监督,重构政

---

① 袁作新:《改革商事登记制度 再现特区经济优势:深圳市开展商事登记制度改革探索》,《中国工商管理研究》2013年第1期。

府、市场主体、个人在市场经济中的责任"的工作格局。

(四) 周密调研，立法先行，依法改革，确保改革进程科学合理

在深圳市委、市政府确定推行商事制度改革时，商事制度改革领导小组就进行了周密部署，确定了从"搞好前期调研、明确改革思路"，到"立法跟进、制度保障"，再到"依法改革、先易后难、稳扎稳打"的改革路径。

改革伊始，深圳首先成立商事登记制度改革领导小组，在广泛调研的基础上，形成《关于深圳市商事登记制度改革课题调研报告》，明确了深圳商事制度改革的目标、原则、路径、内容和风险评估。

随后，深圳发挥经济特区立法权优势，于 2012 年 10 月 30 日通过了《深圳经济特区商事登记若干规定》，为 2013 年 3 月 1 日正式实施的商事制度改革提供了法律依据，既做到于情有理，又做到于法有据。

《深圳经济特区商事登记若干规定》的出台有力推进了商事登记申请、审核和监管等方面的规范化建设，各项创新举措都是依法改革，这为确保改革公开、透明和公正提供了制度层面的保障，使得改革得以顺利推进。

(五) 注重应用科技手段，提高商事登记和监管效率

面对办证量大、窗口场地小、人员有限的紧约束登记环境，深圳创新性应用银行 U 盾、数字证书等技术手段推行全流程网上商事登记模式，让商事登记经办人无须前往办照大厅，无须排队，无须预约，无须提交纸质申请材料，可直接在互联网上提交申请，使用数字证书完成签名认证[1]，既便民又提高登记效率。随后随着技术的成熟，又先后推出人脸识别、自助打照机等先进技术，大幅提高商事登记其他环节的办事效率和便利性。

面对"宽进"后的"严管"难题，深圳市市场监管局经过一系列的探索，逐步形成了"科技引领、智慧赋能的智慧市场监管深圳模式"，坚持"制度＋科技＋责任＋科学＋可持续"的总体思路，

---

[1] 《全业务全流程无纸化网上商事登记介绍》，2014 年 8 月 20 日，深圳市市场监督管理局官网（http：//amr.sz.gov.cn/zxbs/zdyw/wzhssdj/）。

狠抓"放管服"改革。通过采用信息技术"重构市场监管基础平台,优化再造业务流程,推进科技与业务的深度融合"三个层次推进智慧市场监管建设工作,全面推行市场监管领域"双随机、一公开"监管全覆盖和部门联合抽查常态化。① 进而实现市场监管的"大平台支撑、大市场融合、大数据惠治、大信用共管、大服务便民"。

二 前车之鉴——对改革过程的审视与思考

改革是一项前无古人的创举,不可能一帆风顺,总会遇到大大小小的困难和问题,甚至会涉及部分人群的切身利益,这些都是改革进程中的正常现象。简政放权的改革虽然激发了市场主体的活力,但在面对参差不齐的市场主体时,必然会出现一放就乱的现象,甚至出现一些钻漏洞的违规行为,需要我们正视出现的各种问题,辅之以精细化服务,强化市场主体的责任,深化改革,及时解决出现的问题,实现新的突破。从深圳商事制度改革进程来看,有以下几方面值得审视和思考。

(一)在改革初期,商事登记环节和后续监管环节的改革步调不衔接

为激发市场活力,提高企业登记效率,商事制度改革从登记环节切入,极大地降低了市场主体准入门槛,企业登记出现井喷。但"宽进"的步调与"严管"的步调不衔接,宽准入弱监管,虚假注册、皮包公司等现象凸显,与高质量发展的定位不匹配。

后续监管不衔接的主要原因有两点,一是信息化手段不足,各部门仍习惯于人海战术,无论是以前的驻场制、巡查制,还是今天的网格化、精细化,无不对监管力量的配备提出较高的要求。但在短时间内,信息化转型效果不佳,不仅市场监管部门内部的监管跟不上,出现了"企业年报率低、公示率低、载入经营名录库的企业比率高"的"两低一高"乱象;而且市场监管部门外部的监管也跟

---

① 《国务院印发〈关于在市场监管领域全面推行部门联合"双随机、一公开"监管的意见〉》,2019年2月15日,中国政府网(http://www.gov.cn/xinwen/2019-02/15/content_5365962.htm)。

不上，各部门对信息化监管的认识还不够深刻、采取的信息化手段有限、效果不明显，存在"等、靠、要"的思想，一定程度上阻碍了信息化监管的推进进程。而在人员配备不足的情况下，信息化监管尤其要加强。这是由于商事制度改革后市场主体数量呈现爆发式增长，改革后三年新增的市场主体数量与改革前三十年所产生的市场主体数量基本相当，而监管人员却不能同步增长，因为部门机构编制是有限额的。如果还沿用改革前的"人盯人"监管的人海战术，根本无法应对如此庞大的市场主体总量和市场的千变万化。特别是当今电子商务的快速发展和移动互联网与工商业的深度结合，催生新技术、新产业、新业态和新商业模式，靠人工机械式的巡查和眼见为实，已经很难发现问题，因此，迫切需要向信息化要监管力量，向大数据分析要监管效能。

二是监管难度大而监管方式落后，准入环节的行政许可仅是企业登记成立的一个时点环节，而后续监管将面临企业存续期间经营运行的一系列行为，很难对每个经营行为都监管到位，这对监管者提出很大的要求和挑战。甚至有些部门不对发生违法行为的市场主体进行依法处理，转而要求市场监管部门吊销其营业执照，试图一禁了之。这其实是一种简单化的落后监管方式，在计划经济时代和改革开放初期许可审批还比较多的时候有其存在的必要性和合理性，但经过了多轮简政放权，特别是商事制度改革先照后证后，再延续这种传统的以主体监管为主的简单化监管方式，显然与时代变革和中国的国情格格不入。其实对于违法者本人来说，在准入几乎"零门槛"和信用体系建设还不健全的背景下，被吊销营业执照后，换个身份又可以申办另一个营业执照继续从事经营活动，成本和代价非常小，何况吊销营业执照还有法定的条件，条件不具备还不好吊销其执照。因此，应将监管的重心转到行为监管上来，从规范企业的经营行为、打击违法行为入手，促使企业在法律的框架内诚信守法经营，而不是动辄取消经营资格或吊销营业执照，那样无法从根本解决问题。而监管重点要转向行为监管，需从传统监管转向信用监管。以往传统监管中对企业各类违规或违法行为进行的行政处罚等手段，仅仅是发生在行政机关与被处罚对象之间的一种管理与被管理关系，其他交易相对方乃至社会公众对于企业是否受到行政处罚有时候却浑然不知，也就无法对其进行监督。因此信用监管，恰好是引导各方力量参与进来合力打击违法者的一种行政成本相对较低的监管手段，也是商事制度改革的方向。可喜的是，当前信用监管已在路上，正逐步发力。加强信用监管，既能与登记准入环节的市场化改革理念相吻合，又能在改革步调上保持一致。

（二）信息公示制度建设初见成效，仍需根据社会实际需求优化和完善

商事登记制度最大的价值在于确保披露信息的真实全面，让社会交易相对人容易获取与其自身权益密切关联的商业信息，降低信息搜寻成本、减少交易风险、维护交易安全。基于此，深圳一直坚持探索，先后利用U盾技术、"统一地址库""商事登记实名核身"等举措加大对虚假登记行为的打击力度，加强公示平台建设，取得了较大成效。但由于社会公众的需求与时俱进且具有多样性，公示的信息情况与公众的需求仍有差距，今后可充分考虑社会实际需求情况，增加社会交易相对人实际需求强的信息的收集、汇总和公示，持续优化完善信息公示制度建设，彰显公示的价值，方便社会公众的查询和使用。

1. 企业自主公示的内容与社会需求有差距，需借助大数据分析进行优化

企业的公示信息内容较多，对于哪些信息重要，具有实用性，目前业界的研究尚不够深入全面。通常仅对与企业商事登记有关的信息进行收集和检查，忽视了其他关联信息，而这些其他部门或社会机构掌握的关联信息也是交易相对人所需求的。在实践中，有些已收集的信息实用性不高，而有些需求强烈的信息反而没有收集到，比如商事主体的资质资格证明文书、银行信贷状况及相关不良记录等等。今后可充分利用技术手段通过大数据方式分析现有公示信息利用率，以掌握市场交易相对人主要关心的指标项目并分析造假的公示数据主要集中领域及原因，做到科学取舍和优化完善。

2. 信息公示失真的处理和制约手段单一、效果欠佳

信息公示不真实的处理和制约手段单一、效果不好，会导致无

法对商事主体虚假注册或虚假公示产生震慑作用的问题。监管人员在检查中发现企业未按时公示年度报告，或者未按时公示有关企业信息，或者公示信息虚假的，依照《企业经营异常名录管理暂行办法》的规定，只能做出对该类违法行为的主体列入经营异常名录的决定。但由于在实践中移出异常名录手续简单，异常名录对商事主体的影响不大，造成对违法行为的威慑力不够，公示信息失真现象得不到有效遏制。

3. 部门间信息交流不通畅，涵盖面不全，协同联动不足

各部门之间信息交流不通畅，协同联动不足，而且涵盖的部门不够全面。由此造成跨部门联动的监管失调，衔接不畅通。同时商事主体信息公示平台涵盖的部门不够全面，目前只将深圳的市级单位纳入信息平台管理，国家部委、省级单位和信息平台没有实现信息互通互认，深圳企业在市外设立的子公司或分公司等信息等关联图谱也得不到有效的一站式展示。

（三）企业自律性不够，商事登记信息质量有待提高

在信用意识淡薄、信用约束不足的背景下，企业自律性往往不够高，各类信息申报能省则省、能简则简，甚至还出现信息虚假的现象，导致商事登记信息质量不高，大大削弱了商事登记的意义（依据《广东省商事登记条例》，商事登记本质上是商事登记机关根据申请人的申请，经依法审查，将商事主体设立、变更、注销的事项予以登记并公示的行为，其目的是向社会各界公示成立了什么样的商事主体，以便各交易相对方和社会公众了解和使用，但如果注册的信息失真、虚假，就失去了公示的价值，加大了交易相对方的信息辨别成本）。目前常见的企业申报信息失真的情况主要有以下几点。

一是部分企业申报的地址不真实，间接削弱了交易相对人对注册地址的信任度。住所信息申报制在提高登记便利化的同时，也为造假者提供了便利，其中虚构地址和假冒地址两种情况最为常见。由于商事制度改革后实行住所信息申报制，申请人对其住所的真实性负责，商事登记机关原则上不对登记住所进行实质审查，导致上述虚假地址和假冒地址的现象屡见不鲜，成为不法分子借机欺诈、

逃避制裁的不二之选。

二是部分企业申报的注册资本不真实，降低了人们对注册资金的信任度，注册资金公示的意义大打折扣。注册"零成本"在降低创业成本的同时，也让作假者容易钻营"无本套利"。由于实行注册资本认缴制，从理论上讲，只要章程约定的实缴注册资本时间足够长，可以无限夸大注册资本的认缴数额。而长期以来形成的以注册资本大小来衡量、评价一家企业的经营实力强弱的思维定式，短时间内难以迅速扭转，这就出现不少以自然人股东为主的公司注册资本超高的现象，如2017年初，深圳商事登记机关在受理商事注册时发现14户企业认缴注册资本额超大（12户为999亿元，2户为500亿元），且股东均为三个相同自然人及一家企业法人，虽经审核人员提醒股东应具有承担与其认缴的注册资本相应责任的能力，但申请人拒不修正，登记机关依法亦不能驳回其申请。实际上，认缴不等于不用实缴，当公司资不抵债被法院裁定破产清算时，股东须在其认缴的注册资本内补足未实缴的相应资本金。

三是假冒身份注册。与假冒地址不同的是，假冒身份需要一定的介质。由于深圳市推行全流程无纸化网上商事登记，申请人只需要使用数字证书或银行U盾通过电脑操作即可实现远程登记注册，而无须与登记审核人员面对面，对于数字证书或银行U盾背后的实际使用人是否为其本人，登记机关难以核实。因此，在现实中，由于相关法律惩戒力度不足，让作假者不惜铤而走险，曾多次出现因丢失身份证件被冒用身份登记注册公司的例子，通常的解决办法是通过行政途径向市场监督管理局要求撤销冒名登记。由于中国境内尚无虚假注册的专门刑法条文，对虚假注册者惩戒力度不足，如能在行政、民事、刑事等层面统筹考虑，规制虚假注册，效果将会更明显。相对而言，德、英等国家和中国香港、中国台湾等地区对虚假注册的惩戒力度大，比如《香港公司条例》第750（6）条明确隐瞒实情，向登记注册处处长提供虚假或者具误导性的资料，将被检控处于最高300000港元的处罚及2到14年的刑事监禁。①

---

① 钟鑫：《防范虚假注册，这个地方经验值得借鉴》，《市场监督管理半月沙龙》2019年2月27日。

上述"两虚两假"问题的存在,不仅严重地扰乱登记注册秩序,加重后续监管的工作难度,还使监管部门面临"无处可寻""无主可查"的境地。虽然深圳推出了"商事登记实名核身""统一地址库"等多项措施,并试点"商事主体网格化协同监管"等新模式,对虚假登记行为重拳出击,使上述问题得到有效控制,但仍难以杜绝。

(四)改革是一项系统工程,需要完整的生态系统支撑

由于商事制度改革涉及各类市场主体以及市场主体的负责人、管理人和经办人等自然人。任何一个环节改革不到位,任何一个信息申报者不诚信,改革的成效都会打折扣。但长期以来形成的"全能型"政府的思想根深蒂固,公民参与社会治理的意识淡薄,全社会诚信意识不强,这些都无形中影响了商事制度改革的各方参与者,影响了商事登记信息质量和监管难度。为使商事制度改革高质量推进下去,需要激发全社会的主动性和积极性,需要营造良好的社会氛围,打造完善的生态系统,实施社会共治。

1. 社会信用意识淡薄,信用体系建设亟须强化

社会信用体系建设是一项复杂的系统工程,工作标准高,涉及范围广,管理难度大。当前社会信用体系建设存在的问题,主要表现在实际信用建设水平与人民群众的期望还有差距,与经济社会发展水平不匹配、不协调,法治观念淡薄、社会诚信缺失,市场中各类违约失信现象屡见不鲜。在这种背景下以市场化为取向的商事制度改革,虽然激发了创业激情,新设企业数量出现井喷,但由于采取的是形式审查,信用约束不强,企业在注册登记环节随意填报的多,数据失真的多。为减少虚假注册现象,提高社会诚信意识,市场监管部门正联合相关部门加强信用体系建设,加大对企业的虚假注册和失信行为的联合惩戒力度,企业的信用意识在逐步增强。

2. 社会治理力量薄弱,社会共治有待协同推进

政府各部门在履职过程中积累了大量的市场主体信息,这些信息反映了市场主体从出生到死亡各个阶段的不同记录,但分散在各个职能部门里,这些部门出于害怕被监督、被利用等各种顾虑一直不愿意主动公开,且部门与部门之间缺少信息共享的渠道和机制,

信息的有效利用率低。这主要表现在：一是公示信息不全面，涉企信息没有完全记于公示平台的企业名下，比如企业的招投标和拍卖拿地等信息仍散落于各部门间；二是公示信息标准不统一（比如全角半角符号的标准不一），影响了各个部门系统间的信息互认，甚至出现部门间信息不一致的情况；三是政府数据不开放，民间利用率不高，无论是数据开放的部门、类型、字段、数量等都存在不够全面、完整、系统的问题，整体利用价值不高。正是这种大政府小社会的现实情况，政府掌握大量涉企信息，但欠缺公开透明的使用环境，达不到社会机构的深度应用需求，社会治理力量相对弱小，社会共治的愿景远未达到。

此外，社会治理力量弱还表现在行业组织和专业机构发展不足，新闻媒体监督力量不强，公众监督缺乏有力抓手和有效途径等。以公众监督来说，通常情况下，公众监督以投诉举报或信访为主。近年来，各政府部门相继建立了新闻发言人制度和新闻发布会制度，主动向社会公众披露政府部门的工作动态，接受社会公众质询；在重大事项决策方面，也逐步加强了与社会公众的互动，如通过举行听证会倾听社会公众意见和建议等方式引导社会公众有序参与，为政府科学决策提供有益参考。但总体来说，上述公众监督的渠道还稍显单一，且主动权掌握在政府部门手里，市民与政府部门缺少平等对话、交流互动的常态化监督机制，建设一个阳光透明的政府还任重道远。

第二节 深化改革的未来展望

一 打破部门间藩篱，不忘初心继续前进

（一）用深化改革的方式解决新问题

商事制度改革是一个系统工程，总体遵循先易后难、由浅入深的原则，在开始实行改革的时候，往往只是触动某些局部的或者具体的问题，但是随着改革的不断向前推进，出现的问题会越来越多，涉及的层次也越来越深，这就需要持续总结经验教训，逐步向

纵深推进，否则就会出现不顺畅、不协调、合力不强等问题。正因如此，不断解放思想，改革与现实不适应的老做法，用深化改革的方式解决新问题，将是商事制度改革的常态，也是商事制度改革持续有效推进的基本经验。

比如商事制度改革的各项创新，如注册资本实缴改认缴、"多证合一、一照一码"等，虽大幅降低了准入门槛，但也出现了一些虚报注册资本、年报信息虚假等新问题，这就需要继续倾听各方代表的诉求，将相关责任直接与行为人关联起来，将造假者绳之以法，实现信用惩戒向自然人延伸，即把商事主体违法违规与负责人、董事、监事、高管及股东进行关联评价，相关违法违规情况在个人公共信用查询报告中予以呈现。国外立法对于商事虚假登记行为采取了极其严厉的惩罚措施，行为人还可能因此而构成刑事犯罪。例如美国的判例法和成文法就规定了州务卿质询权来牵制公司负责人的违法行为："经过公司董事和高级职员签署并呈递州务卿的任何条款、声明、报告、申请或是其他文件，如果公司管理人员知道上述章程、声明、报告、申请或者其他文件是有实质性的错误的，应视为该签署人已犯了轻罪，并在定罪后处以若干美元的罚款。"[①] 中国可借鉴发达国家和地区的先进经验，将虚假登记行为系统地列入犯罪领域，以更大的决心推进改革，狠抓落实、砥砺奋进、攻坚克难，通过制度创新解决深层次的问题。

(二) 坚持权责统一的改革原则

为进一步优化营商环境，需按照权责统一原则厘清各部门的边界，使行政机关拥有的职权应与其承担的职责相适应，拥有多大的权力就应当承担多大的责任，不应当有无责任的权力，也不应当有无权力的责任[②]，并且在行政机关违法或者行使职权不当时，应当依法承担法律责任。《深圳经济特区商事登记若干规定》所确立的审批与监管相适应的原则，就是权责统一原则在商事登记制度设计中的具体化运用。深化审批与监管制度改革应坚持权责统一的原

---

① 刘清、郭岳：《商事虚假登记的成因及规制问题研究》，《中国工商管理研究》2013年第1期。

② 姚莉：《安全生产行政问责制立法研究》，硕士学位论文，复旦大学，2010年。

则，通过相关法律法规的"立改废"，把审批主体与监管主体相统一，并赋予监管主体必要的执法权和执法手段，让"谁审批、谁监管，谁主管、谁监管"真正回归到依法行政本位，更好地发挥政府在市场监管中的作用。针对审批环节，按照权责统一的原则进一步改革，"能取消的取消、能下放的下放、能合并的合并"。

针对协同监管执行力度不足的现状，要对症下药，全方位落实"宽进"后的"严管"。严管不是一个部门的单打独斗，而是多个部门共同监管，形成监管合力。特别是在互联网等新技术的不断涌现，加速行业变革，出现许多新兴业态的、交叉的、混业经营的情况下，单纯依靠一两个部门进行专业监管已不能适应市场形势发展的要求，迫切需要建立健全政府部门之间的信息共享和协同监管机制。为此需切实做好以下几方面的工作，首先是遵从"系统先行、制度跟进、立法为上"的策略，以建设全国"一张网"为契机，从硬件上打通制约各个部门协同监管的信息壁垒；其次是以推行"双随机、一公开"抽查为切入点，完善相关制度方案，建立健全触发响应和信息反馈机制，让相关部门积极参与到协同监管当中；最后从立法上予以明确协同监管发起人、协同人、监督人等各方主体的权利义务以及监管责任，让协同监管在法律的轨道上有序运行。

（三）健全跨部门信息公示和联合监管，探索大登记、大监管改革新方向

近年来，深化商事制度改革已成为现阶段中国商事登记工作的重点，从中央到地方都在不断做出新的尝试。党的十九大报告提出，要"深化商事登记改革，完善市场监管体制"。这就需要立足全局、打破部门间的藩篱，站在更高层面审视未来的改革方向和进行相关的制度设计。

在登记领域，目前虽然很多部门间的证照进行了整合，比如深圳进行了三十证合一，但受制于部门间的管理差异，部门间的企业申报信息（比如各部门登记的联系方式信息等）、年报信息仍不能做到全面有效的互通和共享，制约了各部门涉企信息的归集和使用，需要进一步将商事登记公示信息的做法延伸至各部门，并打破部门间边界，做到各部门涉企信息的全面互通、共享和归集，今后

进一步推进市场主体登记便利化，在国家颁布《市场主体登记管理条例》后，及时出台相关配套细则，率先落实条例，进一步优化营商环境。在将来条件具备的基础上，可借鉴挪威全国注册中心①等先进做法，探索设立全国统一的大登记中心，在商事主体多证合一的基础上进一步推行非经营机构登记业务和窗口人员的整合，实现各类机构信息全面深度的融合，便于所有机构信息的统一归集管理和使用。待各方面时机进一步成熟后，还可探索将企业执照和非企业登记证进行整合，形成统一的法人登记证，使法人（不管哪种机构类型，不管谁审批）像自然人（不管哪个民族，不管哪个医院出生）那样拥有统一的身份证，真正实现"一证一码"，既方便法人登记证的深入推广使用（减少民办非企业登记证、社团登记证、工会登记证、企业营业执照等不同证照的辨识难度和鉴别成本），又能使统一社会信用代码像水那样渗透到社会生活的方方面面，串联起更多的信用信息，通过"两码"（公民身份号码和统一社会信用代码）管"两人"（自然人和法人），夯实全社会的信用基础。

在监管领域，各部门的执法监管，如果都单打独斗，监管能力和威慑力都较为有限，起不到应有的监管威慑效果。目前虽然各地、各部门间尝试进行了一定程度的联合监管和联合惩戒，但受制于部门间、区域间的隔阂和管理差异，跨部门、跨条块、跨领域、跨区域监管仍存在一些问题，例如深圳市市场监督管理局联合其他27个部门签署了《深圳市失信企业协同监管和联合惩戒合作备忘录》，但合作备忘录作为规范性文件，对其他部门的约束力有限，由此导致的问题是，从法律层面来看，严管就成了镜中月、水中花，无法从根本上解决后续监管面临的诸多问题。为解决监管方面法律效力层级较低的问题，可发挥深圳特区立法权的优势，率先制定《深圳经济特区商事主体监管条例》。同时，为进一步打破部门

---

① 《国外代码管理体制及其特点》，2012年4月14日，中国电子政务网（http：//www.e-gov.org.cn/article-122648.html）。挪威全国注册中心（BRC）负责全国大多数事项的登记注册管理事务，拥有非常广泛的职责，负责全国有关企业、产业发展与社会机构的调控与注册管理等一系列使命，具体包括：法人实体注册、婚姻财产注册、动产抵押登记、公司会计注册、企业破产登记、猎狩登记管理、水产行业登记管理等等。

间、区域间的藩篱,还可探索建立畅通有效的一体化的联动协作机制,或重新梳理权责关系,将相关的监管执法机构进行适度的整合,既能减少交叉和重复建设,精兵简政,又能提高监管效率和威慑力。

二 推动行政确认和企业自治,健全现代企业制度

深化商事制度改革,可进一步借鉴德国等将登记作为一种确认行为的先进经验,探索推动商事制度改革从行政许可迈向行政确认。目前,德国将登记作为一种确认行为,登记机构负责对提交材料的完整性进行审查,并负责对登记资料进行整理、记录和公开。一方面,通过登记使企业的权利和义务产生社会公示力,并具有对抗第三人的效力;另一方面,通过登记机关披露所有与市场交易安全相关的登记信息,增强企业的透明度,便于公众和交易相对人审慎地进行商业选择,降低交易风险。这种确认及公示,将企业置于政府和社会监督之下,约束企业自觉维护自身的信誉。①

将商事登记从行政许可改为行政确认,能发挥两方面的作用。一是尊重市场自治的原则,发挥商事主体能动性,自我管理、自我约束,实现社会经济资源的市场优化配置,促进市场经济秩序的有效建立和运行。通过简化商事登记材料和流程,发挥商事主体的市场主体作用,凡是依靠市场方式能协调解决的问题,都由市场主体自主解决;充分尊重和信任市场主体的自治能力和水平,凡是涉及市场主体内部管理事务,都不得随意干预;建立科学、合理、可行的社会信用制度,凡是能用信用管理方式解决的问题,都不要用行政责任、行政手段的方式解决,真正建立信用政府、信用企业、信用社会,实现市场经济秩序的健康有序运行②,确保交易安全,更好地实现债权人利益保护。

二是提倡企业自我管理,还权于企业、社会和公民。改革传统商事登记制度对一般经营项目的营业准入限制,允许企业和公民自

---

① 郑杰之主编:《"走出去"的法律问题与实践》,法律出版社2013年版,第103页。
② 吴勇加:《不该管管不了管不好的都要放权》,《深圳特区报》2012年3月21日。

由从事一般经营项目①，赋予商事主体充分的经营自主权。对于公民以个人名义从事经营活动时，由于个人业主不具有法人资格，以其所有资产对债务承担无限责任；同时由于个人业主没有独立商号、没有固定经营场所的，可参考国际上其他国家地区的通常做法，探索实施个体户豁免登记。对于不可豁免的个体工商户，积极引导符合一定条件的个体工商户升级转型为个人独资企业、合伙企业或有限责任公司。通过升级与豁免逐步让个体工商户这种在特定历史背景下产生的商事主体退出历史舞台，让所有的商事主体都建立起现代企业制度。

三 注重系统配套改革，推动社会多元共治

法治和信用是现代市场经济发展的两大要素，也是两大十分重要的系统工程。其中法治是人类政治文明的重要成果，是现代社会的一个基本框架，大到国家的政体，小到个人的言行，都需要在法治的框架中运行②；而信用是市场经济的黄金规则和内在要求，也是现代文明的基石与标志。市场化取向的商事制度改革少不了这些重要生态系统的支撑。

（一）做好"征信、用信和评信"，遏制虚假注册，强化信用监管

"征信、用信和评信"是加快建设社会信用体系的重要抓手，信用监管是提升社会治理能力、健全社会信用体系和保障社会信用秩序的重要一环，两者形成合力才能高效推动社会信用水平的提高。其中"征信、用信和评信"主要由市场化的专业机构来操作，本文不展开阐述；而信用监管来自于信息不对称、交易成本和博弈论等经济理论，其基本原理是：在企业信用交易双方（或各方）博弈矩阵中嵌入政府博弈变量，以第三方或博弈对手身份、并以尽可能低的交易成本参与博弈，减少违规违约现象的发生③，通过公示

---

① 方芳、傅江平：《政府审批简化了 商户办证简单了》，《中国质量报》2012年5月10日。

② 黄敏：《从渔村到滨海新城——宝安改革开放三十年》，中国社会科学出版社2016年版。

③ 高晶、吴雨洲、邢静：《基于风险监测大数据的生产型企业信用监管机制研究》，《标准科学》2019年第2期。

政府掌握的信用信息来减少信息不对称，减少"逆向选择"；通过大数据技术提高政府发现企业失信的能力，降低企业的失信概率；通过加大对企业失信行为的处罚力度，消除企业失信的动机，克服"道德风险"。即政府通过信息公示、大数据监管、失信惩戒等方面的信用监管，改善市场信用环境，改变企业间的博弈预期，降低信用风险的发生。从这个角度说，信用监管是加快推进社会信用体系建设的关键环节。

现阶段，信用缺失大大抬高了市场的交易成本和社会治理成本，成为制约中国经济社会发展，阻碍中国全面融入国际社会的历史进程，影响中国国际竞争能力的重大问题。[①] 与传统监管方式方法相比，信用监管更能适应商事制度改革后需加强事中事后监管的新趋势，将政府从大量执法性检查、运动式监管的传统方式方法中解脱出来，通过信息公开降低交易成本，通过信用评价预判风险，通过联合惩戒增加失信成本，从而支撑政府职能转变，强化市场交易主体自律、社会监督，重构政府、市场主体、个人在市场经济中的责任。要做好信用监管，需加强以下几方面的工作。

首先要立法先行，这是信用体系完善的先进发达国家的共同经验。如美国在信用方面先后出台了一系列法律法规，每部法律法规都具有很高的可操作性和细致的条款，这些法律可为征信机构采集和利用信用信息提供合法的依据。[②] 参照欧美国家有关信用立法的经验，结合国内信用立法实际情况，在"征信""用信""评信"和"信用监管"等方面都应进一步制定或完善相关的法律法规，为落实信用监管提供有力的法律支撑。

其次要促进社会信用数据的深层次利用，通过真实、准确、完备的信用信息服务，满足市场消费者的需求，减少社会信用信息的不对称，降低交易成本，提高经济的运行效率。

再次要加大对虚假注册和不按时年报企业的惩治力度。这方面

[①] 冯文力：《资产证券化法律制度研究》，博士学位论文，西南政法大学，2002年。

[②] 罗珊：《征信市场发展中存在的问题及其应对措施》，《海南金融》2016年第2期，第87页。

可借鉴德、英等国的成功经验。德国营业登记的审查虽是形式审查，但企业如果延迟或未年报以及经理人未履行年度资料公开义务的，企业经理人将被处以罚款；企业提供虚假年报、审计人员隐瞒重要事实或出具虚假报告的，将分别对经理人和审计人员处以 3 年徒刑或折合罚金的刑事处罚。英国与德国一样，制定了违反年度报告制度的严苛的法律责任。主要包括：第一，行政罚款，延迟提交报告的，公司注册署将根据延迟时间和公司性质对公司处以不同程度的罚款。第二，逾期仍不提交的将撤销公司登记，公司一旦被撤销登记，该公司所有财产将全部归皇室所有。第三，追究刑事责任，不提交年报的公司董事及秘书将受到财务犯罪的起诉。第四，从业禁止，董事的判罪情况将被记录。因逃避债务不提交年报而被撤销登记的，公司董事将被法院吊销董事资格，5 年内禁止再担任任何公司的董事职务。[①] 反观中国情况，针对未年报的惩治仅是载入经营异常名录库，惩治作用十分有限。

商事登记制度的核心价值是保障交易安全。而交易安全在某种程度上取决于市场主体所公示的信息是否全面、可靠，如果信息分布不完全、不对称、不准确，将严重影响市场的运行效率并导致市场失灵。因此，今后深化登记便利化的改革仍要以保障登记信息的真实性、准确性为前提。

（二）促进法治社会建设，培育中介机构，推动社会多元共治

当前法治建设和社会共治水平与人民的需求仍有较大差距，与商事制度改革的良性互动也有待加强。借鉴各国商事制度演进的经验，无疑将有助于中国商事制度的改进与完善。诚然，由于国情不同，即政治、经济、文化背景的不同，对境外商事制度不能生搬硬套，但可吸取其先进的国际通用的规则为我所用，其中法治政府、法治社会、社会共治即是通用规则，无论哪种类型的改革，经济体制改革抑或是政治体制改革，法治都可谓先行者；而法治、自治和共治又密不可分，其中具有共治动力基础、共治方向的社会共治对发挥全社会的积极性意义重大。

---

① 国家工商总局赴德国、英国考察团：《德国、英国企业登记管理制度考察报告》，《工商行政管理》2005 年第 9 期，第 37—41 页。

由于长期形成的政府在社会治理体系中占据主导地位以及社会中普遍存在浓厚的管治与被管治的思想，企业自治和行业自律的有效发挥空间极为有限，同时相对于市场主体的蓬勃发展而言，中国的行业组织和中介机构天生发育不健全，消费者的自我维权意识和市民的公共意识逐渐觉醒但依然不强，导致社会共治理念在市场监管领域中的运用一直踌躇不前。

在多元共治的主体层面中，行业组织和中介机构应成为社会共治的核心主体，发挥主要的作用。但现实情况恰恰相反，行业组织和中介机构是当前多元共治的主体当中最大的短板。这与中国的行业组织和中介机构的产生和发展历史息息相关。中国主要领域的行业组织和中介机构大多是从政府脱钩改制而来，从一开始就依附于政府系统，不仅数量少、发育不成熟、影响力较弱，而且也未转变为真正具有独立法人治理结构的市场主体，由于缺乏独立性、公正性和市场化运作，行业组织和中介机构在社会共治中的作用尽管有所发挥，但参与能力较弱，今后需进一步加大对行业组织和中介机构的培育，使其在多元共治局面发挥更大的辅助支撑作用。

从深化商事制度改革的角度来说，目前政府还是最重要的公权力掌握者，依法、规范地使用公权力，是社会共治中最关键的一环；作为政府，要以宪法和法律为准绳，要尊重民意，更关注民生，思虑周全，以图长远。简政放权既是增强政府治理、服务好人民群众的内在要求，又是推动商事制度改革的有力保障。而商事登记改革及其一脉相承的信用监管改革，除了发挥政府的关键引领作用外，还需要充分尊重人民群众的主体性地位，有效凝聚社会主体对社会治理的热情，进而发挥各类社会机构的积极性，充分发挥外部监督的作用，确保商事制度改革取得最大的成效。

四 强化科技赋能，以智能化加速治理现代化

2019年，《中共中央 国务院关于支持深圳建设中国特色社会主义先行示范区的意见》对深圳深化商事制度改革提出了更高的要求——建设以信息化技术为支撑，以法治建设为保障的与商事制度改革相配套的政府治理新机制。一是继续推进深圳的行政审批制度

改革，规范各部门的审批和监管权责、创新监管手段，建立以信息公示和监督检查制度为基础的各行政部门信息互通、全社会联动的信用监管体制。二是加大信息化、科技化手段在商事登记和监管中的应用。

其中审批改革、信用监管的改革取向在前文已有阐述，而加大信息化和科技化手段的应用，也是重要的改革方向。比如探索智能化辅助审核和更大范围的"秒批"服务，持续提高商事登记效率；搭建多维度智能核身体系，全面提升身份管理的能力；提供全渠道商事登记智能服务，实现商事登记"一键注册"；积极推广电子照、章、证等等，这些都将进一步提高办证效率和便民性。而对于企业信用信息归集和信用监管等领域，信息技术和科技手段的拓展应用空间更为广阔，比如搭建功能强大的监管协同平台，通过统一技术标准，让各部门间信息无缝对接，顺畅流转，实现各部门即时响应、监管互动和信息反馈，进而将企业散落在各部门的碎片化信息加以整合，构建更加透明全面的企业数字化全景画像，推动信用监管体制机制完全建立，当企业违反法律法规受到某部门的处罚后，其他各部门都能立即感知，协同监管，一处失信，处处受限。

附录一　深圳市商事制度改革金色时点

2009年，广东省委、省政府将商事登记制度立法纳入省委、省政府领导班子深入学习实践科学发展观活动落实方案以及《珠江三角洲地区改革发展规划纲要（2008—2020年）》。

2010年3月，《中共深圳市委、深圳市人民政府关于印发〈深圳市2010年改革计划〉的通知》（深发〔2010〕3号）正式将商事登记改革纳入当年改革计划。

2010年上半年，深圳市市场监督管理局会同市人大常委会法制委、市法制办、市科工贸信委等部门组成商事登记制度改革领导小组，组织开展"商事制度改革"课题调研工作。

2011年9月，深圳市副市长袁宝成带领深圳市市场监督管理局局长徐友军、副局长袁作新前往原国家工商行政管理总局汇报商事制度改革调研报告。

2011年11月9日，深圳市委书记王荣、市长许勤等领导听取包括商事制度改革在内的九大改革汇报。

2012年3月10日，原国家工商行政管理总局印发《关于支持广东加快转型升级、建设幸福广东的意见》，明确支持广东省在深圳经济特区和珠海经济特区横琴新区开展商事制度改革试点。

2012年3月22日，深圳市委书记王荣主持召开市五届第六十九次市委常委会议，审议通过了《深圳市商事登记制度改革实施方案》。

2012年8月15日，深圳市政府常务会议审议通过了《深圳经济特区商事登记若干规定（送审稿）》，报送市人大立法。

2012年8月21日，深圳市委书记王荣和副市长陈彪等领导专门听取商事制度改革专题汇报。

2012年9月,深圳市人大常委会副主任周光明带队,会同市法制办、深圳市市场监督管理局,分别向全国人大常委会法工委、国务院法制办和原国家工商行政管理总局汇报《深圳经济特区商事登记若干规定》有关立法问题,得到了各级领导的大力支持和充分肯定。

2012年10月30日,深圳市五届人大常委会第十八次会议表决通过了《深圳经济特区商事登记若干规定》,定于2013年3月1日起正式实施,为深圳市商事制度改革奠定了法律基础。

2013年1月,深圳市市场监督管理局副局长袁作新带队到原国家工商行政管理总局专题汇报新版营业执照的改革构想,得到总局领导的充分肯定。

2013年1月30日,原国家工商行政管理总局在原广东省工商行政管理局召开营业执照版式研讨会,经过充分讨论,最终确定在深圳启用充分体现商事制度改革成果的新版营业执照。

2013年2月20日,原国家工商行政管理总局印发《关于同意广东省商事登记营业执照改革方案的批复》(工商企字〔2013〕36号),原则同意《广东省商事登记营业执照改革方案》,在深圳、珠海启用改革后的新版营业执照。

2013年2月,深圳市委书记王荣在春节假期后的第一天到深圳市市场监督管理局专门听取商事制度改革专题汇报。

2013年3月1日上午,深圳率先在全国实施商事制度改革,原国家工商行政管理总局副局长刘玉亭和深圳市委书记王荣亲自颁发了改革后的第一张新版营业执照。

2013年8月1日,深圳引入银行U盾等数字证书,在全国率先实施全业务、全流程、无纸化网上商事登记。

2013年12月30日,深圳建成全市统一的商事主体登记及许可审批信用信息公示平台,有效归集各部门的商事主体登记、许可审批和监管信息,在全国首次实现商事主体登记许可和监管信用信息跨部门跨层级共享、互动和公示。

2014年9月1日,深圳出台全国首个商事主体行政审批事项权责清单,涉及全市25个部门的129项许可审批项目。各部门以权责清单为基础制定后续监管办法,以"谁审批、谁监管,谁主管、谁监管"为原则构建了事中事后监管体系。

2014 年 12 月 1 日,深圳率先实施营业执照、组织机构代码证、税务登记证、刻章许可证"四证合一"。深圳市副市长陈彪为深圳市中智盈投资有限公司颁发了全国首张"四证合一"营业执照。

2015 年 7 月 1 日,在"四证合一"的基础上增加了社保登记证,实施"多证合一,一照一码"改革,发放记载统一社会信用代码的营业执照。时任省委副书记、深圳市委书记马兴瑞为深圳市道生壹创客空间有限公司颁发了全国首张"多证合一、一照一码"营业执照。

2015 年 6 月 1 日,在"四证合一"的基础上增加了社保登记证。

2015 年 7 月 1 日,实施"多证合一、一证一码"改革,发放记载统一社会信用代码的营业执照。时任省委副书记、深圳市委书记马兴瑞为深圳市道生壹创客空间有限公司颁发了全国首张"多证合一、一照一码"营业执照。

2016 年 6 月 1 日,深圳市社会组织管理局等部门借鉴商事主体多证合一的改革经验,正式推行社会团体、民办非企业单位和基金会等社会组织"多证合一、一证一码"改革。

2016 年 8 月 1 日起,深圳市编办和事业单位登记管理局等部门借鉴商事主体多证合一的改革经验,在全国率先推行机关、群团和事业单位"多证合一、一证一码"改革。

2016 年 10 月 1 日,深圳市将统计登记纳入"多证合一、一照一码"登记制度。

2017 年 3 月 1 日,原深圳市市场和质量监管委在五洲宾馆举办全市深化商事制度改革座谈会,原国家工商行政管理总局副局长马正其、原广东省工商行政管理局局长凌锋、深圳市副市长陈彪等领导出席会议并讲话。马正其以"六个率先"充分肯定深圳商事制度改革,寄予深圳继续发挥排头兵作用,在深化商事制度改革方面大胆探索,走在前列。

2017 年 3 月 1 日,原深圳市市场和质量监管委在全国率先将个体工商户纳入简易注销范围，简化申报材料，优化注销流程，进一步完善个体户退出机制。

2017年10月1日，深圳市将外商投资企业设立备案、对外贸易经营者备案登记、国际货运代理企业备案、检验检疫报检企业备案、原产地证申领企业备案登记等进一步整合到"多证合一"，使"多证合一"的范围拓展到12证。

2018年1月，在前海率先启用港资企业摘要版工商公证文书。新版公证文书简化材料、浓缩内容、突出核心，为推行跨境工商文书流转信息化奠定了基础。

2018年1月19日，深圳市委政法委与原深圳市市场和质量监管委联合举办"《社会管理要素统一地址规范》深圳标准应用试点启动部署会"，发布了《社会管理要素统一地址规范》和《在福田、宝安、龙华等区利用统一地址开展商事登记监管应用试点的工作方案》。

2018年1月，推出基于微信平台申请的营业执照邮寄服务，打通群众办事"最后一公里"。

2018年4月28日，原深圳市市场和质量监督管理委员会、国家税务总局深圳市税务局、原深圳市地方税务局联合举行"多报合一"新闻发布会，宣布自2018年起，在深圳市注册登记取得"多证合一"营业执照的企业、个体工商户，可通过深圳市电子税务局进行"多报合一"年报申报，即商事主体通过一次申报完成税务部门所得税年度纳税申报和市场监管部门商事主体年报报送。

2018年6月，全国首创"人脸识别自助发照服务"，在宝安区行政服务大厅、南山区行政服务大厅、前海e站通服务大厅率先部署自助发照机，申请人可通过微信在线申请，线下前往自助发照机完成人脸识别后自助打印领取营业执照和相关办事须知等全套材料。

2018年6月，在商事登记系统中引入实名核身技术，对经办人、投资人、法定代表人等关键人员进行实名认证，实现从"实名"到"实人"的关键转变。

2018年7月12日，原深圳市市场和质量监督管理委员会召开实施"三十证合一"信息共享暨优化营商环境系列措施新闻发布会,在国家统一"二十四证合一"的基础上,进一步整合第一类医疗器械产品备案、第一类医疗器械生产备案、第二类医疗器械经营备案,海关的原产地证企业备案,市交通运输委的船舶代理、水路旅客运输代理以及水路货物运输代理业务备案(水路运输服务业备案),原市卫计委的深圳市心理咨询机构备案等6证,实现14个部门"三十证合一"。

2018年10月19日,上线深圳市"开办企业一窗通(市场监管、税务、公安、银行联动)"系统,将开办企业环节削减至商事登记、刻章、申领发票3个环节,企业开办时间压缩至4个工作日内。

2018年12月26日,推出个体工商户微信办照服务,商事登记进入指尖"微申报"时代。

2019年1月22日,推出"刷脸"领取电子营业执照服务,申请人通过微信"工商电子营业执照"或支付宝"电子营业执照"小程序完成刷脸授权验证后,可随时领取、在线查看、出示、下载、打印、验证电子营业执照。

2019年3月6日,召开"全市统一地址库应用推广暨块数据创新社会治理综合试点现场部署会",在全市全面推广商事主体统一地址登记与监管工作。

2019年3月20日,率先在龙岗区试点个体工商户设立、注销"秒批"登记,通过信息共享,自动比对、核验申请信息,实现基于申请材料结构化、业务流程标准化、审批要素指标化的系统无人工干预自动审批。

2019年4月10日,深圳市市场监督管理局首批与中国银行、创兴银行、工商银行、招商银行合作推出"深港通注册易"商事服务,香港投资者"足不出港"即可在深圳前海"一站式"注册公司。

2019年4月18日,正式实施商事主体滚动年报制度,商事主体自成立周年之日起两个月内报送上一自然年度的年度报告。

2019年4月29日,深圳市市场监督管理局联合市税务局创设

"注销企业一窗通"服务机制，上线"注销企业一窗通"系统，企业在一个系统下即可完成全部注销在线申请。

2019年5月7日，深圳市市场监督管理局举行优化营商环境改革若干措施新闻发布会，宣布41条优化营商环境改革措施。

2019年7月26日，深圳市市场监督管理局联合澳门贸易投资促进局、粤澳工商联会正式启动"深澳通注册易"商事服务，便利澳人澳企在深圳前海注册公司。

2019年9月19日，深圳市市场监督管理局联合市政务服务数据管理局召开新闻发布会，率先在前海深港现代服务业合作区、宝安区、光明区推出企业登记"秒批"（无人干预自动审批）试点改革。时任深圳市长为深圳市瀚威生物科技有限公司颁发了全国首家"秒批"企业营业执照。

2020年1月1日，《外商投资法》和《外商投资法实施条例》正式实施，设立外商投资企业只需到商事登记机关登记，无须再向商务部门办理审批或者备案。深圳市市场监督管理局为领展物流（深圳）有限公司和深圳小神龙体育科技发展有限公司发出全国首批依据新法核发的外商投资企业营业执照。

2020年2月6日，上线"有限责任公司一般注销"网上全流程系统，率先攻克全国性难题。

2020年2月7日，深圳市印发《深圳市开展"证照分离"改革全覆盖试点实施方案》（深府函〔2020〕24号），建立由市推进政府职能转变和"放管服"改革协调小组统筹领导，市政府办公厅、市场监督管理局牵头组织，各市直许可审批主管部门协同推进的工作机制；从中央事权和地方事权两个层面编制了两张涉企经营许可事项改革清单。按取消审批、审批改为备案、实行告知承诺、优化审批服务四种方式，对528项涉企经营许可事项进行了清理。

2020年3月3日，上线内资有限责任公司股权转让全流程系统，进一步拓展网上全流程业务范围。

2020年3月11日，深圳市召开优化营商环境专题新闻发布会，正式推出"开办企业一窗通"3.0版本，将企业开办由5个环节整合为一个环节，开办时间压缩至一天，申请人登录一个平台、填报一次信息、一天之内即可完成开办企业所有手续，并可免费领取一套政府提供的公章和税控设备，免除税控设备的首年服务费。

2020年8月20日，深圳市市场监督管理局发布《关于进一步优化营商环境更好服务市场主体的若干措施》，提出6方面共计36条服务举措，以期进一步优化深圳营商环境，更好服务市场主体，如全国率先试点商事登记行政确认制改革、试行企业"休眠"制度等改革创新举措。

2020年8月28日，深圳市市场监管局联合建设银行深圳市分行正式推出深圳市"政银通注册易"商事登记新模式，将"商事登记＋智能审批"进一步延伸到银行自助终端，打通深圳市商事登记的"最后一公里"。

2020年10月29日，《深圳经济特区优化营商环境条例》经深圳市第六届人民代表大会常务委员会第四十五次会议审议通过，自2021年1月1日起施行，该条例共9章130项条款，在六大领域进行创新探索。

2020年10月29日，《深圳经济特区商事登记若干规定》经深圳市第六届人民代表大会常务委员会第四十五次会议修订通过，自2021年3月1日起施行。

2021年1月8日，深圳市市场监管局、建设银行深圳市分行联合推出"商事登记移动认证"服务，借助身份认证和数字签名等技术，在国内首创手机银行无介质电子签名，并率先在内资有限责任公司设立登记环节应用。

2021年3月1日，正式实施新修订的《深圳经济特区商事登记若干规定》。

2021年3月5日，深圳市市场监管局举行《深圳市经济特区商事登记若干规定》修订实施新闻发布会，时任深圳市委常委、市政府党组成员黄敏、市人大副主任、党组成员彭海斌为《若干规定》修订实施后首家在深圳从事生产经营活动的港企颁发纸质和电子营业执照。

2021年3月5日，深圳市市场监管局举行深圳市商事主体电子营业执照和电子印章推广应用启动仪式，在全国率先实现商事主体电子营业执照和电子印章综合应用。

2021年3月15日，深圳市率先在前海深港现代服务业合作区、宝安区试点实施歇业登记。

2021年4月30日，国务院办公厅发布《关于对2020年落实有关重大政策措施真抓实干成效明显地方予以督查激励的通报》（国办发〔2021〕17号），广东省深圳市获得"深化商事制度改革成效显著、落实事中事后监管等相关政策措施社会反映好的地方"督查激励。

2021年6月18日，深圳市发展和改革委员会发布《深圳市2021年深化"放管服"改革 优化营商环境重点任务清单》，其中涉及深化商事制度改革的内容有16条，如试点商事登记行政确认制，强化市场主体经营自主权，简化商事登记材料和流程；探索实施个体户豁免登记制度，允许从事依法无须经有关部门批准经营活动的自然人不办理个体工商户登记，直接办理税务登记等。

2021年6月28日，在深圳全市推广"深港通注册易""深澳通注册易"商事登记服务，全面实现港澳企业商事登记服务前移、离岸受理、远程办理。

2021年6月29日，广东省人民政府印发《广东省深化"证照分离"改革实施方案》，自2021年7月1日起，在全省范围内实施涉企经营许可事项全覆盖清单管理，将法律、行政法规、国务院决定设定的523项涉企经营许可事项，广东省地方性法规、省政府规章设定的4项涉企经营许可事项，全部纳入改革范围，同时在中国（广东）自由贸易试验区（以下简称广东自贸试验区）加大改革试点力度。

2021年7月1日，将手机银行电子签名业务应用范围拓展至内资有限责任公司的设立、变更、注销等业务。

2021年8月18日，深圳市中级人民法院、深圳市市场监管局、深圳市破产事务管理署联合印发《关于建立破产信息共享与状态公示机制的实施意见》。

2021年8月19日，深圳市市场监管局联合深圳市公安局、国家税务总局深圳市税务局、深圳市人力资源和社会保障局、深圳市住建局共同升级了"开办企业一窗通"4.0版本，新增"分时办理"功能，企业可在领取营业执照后，再次登录"一窗通"平台办理公章刻制、企业员工参保登记、单位公积金开户登记、税务购票等一项或多项业务。

2021年10月14日，深圳市市场监管局联合深圳市人力资源和社会保障局、深圳市住房建设局、深圳市税务局、深圳海关、人民银行深圳中心支行升级"企业注销一窗通"4.0版本，新增税务清税查询（一般注销），税务异议查询（建议注销），海关、社保、公积金同步秒批注销，预约银行销户功能。

2021年10月15日，深圳市市场监管局联合深圳市住房和建设局、深圳市税务局、人民银行深圳市中心支行、各商业银行升级"开办企业一窗通"4.0+版本，在"预约银行开户"基础上，增加在线签订"三方协议"扣缴税费、社保费、托收公积金费用功能。

2021年11月17日，深圳市市场监管局、人民银行深圳中心支行率先在建行深圳分行推出电子印章办理银行开户业务，配合电子营业执照开户，企业在银行开户时通过电子营业执照完成身份核验，通过电子印章加具数字签名，全程无纸化办理。

2021年11月18日，深圳市市场监管局商事登记系统上线电子营业执照企业电子签名功能。商事主体在办理全程电子化业务时可使用电子营业执照进行电子签名并在线提交。

2021年11月18日，深圳市市场监管局商事登记系统上线港资企业跨境商事登记公证文书PDF下载功能，免予香港投资者提供公证文书的纸质材料，率先实现港资企业全程电子化登记。

2021年11月22日，深圳市市场监督管理局印发了《商事主体名称登记驰名商标和知名字号保护办法》，填补了知名字号保护的法律空白，可有效遏制"傍名牌"等侵权行为，减轻知名企业维权负担。

2021年12月12日，深圳市市场监督管理局与深圳交易集团合作，在深圳建设工程交易平台正式上线电子营业执照与电子印章服务，首创"电子营业执照+标书加解密"功能。企业使用电子营业执照可在线完成平台登录、签名、标书加解密、在线合同签订等招投标业务,实现招投标业务"一照通办"。

2021年12月3—4日,第二届"中国城市治理创新优秀案例奖"选拔大会成功举办。深圳市市场监督管理局"开办企业一窗通"服务案例入围全国十强,获得优胜奖。

附录二　商事制度改革的他山之石

国内部分省市地区商事制度改革举措见附表。

附表　　国内部分省市地区商事制度改革举措摘录①

省市地区	商事制度改革举措
登记环节	
广州市	2017年10月，原广州市工商行政管理局上线"人工智能+机器人"（AIR）全程电子化商事登记系统，推行"人工智能+机器人"申报、签名、审核、发照、公示、归档全流程电子化，实现了商事登记"免预约""零见面""全天候""无纸化"办理，并在各政务大厅和商业银行网点设置智能发照机，方便快捷领取营业执照。"人工智能+机器人"模式实现了智能审核、即时办理、人脸识别签名、智能比对地址、移动终端无介质签名等。②
上海市	2020年4月1日，上海实现电子营业执照与电子印章同步发放。交通银行将电子营业执照和电子印章与银行金融服务高度融合，打造"e证行"电子证照服务，"电子营业执照+电子印章"在对公账户业务中的同步应用，实现企业"无纸化"开户。③

---

①　各环节省市地区按名称首字拼音首字母 A – Z 顺序排列，从市至省，从境内至境外。

②　《"人工智能+机器人"无人审批模式首现广州》，2017年10月13日，中共中央网络安全和信息化委员会办公室网站（http：//www.cac.gov.cn/2017 – 10/13/c_1121796886. htm? from = timeline）。

③　《深化政银合作 交通银行推出"e证行"对公开户服务》，《经济日报》2020年8月19日（https：// baijiahao. baidu. com/s？ id = 1675459042949801204&wfr = spider&for = pc）。

续表

省市地区	商事制度改革举措
四川省	2018年10月以来,四川省探索建立了"个体工商户登记手机App+政务互联网平台+登记工作人员后台审核+电子营业执照同步发放"的新登记工作模式。① 2019年1月3日,四川省个体工商户全程电子化登记系统App上线,可完成开业、变更、年报等常用工商登记业务,同步生成电子营业执照和纸质营业执照,并通过EMS邮寄到家。个体工商户登记窗口还延伸至银行网点,申请人可在银行网点申请个体工商户注册、打印执照、公章刻制等。②
香港、台湾地区	针对虚假注册行为:中国香港政府给予个人极大的信任,同时辅以第三方监管措施,以确保社会的公正性和法律的严肃性;中国香港《公司条例》第750(6)条明确隐瞒实情,向登记注册处处长提供虚假或者具误导性的资料,将被检控处以最高300000港元的处罚及2到14年的刑事监禁。中国台湾"公司法"建立了刑事、民事、行政三个层面的惩戒机制,规定"公司成立并运用时,一旦察觉公司在先登记事项有违法情形,公司负责人各处拘役、1年以下有期徒刑或科或并科2万元以下罚金。公司负责人所备的章程、股东名簿有虚伪记载时,依刑法或特别刑法有关规定处罚"。③

---

① 《全省手机版个体工商户全程电子化登记系统上线 申办执照可在手机上搞定》,2019年1月4日,四川省人民政府网站(http://www.sc.gov.cn/10462/12771/2019/1/4/3573fb8f7e7144d7936fe8ff28242566.shtml)。

② 《四川:个体工商户全程电子化登记系统App上线运行》,《市场监督管理》2019年第2期。

③ 钟鑫:《防范虚假注册,这个地方经验值得借鉴》,《市场监督管理半月沙龙》2019年2月27日。

续表

省市地区	商事制度改革举措
	审批环节
上海市	2017年8月，原上海市质量技术监督局推出工业产品生产许可证申报全程无纸化+审批文书档案电子化制度。企业申报后，经形式审查合格，由网上办事平台即时向企业推送《材料清单》《受理通知书》《行政许可决定书》等电子文书和电子证书。审批时间从起初的3个月缩短到4分钟，从"最少跑两趟"变为"足不出户"，申请材料从一小沓"缩水"到"三张纸"。① 2018年10月上海政务"一网通办"总门户正式上线，围绕食品、药品、工程建设等重点领域，提供了"开食品店""开超市"等50多个复杂主题服务。截至2020年底，上海"一网通办"已累计推出357项改革举措；已接入政务服务事项3071项，实现行政审批事项"全覆盖"。2021年，上海市委办公厅、市政府办公厅印发《深化"一网通办"改革构建全方位服务体系的工作方案》，拓展个人全生命周期和企业全发展周期的"一网通办"服务场景应用。② 2019年，中共中央、国务院印发的《长江三角洲区域一体化发展规划纲要》③ 中，上海"一网通办"、浙江"最多跑一次"、江苏"不见面审批"一并被列为营商环境的"全国品牌"。
海南省	2017年7月，海南在全省范围内试点推行全流程互联网"不见面审批"改革；10月印发了《海南省推行全流程互联网"不见面审批"实施方案》，进一步深化"放管服"改革，提高政府服务效率和透明度，确定到2018年底全省实现80%的审批服务事项"不见面审批"。④

① 《上海工业产品生产许可发出首张"不见面审批"证书》，2018年1月5日，中国政府网（http：//www.gov.cn/xinwen/2018-01/05/content_5253657.htm）。

② 《上海："一网通办"打造全周期服务》，2021年3月13日，中国政府网（http：//www.gov.cn/xinwen/2021-03/13/content_5592727.htm）。

③ 参见《长江三角洲区域一体化发展规划纲要》。

④ 《海南："不见面审批"让群众"不跑腿"》2017年10月24日，中国政府网（http：//www.gov.cn/xinwen/2017-10/24/content_5234180.htm）。

续表

省市地区	商事制度改革举措
江苏省	2017年4月27日,江苏南京颁发全国首张"不见面审批"的营业执照。2018年中共中央、国务院印发《关于深入推进审批服务便民化的指导意见》,推广浙江"最多跑一次"、江苏"不见面审批"等六个省市的经验做法。2017年6月,江苏省政府办公厅出台了《关于全省推行不见面审批(服务)改革实施方案》,全面推行的"不见面审批(服务)"改革;截至6月15日,江苏省13个设区市、96个县(市、区)改革方案和首批不见面审批(服务)事项清单全部出台,实现"不见面审批"方案和"不见面审批"清单(第一批)全省覆盖。①
山东省	2020年,山东选择餐饮、药店、健身馆、培训机构等20个与人民群众生产生活密切相关的高频行业,在省级层面率先开展"一业一证"改革试点,将一个行业多个许可证件,合并为一张载明相关行政许可信息的行业综合许可证,实现了企业"拿证即开业"。通过编制《山东省"一业一证"改革行业综合许可工作规范》,明确这些行业的综合许可事项名称、适用范围、审批事项、实施依据、许可条件等,制定发布"一单、一图、一表、一书、一证",规范全省"一业一证"改革行业综合许可工作。②
浙江省	浙江省2016年全面推进"最多跑一次"改革,2019年1月1日起施行《浙江省保障"最多跑一次"改革规定》,并站在办事人的角度界定"一件事",梳理个人和企业全生命周期的政务事项目录,于2019年7月公布"最多跑一次""一件事"目录共47件,包括外贸企业证照联办、餐饮服务证照联办、住宿服务(暂不含民宿、农家乐)证照联办、商场超市证照联办、娱乐场所证照联办、网络预约出租汽车车辆营运证核发、临时用地审批等。③

① 《江苏:审批"不见面"办事"更方便"》,2018年6月13日,中国政府网(http://www.gov.cn/xinwen/2018-06/13/content_5298501.htm)。
② 《山东省率先推进"一业一证"改革 最大力度简政放权流程再造 破解"准入不准营"难题》,2020年12月4日,中国质量网(http://www.chinaquality.com.cn/zljd/2020-12/4/218055.html)。
③ 《浙江:"最多跑一次"改革持续提升企业"获得感"》,2019年7月10日,中国政府网站(http://www.gov.cn/xinwen/2019-07/10/content_5407978.htm)。

续表

省市地区	商事制度改革举措
	监管环节
北京市	2014年12月，原北京市食品药品监督管理局印发《北京市食品药品安全监管信用体系建设管理办法（试行）》，通过食药生产经营领域的信用信息归集、信用评定、信用约束、信用修复等制度建设，有效约束食品药品生产经营主体行为。该办法采取信用积分累积制，对食品药品生产经营主体的不良信息分为3个失信等级并按不同等级扣分。生产经营主体或从业人员在一个信用周期内扣分满12分后，将被锁入"黑名单"系统，并面临包括不予办理食品药品生产经营许可申请业务；不为其招投标、发股上市等8种信用惩戒。① 2016年10月10日，北京"双积分"信用监管系统10日上线试运行，系统归集北京相关部门的企业信用信息，并建立外资企业信用新档案，通过"双积分"规则，对企业良好信息积正分，不良信息积负分，且依据积分情况形成企业分类管理池，开展守信激励和失信惩戒。针对外资企业，系统在采信现有政府部门信用信息的基础上，增加外资企业及其母公司在国际上的行业资质、信用评级、产品质量认证等有关国际信用信息的采信，既承认外资企业的国际信用和国际资质，又要求外资企业在国内依法依规开展经营。同时，该系统还采取市场主体补充完善信用记录的方式，全面客观反映企业信用。② 2017年3月30日，北京市旅游行业首个信用监管平台"信用旅游"开始建设，2018年8月上线，实现了与北京市公共信用信息服务平台、北京市企业信用信息平台的互联互通，对失信企业将采取多网同步公示。原北京市旅游发展委员会与发改、民政、交通、工商、税务、海关等多个部门联合签署了不同领域的合作备忘录，各领域失信被执行人将被限制入住星级酒店、参团高消费旅游，并在其申请旅行社许可业务、办理导游证等工作中予以严格审查。③

---

① 《北京将实施食药监管信用体系 扣满12分进"黑名单"》，2014年12月6日，中国政府网（http://www.gov.cn/xinwen/2014-12/06/content_2787591.htm）。
② 《北京"双积分"信用监管系统试运行 外企纳入监管》，2016年10月11日，中国政府网（http://www.gov.cn/xinwen/2016-10/11/content_5117511.htm）。
③ 《北京上线旅游信用监管平台 失信者限制入住星级酒店》，2018年8月29日，中国政府网（http://www.gov.cn/xinwen/2018-08/29/content_5317497.htm）。

续表

省市地区	商事制度改革举措
南京市	2019年9月,南京市卫生健康委员会出台《南京市医疗卫生信用分类监管办法》,对医疗卫生机构、从业人员等进行信用等级评价,进一步加强医疗卫生监督管理。医疗卫生信用分类从高到低分为"诚实守信"(A级)、"信用良好"(B级)、"一般失信"(C级)、"较重失信"(D级)、"严重失信"(E级)等五类。对信用较好的信息主体,坚持自律为主、监管为辅的原则,在信用等级有效期内,享受激励措施。对信用较差的信息主体,将加强监管。①
天津市	2014年10月1日,天津市市场主体信用信息公示系统门户网站正式开通,公示市场主体覆盖全市各类企业、个体工商户、农民专业合作社、律师事务所和部分社会团体,公示信息内容涵盖主体登记、行政备案、行政许可、行政处罚、业绩情况等。天津市在全国率先出台并实施《天津市市场主体信用风险分类暂行办法》,以经营异常名录、严重违法企业名单、行政处罚、监督检查等公示系统的公示信息为分类依据,由公示系统依照分类标准自动生成,并根据信息变化动态调整。全市市场主体被分为"良好""警示""失信""严重失信"四个类别,分别对应绿、黄、红、黑不同颜色,进行醒目标注并向社会公示。②

---

① 《南京对医疗卫生领域实行信用分类监管》,2019年9月17日,中国政府网(http://www.gov.cn/xinwen/2019-09/17/content_5430592.htm)。
② 《天津:商事制度改革和信用监管并行 激发民营经济活力》,2016年8月18日,中国政府网(http://www.gov.cn/xinwen/2016-08/18/content_5100273.htm)。

续表

省市地区	商事制度改革举措
福建省	2015年4月,原福建省工商行政管理局率先在福建自贸试验区试点企业信用分类监管制度;当年12月,这种差异化监管的全新模式在全省推行。2017年,原福建省工商行政管理局依照企业信用分类监管方式,在全省推行"双随机、一公开"监管。2018年8月,《福建省工商(市场监管)系统企业信用分类监管暂行办法》出台,信用监管得以全面统一规范,并实现了"有法可依"。原福建省工商行政管理局研发上线运行福建工商一体化平台信用分类软件系统,实现企业信用自动分类和实时更新,自动将企业信用类型划分为信用良好、守信、信用一般、失信、严重失信五种;按照五种信用类型企业不同的抽查比例,系统生成抽检企业及抽查人员的列表;按照信用分类监管要求实行守信联合激励和失信联合惩戒,对信用良好企业和守信企业在企业登记方面提供更加便利的服务措施,优先推荐参加各类诚信建设活动、授予荣誉称号,支持参选人大代表、政协委员和申报劳动模范。对失信企业和严重失信企业,不予推荐申报参加有关活动,不得推荐授予荣誉称号等。①
海南省	2020年8月,海南省市场监督管理局出台《企业信用风险分类监管暂行办法》,对企业按照暂无风险、低风险、中风险、高风险四类信用风险分类实施差异化监管,办法自9月1日起实施。根据办法,海南将从企业属性、登记信息、许可信息、公示信息、行政处罚信息、关联企业、经营能力、舆情信息、司法协助信息、合规信息等10个维度构建企业信用风险分类指标体系,运用人工智能对企业仍在影响期内的信用信息进行分析,结合定性定量判定规则,将各类企业划分为暂无风险企业、低风险企业、中风险企业、高风险企业四类。②

---

① 《福建创新企业信用分类监管机制见成效》,2018年10月21日,中国政府网(http://www.gov.cn/xinwen/2018-10/21/content_5333131.htm)。

② 《海南对企业信用风险实施分类监管》,2020年8月7日,中国政府网(http://www.gov.cn/xinwen/2020-08/07/content_5533118.htm)。

续表

省市地区	商事制度改革举措
云南省	云南省制定了以信用为基础的新型监管机制任务清单，按照事前、事中、事后逐一落实各项任务。事前环节，探索建立信用承诺制度，主动梳理承诺事项，制定承诺书模板，实现信用承诺结构化、事项化、可追溯、可管理。2020年以来，已累计归集主动公示、容缺受理、审批替代、告知承诺等信用承诺信息31万条，6个省级部门制定信用承诺书模板，4个州（市）在信用网站开设自主在线承诺专栏。事中环节，在税务、文旅、交通、市场监管、地方金融监管等领域开展行业信用评价，主动运用评价结果开展分类监管。事后环节，云南省信用信息一体化平台已形成41个联合惩戒备忘录惩戒措施清单，实现联合惩戒发起、响应及执行反馈全流程管理。此外，云南省还开展了信用立法理论研究和实地调研，加快推进《云南省社会信用条例》立法进程。①
浙江省	浙江省发展和改革委员会出台了《浙江省公共信用修复管理暂行办法》，包括总则、信用修复的条件、信用修复的程序、履行责任和附则五大章共十七条内容，2019年2月1日起正式施行，成为由地方出台的第一部专门针对信用修复的管理办法。②

---

① 《云南省构建新型信用监管机制》，2021年3月7日，中国政府网（http://www.gov.cn/xinwen/2021-03/07/content_5591184.htm）。

② 《浙江省公共信用修复管理暂行办法》，2019年4月11日，浙江省发展和改革委员会网站（https://fzggw.zj.gov.cn/art/2019/4/11/art_1632203_34125229.html）。

续表

省市地区	商事制度改革举措
	退出环节
上海市	2018年以来，上海市召开了不下7次专题会议研讨企业注销问题。原上海市工商行政管理局、上海市税务局、上海市商务委员会、上海市人力资源和社会保障局进行多次沟通，联合推出《关于进一步改革市场主体退出机制的意见》，旨在打通部门间注销业务流程，实现企业信息互通共享；着力解决企业股东（出资人）失联、缺失、不配合等原因而导致的注销受阻顽症，并明确：对营业执照遗失的企业，无须先行补照；对法定代表人无法代表公司提出注销申请的企业，无须先行办理法定代表人变更。① 同年，上海还探索歇业餐饮企业退出机制，明确在企业已取得营业执照的前提下，不再要求企业申请食品经营许可时提供房产证明，不再核实同一场地上是否已办理了食品经营许可证，直接按食品经营许可流程受理，从而实现餐饮经营场地再次利用，优化营商环境。2021年，内资企业及分支机构的变更、注销及补领、换发营业执照等13项业务已实现"跨省通办"，外省市通过全国一体化政务服务平台"跨省通办"服务专区或上海市开办企业一窗通的"跨省通办"专区，即可办理相关业务。②
广东省	2016年2月，广东出台《广东省供给侧结构性改革去产能行动计划（2016—2018）》，提出到2018年底，基本实现"僵尸企业"市场出清，国有资本配置效率显著提高，国有经济结构明显优化。同时，严格控制产能严重过剩行业生产能力。2016年广东淘汰出清2385家国有"僵尸企业"，处置39家非国有规模以上工业"僵尸企业"，关停重组1730家国有企业。③ 2019年8月，广东省企业注销服务专区在广东政务服务网正式上线运行，通过统一规范社保、商务、市场监管、税务、海关等相关单位的注销流程、条件、时限以及材料规范，专区实现了"一次采集""一网通办"。④

---

① 《上海多部门合力破解企业"退出难"》，2018年9月7日，中国政府网（http://www.gov.cn/xinwen/2018-09/07/content_5320025.htm）。

② 《上海探索歇业餐饮企业退出机制》，2018年2月8日，中国政府网（http://www.gov.cn/xinwen/2018-02/08/content_5265064.htm）。

③ 《广东2016年淘汰逾2300家国有"僵尸企业"》，2017年1月24日，深圳市人民政府国有资产监督管理委员会网站（http://gzw.sz.gov.cn/zwgk/gyqyxxgk/gycqjyqk/cqgl/content/post_4613342.html）。

④ 《广东企业可一网通办在线注销》，2018年8月28日，中国政府网（http://www.gov.cn/xinwen/2019-08/28/content_5425278.htm）。

续表

省市地区	商事制度改革举措
海南省	2016年4月8日,海南省印发施行《海南省企业简易注销试行办法》,明确了注销公告期限从45天缩短为7个工作日,并简化一系列注销登记流程等企业简易注销举措,进一步完善企业退出市场机制。2019年1月1日,海南省正式施行《中国(海南)自由贸易试验区商事登记管理条例》(以下简称《条例》),在全国率先以自贸区立法的形式对简易注销程序进行规范;对依《条例》新设立的企业,申请简易注销时提交的材料由6项减少为《申请书》《全体投资人承诺书》以及法院终结强制清算、破产程序裁定3项。2019年2月14日,海南省市场监督管理局印发《深化简易注销改革试点实施方案》,进一步拓宽简易注销适用范围,在2017年3月1日全国简易注销登记改革适用范围的基础上,增加了非上市股份公司、各类企业分支机构、农民专业合作社及其分支机构。此外,基于"诚信推定",允许曾经被终止简易注销的企业再次申请简易注销,优化企业简易注销容错机制。①
辽宁省	自2016年6月初起,辽宁省企业简易注销改革在抚顺、丹东、盘锦等试点基础上全面推开,部分企业在工商部门办理注销只需10天。根据《辽宁省工商行政管理局企业简易注销改革实施方案》和《辽宁省工商行政管理局企业简易注销登记办法(试行)》,适用简易注销的企业包括未开业或无债权债务的内资有限责任公司、个人独资企业、内资合伙企业。这些企业按简易程序办理注销登记时,不再要求向登记机关提交清算报告、登报公告,而是由登记机关统一在全省企业信用信息公示系统上向社会公示10天。②

① 《海南简易注销改革让企业退出不再难》,2019年3月6日,中国政府网(http://www.gov.cn/xinwen/2019-03/06/content_5371162.htm)。
② 《辽宁铺开企业简易注销改革助市场主体便捷退出》,2016年6月12日,中国政府网(http://www.gov.cn/xinwen/2016-06/12/content_5081228.htm)。

参考文献

一 专著

董安生等：《中国商法总论》，吉林人民出版社1994年版。

法律出版社大众出版编委会：《中华人民共和国公司法：实用问题版》，法律出版社2016年版。

范健、王建文：《商法学》，法律出版社2007年版。

广东省政协征编：《敢为人先——改革开放广东一千个率先·政治卷》，人民出版社2015年版。

广东省工商行政管理局：《广东省商事登记制度改革实践》，中国工商出版社2014年版。

孔泾源主编：《中国居民收入分配年度报告2004》，经济科学出版社2005年版。

林嘉主编：《商法总论教学参考书》，中国人民大学出版社2002年版。

刘百宁：《中小企业如何合法经营》，企业管理出版社2006年版。

刘清波：《商事法》，台湾商务印书馆1995年版。

麻锦亮：《人身损害赔偿新制度新问题研究》，人民法院出版社2006年版。

石玉颖：《商事登记制度与实践》，中国工商出版社2009年版。

汪尧田、周汉民：《世界贸易组织总论》，上海远东出版社1995年版。

韦森：《社会秩序的经济分析导论》，上海三联书店2001年版。

魏礼群：《建设服务型政府——中国行政体制改革40年》，广东经济出版社2017年版。

於鼎丞编著：《港澳台税制》，暨南大学出版社2009年版。

虞政平编译：《美国公司法规精选》，商务印书馆2004年版。
赵万一：《商法基本问题研究》，法律出版社2013年版。
赵旭东主编：《商法学》，高等教育出版社2007年版。
郑杰之主编：《"走出去"的法律问题与实践》，法律出版2013年版。
郑昆白主编：《商法原理与实务》，中国政法大学出版社2014年版。
朱婴锟：《商法学——原理图解实例》，北京大学出版社2007年版。

二　论文

陈静波：《深圳商事登记制度优化研究》，硕士学位论文，哈尔滨工业大学，2015年。
陈旭：《清理"僵尸企业"与国企改革研究》，硕士学位论文，华中师范大学，2017年。
程凤娇：《长春市个体工商户制度改革研究》，硕士学位论文，吉林大学，2020年。
范碧亭：《内地与香港公司治理法律制度比较》，硕士学位论文，上海师范大学，2007年。
高源：《论营业执照制度的重构》，硕士学位论文，华中师范大学，2014年。
关媛媛：《中国商事登记立法研究》，硕士学位论文，西南政法大学，2004年。
桓明馨：《论商主体资格的取得》，硕士学位论文，黑龙江大学，2010年。
黄燕萍：《企业登记制度改革研究》，硕士学位论文，上海交通大学，2009年。
黄臻：《回归与就位：我国商事登记的制度缺陷与现实进路》，硕士学位论文，中国政法大学，2012年。
蒋熠琼：《个体工商户登记制度改革研究——以浙江省为例》，硕士学位论文，浙江工商大学，2018年。
焦晓旭：《介休市商事制度改革中的问题及对策研究》，硕士学位论文，太原理工大学，2018年。

李琛臣:《我国流动摊贩商事登记豁免制度研究》,硕士学位论文,浙江工商大学,2020年。

李涛:《我国商事登记审查法律制度探究》,硕士学位论文,兰州商学院,2011年。

林刚:《深圳商事登记制度研究》,硕士学位论文,华中师范大学,2015年。

林蓬妹:《基于群众满意度视角下YJ县商事登记制度改革问题与对策研究》,硕士学位论文,四川师范大学,2018年。

林于靖:《大部制改革后深圳市市场监管部门的问题分析与对策研究》,硕士学位论文,广西民族大学,2017年。

陆飞立:《企业市场准入制度改革研究》,硕士学位论文,上海交通大学,2013年。

马楠:《商事登记制度立法目的研究》,硕士学位论文,吉林大学,2006年。

毛巧丽:《我国商事登记制度改革问题研究》,硕士学位论文,山东农业大学,2014年。

宁佳宁:《深圳市商事登记制度改革问题研究》,硕士学位论文,复旦大学,2014年。

钱伟宇:《商事登记制度改革研究》,硕士学位论文,华南理工大学,2012年。

任建莎:《街头食品的安全监管模式研究》,硕士学位论文,泰山医学院,2013年。

王晓斌:《深化我国商事登记制度改革研究》,硕士学位论文,华南理工大学,2014年。

王新泉:《商业登记法律制度研究》,硕士学位论文,中国社会科学院研究生院,2002年。

韦浩:《我国商事登记立法研究》,硕士学位论文,华东政法学院,2002年。

熊艳:《广东省商事制度改革后续监管问题研究》,硕士学位论文,南昌大学,2016年。

闫静:《商事登记法律制度研究》,硕士学位论文,山西大学,

2005 年。

尧莉:《我国个体工商户制度改革研究》,硕士学位论文,中共广东省委党校,2015 年。

叶钦:《论企业登记审查制度》,硕士学位论文,中国政法大学,2009 年。

叶紫丁:《公司终止债权人保护制度研究》,硕士学位论文,哈尔滨工程大学,2008 年。

易为:《我国企业登记制度研究》,硕士学位论文,湖南大学,2005 年。

于东耀:《论有限责任公司股东资格认定标准》,硕士学位论文,华东政法大学,2010 年。

余林军:《我国商事设立登记法律效力研究》,硕士学位论文,四川大学,2006 年。

臧博:《我国商事登记制度研究》,硕士学位论文,首都经济贸易大学,2007 年。

张世铭:《新常态下政府对市场主体实施"宽进严管"的路径研究——以呼和浩特为例》,硕士学位论文,内蒙古大学,2015 年。

张艳:《市场监管法视角下的公司登记法律问题研究》,硕士学位论文,黑龙江大学,2010 年。

朱磊:《商事登记法律制度研究》,硕士学位论文,山东大学,2005 年。

《2019 版企业公共信用报告推出》,《深圳特区报》2019 年 10 月 5 日第 6 版。

IUD 中国政务舆情监测中心:《行政审批制度改革,与时间"赛跑"》,《领导决策信息》2013 年第 26 期。

《部分地区企业简易注销改革实践与思考》,《中国工商报》2016 年 2 月 20 日第 3 版。

蔡寒蕾:《企业年度报告公示制度探析》,《华中师范大学研究生学报》2014 年第 4 期。

蔡青:《深圳全面推行电子证照共享》,《深圳特区报》2019 年 4 月 12 日第 1 版。

曹崧：《前海蛇口片区率先实施"证照分离"》，《深圳特区报》2016年10月26日第1版。

曹威、苏波、赵歆等：《深圳：构建统一的商事信用平台 探索信用监管新模式》，《中国市场监管研究》2020年第9期。

《查处冒用他人身份信息办理登记行为探析》，《中国市场监管报》2019年3月19日第5版。

陈立峰：《新社会阶层法治意识及其培育——以浙江省的问卷调查为基础》，《中共浙江省委党校学报》2017年第1期。

陈晓薇：《我市再砍近四成审批事项》，《深圳商报》2004年7月15日。

陈学明：《国外管理小摊贩的做法》，《江淮》2007年第6期。

丁煜元：《论跨境破产企业诉讼主体资格》，《经济期刊》2016年第7期。

方芳、傅江平：《政府审批简化了 商户办证简单了》，《中国质量报》2012年5月10日。

傅江平：《深圳建立社会组织活动异常名录制度》，《中国质量报》，2016年11月4日。

甘霖、黄子芸：《营商环境不断优化的生动注脚》，《深圳特区报》2020年6月1日第1版。

国家工商行政管理总局外事司编：《借鉴：国家工商行政管理总局出国（境）考察培训报告辑录（1991—2002）》，2004年。

国家工商总局赴德国、英国考察团：《德国、英国企业登记管理制度考察报告》，《工商行政管理》2005年第9期。

何雪峰：《政务服务提速 深圳试行"秒批"》，《南方日报》2018年11月23日第1版。

何泳：《电子营业执照亮照系统昨起运行》，《深圳特区报》2019年6月11日第13版。

何泳：《归集诚信红黑名单信息 构建联合奖惩应用机制》，《深圳特区报》2020年9月23日第4版。

何泳：《过去要1天 如今几十秒》，《深圳特区报》2019年10月15日第4版。

何泳:《全国首张个体户电子营业执照诞生》,《深圳特区报》2014年7月2日。

何泳:《深圳率先构建信用信息应用体系 为各类企业营造公平竞争环境》,《深圳特区报》2019年12月25日第1版。

何泳:《深圳实施商事主体滚动年报改革》,《深圳特区报》2019年4月19日第4版。

何泳、甘霖:《超九成企业经营项目可"秒批"》,《深圳特区报》2019年9月20日第5版。

何泳、王莺翘:《办营业执照后不能当"撒手掌柜"》,《深圳特区报》2013年3月26日。

何泳、吴德群:《商事制度改革营造一流营商环境》,《深圳特区报》2019年11月29日第6版。

河永、赖丽英、倪鑫、钟鹤翔:《"创业之都"商事主体总量全国第一》,《深圳特区报》2017年3月1日。

洪海:《名称远程登记注册中的几个问题》,《工商行政管理》2003年第14期。

胡畔:《"五证合一"凸显三大利好》,《中国经济时报》2016年10月20日。

淮安市市场准入与监管制度改革领导小组办公室:《关注百姓身边的改革》,《淮安日报》2013年9月17日。

黄爱学:《我国商事登记制度的改革、创新与发展——评深圳和珠海商事登记立法》,《法治研究》2013年第11期。

黄波、魏伟:《个体工商户制度的存与废:国际经验启示与政策选择》,《改革》2014年第4期。

黄付平:《深圳2014年度十大法治事件揭晓》,《深圳特区报》2015年2月12日。

吉喆等:《全力推动"数字政府"建设 营造公平透明法治化营商环境》,《财经界》2021年第7期。

姜雪颖:《司法部详解〈企业名称登记管理规定〉修订思路 尊重企业自主选择名称权利》,《海报新闻》2021年1月21日。

蒋偲:《深圳市市场监督管理局对标国际一流 打造多张营商环境改

革"新名片"》,《广州日报》2020年8月21日。

蒋冬梅:《论我国商事公示制度之适用效率》,《广东第二师范学院学报》2009年第2期。

解冰:《商事登记制度改革 最大限度释放市场活力》,《深圳商报》2016年5月27日。

解冰:《深圳商事主体总量全国第一》,《深圳商报》2017年3月3日第6版。

金玉国:《美国企业登记制度及其启示》,《外国经济与管理》1994年第3期。

居松南:《试析吊销营业执照与公司终止之关系》,《辽宁省社会主义学院学报》2015年第6期。

赖丽英:《深圳商事制度改革成效引领全国》,《深圳商报》2020年10月22日第4版。

赖丽英:《足不出港就能一站式注册深圳企业》,《深圳商报》2019年4月11日第4版。

赖丽英、彭丛林:《多项务实举措便利投资人》,《中国市场监管报》2018年7月17日。

李超:《深圳发出首张电子营业执照》,《深圳晚报》2021年3月7日。

李超:《深圳推出"商事登记移动认证"服务》,《深圳晚报》2021年1月16日第4版。

李和英等:《工商总局32条政策支持广东转型升级》,《中国商报》2012年4月17日。

李佳佳:《深圳从10月起进一步拓展"多证合一"范围》,《深圳商报》2017年9月29日。

李怡天:《容缺受理:办事不再"来回跑"》,《深圳特区报》2019年9月13日第3版。

李意:《宝安石岩探索"三个一"巡办分离创新模式》,《深圳特区报》2016年3月30日第8版。

刘法营、苏烽:《海西:何以托起"柴达木巨轮"》,《柴达木日报》2017年6月20日。

刘洪清：《从"物理反应"到"化学聚变"》，《中国社会保障》2016年第8期。

刘清：《论商事登记中的商主体资格与营业资格》，《工商行政管理》2003年第4期。

刘清、郭岳：《商事虚假登记的成因及规制问题研究》，《中国工商管理研究》2013年第1期。

刘显娅：《商法探源——中世纪商法为何首先形成于意大利》，《河北法学》2005年第8期。

刘儵然：《我国商事登记制度的反思与完善》，《法制博览》2015年第1期。

刘晓萍：《深圳市深化"放管服"改革 激发市场主体活力的调研报告》，《中国物价》2019年第4期。

刘玉亭：《努力做到"四个统一"深入推进企业信用分类监管制度改革——在全国工商行政管理系统企业信用分类监管及联网应用培训班上的讲话》，《工商行政管理》2007年第12期。

柳经纬：《关于完善商事登记制度的两点建议》，载《中国法学会商法学研究会2004年会论文集》，中国法学会商法学研究会、黑龙江大学法学院，2004年8月。

陆晓瑜：《论商事登记中的商主体资格与营业资格》，《湖北警官学院学报》2014年第9期。

罗珊：《征信市场发展中存在的问题及其应对措施》，《海南金融》2016年第2期。

马敬仁：《还企业以自由——〈深圳经济特区商事登记若干规定〉的启示》，《中国经济报告》2013年第6期。

孟凡君：《解决企业创立困境 商事制度激发市场活力》，《中国工业报》2015年6月15日。

《"秒批"为智慧城市挂上加速挡》，《深圳商报》2018年11月26日第2版。

盘和林：《以信息公开堵上注册资本认缴制漏洞》，《证券时报》2017年8月3日。

任晓玲：《试论我国中小企业登记制度的完善》，《现代商业》2011

年第 12 期。

《商事主体不用扎堆报送年报了》，《深圳商报》2019 年 4 月 19 日第 5 版。

《深化政银合作　交通银行推出"e 证行"对公开户服务》，《经济日报》2020 年 8 月 19 日。

《深圳大规模实现电子证照"主动化、智能化"共享应用 75 类电子证照亮码即办事》，《中国质量报》2021 年 3 月 25 日第 3 版。

《深圳"多证合一、一照一码"全程电子化模式成效凸显》，《中国工商报》2015 年 11 月 3 日第 3 版。

《〈深圳经济特区商事登记若干规定〉：商事登记又有重大改革！》，《深圳特区报》2021 年 3 月 5 日。

《深圳开出首张"秒批"企业营业执照，审批只需几十秒》，《深圳晚报》2019 年 9 月 19 日。

《深圳率先解决破产企业注销难题》，《法制日报》2016 年 6 月 16 日。

《深圳率先实现注销公司"网上办"》，《深圳特区报》2020 年 2 月 14 日第 5 版。

《深圳率先探索"大市场"监管理念　全市推行 27 部门联合"双随机、一公开"监管新模式》，《中国质量报》2020 年 3 月 18 日第 2 版。

《深圳启动"企信惠"项目》，《中国质量报》2016 年 8 月 29 日第 7 版。

《深圳全国首创〈社会管理要素统一地址规范〉每栋楼每套房都有了"身份证"》，《大众标准化》2018 年第 1 期。

《深圳商事登记"五证合一"》，《领导决策信息》2015 年第 23 期。

深圳市编办：《深圳市商事登记制度改革实现六大突破》，《中国机构改革与管理》2013 年第 11 期。

深圳市编办：《深圳市商事登记制度改革实现六大突破》，《中国机构改革与管理》2013 年第 11 期。

深圳市人民政府：《深圳市率先推进信用信息共享平台和信用门户网站一体化建设》，《计算机与网络》2018 年第 2 期。

《深圳已建成全国领先的社会征信体系》，《中国质量报》2020 年 11 月 27 日第 2 版。

沈克明：《纽约怎么管理小商贩——人人有权在闹市摆摊挣钱》，《社区》2007 年第 2 期。

施天涛：《构建我国商事登记制度的基本思路》，《中国工商管理研究》2013 年第 8 期。

石珍、杨海军：《构建商事信用监管体系的若干思考》，《特区实践与理论》2020 年第 5 期。

史福厚：《信用修复要着眼于"环境重塑"》，《小康》2019 年第 7 期。

《市场监管要为高质量发展作出更大贡献》，《中国质量报》2019 年 3 月 29 日第 1 版。

《四川：个体工商户全程电子化登记系统 App 上线运行》，《市场监督管理》2019 年第 2 期。

苏海强：《深圳开出行政审批权责清单》，《深圳商报》2014 年 9 月 2 日。

苏海强：《注册皮包公司后果很严重》，《深圳商报》2013 年 3 月 8 日。

苏海强、王莺翘：《颁发全国首张新版营业执照》，《深圳商报》2013 年 3 月 2 日。

谭丽：《通过经营范围标准化提升商事登记效率的方法研究》，《标准科学》2020 年第 2 期。

谭玲娟：《改革两年多 商户增百万》，《深圳商报》2015 年 7 月 11 日。

汤钦棕：《深圳：互联互通 实现互联网执法"云上稽查"》，《中国市场监管研究》2020 年第 9 期。

《提高政治站位 勇当改革先锋》，《中国质量报》2019 年 8 月 20 日第 4 版。

涂永式：《美国市场有序化建设及其启示》，《中南财经大学学报》1996 年第 6 期。

王德河：《从"审批许可"到"核准登记"——详解深圳、珠海商事登记制度改革》，《光彩》2013 年第 4 期。

王鹏：《国外商事登记制度改革的基本经验探讨》，《法制与社会》

2016年第35期。

王雪丹：《有限责任公司资本认缴登记制度解析——以珠三角地区商事登记改革为研究中心》，《暨南学报》（哲学社会科学版）2013年第6期。

《我国第一部外商投资法今起实施》，《深圳商报》2020年1月1日。

吴蕾：《率先推行"多证合一、一证一码"改革》，《深圳商报》2016年8月1日。

吴勇加：《不该管管不了管不好的都要放权》，《深圳特区报》2012年3月22日。

肖海军：《论商主体的营业能力——以投资主体与营业主体的二重结构为视角》，《法学评论》2011年第5期。

肖建民：《英国公司登记注册制度及其启示》，《中国工商管理研究》2002年第2期。

肖健、张毓辉：《个人独资企业可冠名"深圳"》，《深圳商报》2011年1月5日。

肖意、何泳：《全国首张"多证合一、一照一码"营业执照诞生》，《深圳特区报》2015年7月1日。

谢非：《德国商业登记法律制度的沿革》，《德国研究》2000年第3期。

谢思佳：《将在粤设全国首个商标局派出机构》，《南方日报》2012年3月12日。

徐寿昌等：《论我国商事登记制度的不足与完善——兼评广东商事登记改革》，《法制博览（中旬刊）》2014年第5期。

许创业、傅江平：《深圳商事主体数量连续多年全国城市第一》，《中国质量报》2020年11月3日。

杨丽萍：《深圳创新社会治理体系　营造共建共治共享格局》，《深圳特区报》2019年2月28日第5版。

杨丽萍、郑景喜：《全市统一地址库试点应用准确率达100%》，《深圳特区报》2019年3月5日第9版。

杨培根：《论我国企业法人登记制度的完善》，《赤峰学院学报》

（自然科学版）2013年第4期。

姚芃：《站在市场"入口"回望商事登记30年》，《法制日报》2008年7月20日。

叶仕春、罗越：《深圳商事制度改革又推重大举措》，《中国改革报》2015年12月3日。

易东等：《向科技要效率 向智慧要效能》，《深圳特区报》2020年1月3日第9版。

易东、何泳、于波、王莺翘：《我市办理营业执照程序简化办照门槛大大降低》，《深圳特区报》2012年11月20日。

游春亮：《深圳破题宽进之后如何加强监管》，《法制日报》2014年9月17日。

于波、王莺翘等：《轻微违规处罚 变得灵活方便》，《深圳特区报》2012年11月22日。

喻笑然：《论我国商事设立登记的效力》，《企业家天地》2009年第5期。

袁作新：《改革商事登记制度 再现特区经济优势：深圳市开展商事登记制度改革探索》，《中国工商管理研究》2013年第1期。

曾静娇、王冰、张佳俊：《数说深圳40年：每10人就有1个老板 世界500强从0到8逆袭》，《21世纪经济报道》2020年8月26日。

张冰梓：《构建与港澳相融相通营商环境》，《珠海特区报》2012年3月22日。

张程：《"开办企业一窗通"上线运行》，《深圳特区报》2018年10月20日第3版。

张虹：《深化数据应用 助力改革发展》，《中国工商报》2014年3月15日。

张茅：《推进商事制度改革的实践探索与思考》，《中国工商管理研究》2015年第4期。

张民安：《法国商事登记制度研究》，《商事法论集》2006年第2期。

张庆祝：《加快深圳政府职能转变的步伐》，《特区实践与理论》

2016 年第 5 期。

张勇：《权力和责任同步下放 调控和监管同步强化》，《中国机构改革与管理》2015 年第 7 期。

张智伟、李来和：《前海率先试点企业登记"秒批"》，《深圳特区报》2019 年 9 月 20 日。

赵洪甲、朱丽霞：《商事制度改革七大亮点》，《柴达木日报》2016 年 10 月 14 日。

赵万一等：《私法视域下商事登记的重新解读》，《河北法学》2009 年第 6 期。

郑向鹏等：《深圳今年计划改革项目 22 项》，《深圳特区报》2012 年 3 月 23 日。

《制度＋科技＋责任：中国新型智慧城市治理的宝安模式》，《宝安日报》2017 年 10 月 11 日第 2 版。

中国（深圳）综合开发研究院课题组：《深圳经济特区 40 年探索现代化道路的经验总结》，《特区经济》2020 年第 8 期。

钟鑫：《防范虚假注册，这个地方经验值得借鉴》，《市场监督管理半月沙龙》2019 年 2 月 27 日。

周萍：《对未来深圳商事制度改革的思考——访深圳市企业注册局局长钟文》，《工商行政管理》2015 年 18 期。

周文丽、倪鑫：《改革 30 个月新增百万创业大军》，《深圳特区报》2015 年 10 月 30 日。

周文丽、彭丛林：《深圳名称自主申报登记制度改革情况》，《中国工商报》2015 年 11 月 3 日。

周文丽、尹小帆：《深圳全流程无纸化网上商事登记模式获赞》，《中国工商报》2015 年 11 月 21 日。

朱慈蕴：《我国商事登记立法的改革与完善》，《国家检察官学院学报》2012 年第 6 期。

朱旭：《关于企业名称登记管理的思考》，《中国工商管理研究》1993 年第 2 期。

后　　记

　　2013年3月1日,《深圳经济特区商事登记若干规定》生效实施,标志着深圳商事制度改革的正式启动,并由此拉开了全国商事制度改革的序幕。《深圳商事制度改革创新实录》是对深圳商事制度改革过程的记录。

　　本书分为七个篇章和两个附录。第一章是从制度、现状、环境等方面对商事制度改革背景的介绍,第二章是对商事制度存在问题及域外先进经验的总结分析,第三章是深圳基于本地实际确定商事制度改革路径并推进改革的过程,第四章是深圳启动商事制度改革及配套改革措施的推行情况,第五章是深圳持续推进深化改革的过程及主要措施的推行情况,第六章是对深圳商事制度改革成效的总结,第七章是对深圳商事制度改革历程的回顾、总结及对改革的展望。附录一是对深圳商事制度改革过程中重要时刻的记录,附录二是国内部分地区商事制度改革的举措摘录。本书第一章由陈胜在参考深圳大学法学院和深圳市市场监督管理局立法调研组共同编写的《关于深圳市商事登记制度改革课题调研报告》的基础上执笔完成,第二章和第三章由林静芳执笔,第四章和第六章由周维执笔,第五章和附录二由李玮执笔,第七章由王孝有执笔,附录一由赖丽英执笔。

　　深圳商事制度改革得到了国家、广东省、深圳市各级领导和各有关部门的大力支持、指导和帮助,谨此致谢。

本书课题组
2021年12月